Cynnwys

Mater 1: Twf a datblygiad chwaraeon yng Nghymru a Lloegr

Mater 2: Newidiadau yn natur adloniant poblogaidd yng Nghymru a Lloegr

Mater 3: Newidiadau mewn patrymau gwyliau yng Nghymru a Lloegr

BETH OEDD PRIF NODWEDDION CHWARAEON YNG NGHYMRU A LLOEGR AR DDECHRAU'R UGEINFED GANRIF?

Y GWAHANIAETH RHWNG CHWARAEON AMATUR A PHROFFESIYNOL

Heddiw, mae amrywiaeth enfawr o chwaraeon ar gael i bobl eu chwarae a'u gwylio. Rhai cymharol newydd yw llawer o'r chwaraeon hyn, ond mae eraill â'u gwreiddiau'n ymestyn ymhell. Ers dros ganrif mae'r rhan fwyaf o'r chwaraeon sy'n boblogaidd heddiw wedi cael cefnogaeth dda, ond bod y dull o'u trefnu a'u chwarae wedi newid yn ddirfawr.

Yn ystod blynyddoedd cynnar yr ugeinfed ganrif, un pwnc a gâi effaith ar chwaraeon o bob math oedd y gwahaniaeth rhwng **chwaraeon proffesiynol** ac **amatur**. Ffactor bwysig arall fyddai'n cael effaith ar y math o chwaraeon y byddai unigolion yn eu chwarae a'u gwylio oedd lefel eu **dosbarth cymdeithasol**. Digwyddiadau cyfarwydd a oedd yn tanlinellu dosbarth cymdeithasol pobol ym myd chwaraeon oedd rhai nodweddiadol fel Regata Rwyfo Henley, pencampwriaeth tennis Wimbledon, a rasys ceffylau Royal Ascot. Byddai cefnogwyr cyfoethog yn mwynhau moethusrwydd y llociau (*enclosures*) a'r standiau, tra byddai gwylwyr tlawd wedi'u gosod ar wahân mewn mannau llai ffafriol. Roedd y digwyddiadau hyn ar gyfer **amaturiaid** yn unig. Roedd amaturiaeth yn cynrychioli gwerthoedd a oedd ynghlwm wrth 'chwarae teg' a 'bod yn sbortsmon'.

FFYNHONNELL A

Dynion o'r dosbarth canol ac o'r dosbarth breiniol oedd yn rheoli chwaraeon. Roedden nhw'n credu yn y syniad o amaturiaeth ond roedden nhw hefyd yn awyddus i atal proffesiynoldeb am ei fod yn bygwth caniatáu i'r dosbarth gweithiol gystadlu yn erbyn sbortsmyn gwell eu byd, a hynny'n llwyddiannus. Pe bai timau proffesiynol yn curo timau bonedd amatur yn rheolaidd gallai hynny herio'r syniad o uwchraddoldeb cymdeithasol ac, efallai, arwain at ansefydlogrwydd cymdeithasol. Roedd yr agwedd hon i bara drwy gydol y rhan helaethaf o'r ugeinfed ganrif.

O gyfraniad ar chwaraeon amatur yn y gwyddoniadur ar-lein Wikipedia, 2010

Mewn chwaraeon a oedd yn dechrau denu tyrfaoedd, fel pêl-droed, criced a bocsio, roedd elfennau proffesiynol neu led-broffesiynol yn dod yn fwy cyffredin ar y lefel uchaf. I ddynion yn y dosbarth gweithiol, roedd yn anodd cymryd rhan mewn chwaraeon ar y lefel uchaf, oherwydd byddai angen rhywfaint o dâl i wneud iawn am yr amser a gollwyd o'r gwaith. Doedd trefnwyr a gweinyddwyr chwaraeon amatur fel rygbi, tennis ac athletau ddim yn hoffi perfformwyr proffesiynol oherwydd, yn eu barn hwy, byddai chwarae am arian yn cael effaith niweidiol ar eu camp. Ystyr bod y broffesiynol oedd derbyn tâl am chwarae, sef troi chwaraeon iach amser hamdden yn swydd gyflogedig. Y gred oedd mai'r canlyniad fyddai athletwyr gor-gystadleuol, yn benderfynol o ennill waeth beth fyddai'r gost.

Er gwaetha'r agwedd hon, tyfodd chwaraeon yn rhan gynyddol o fywyd pobol yn ystod hanner cyntaf yr ugeinfed ganrif.

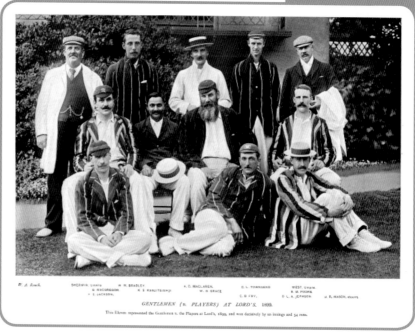

Llun o dîm y Boneddigion amatur a chwaraeodd yn erbyn tîm y Chwaraewyr proffesiynol mewn gêm griced flynyddol ar lain criced Lords, 1899

FFYNHONNELL C

Yn y ffilm *Chariots of Fire* [sydd â Gemau Olympaidd 1924 yn gefndir i'r stori] mae'r hanes yn troi o amgylch y cyferbyniad rhwng y proffesiynol a'r amatur. Mae'r ffilm yn adrodd hanes go iawn Harold Abrahams ac Eric Liddell – y ddau yn sbrintwyr dawnus a'r ddau, yn y pen draw, yn enillwyr medal aur. Mae Abrahams yn ymgorfforiad o ysbryd yr athletwr proffesiynol: ymrwymiad llwyr, hyfforddiant drylwyr, obsesiwn gydag ennill a denu clod fel unigolyn. Mewn gwrthgyferbyniad i hyn, mae Liddell yn ymgorffori'r ysbryd amatur: mae'n llawen, yn deimladwy, yn cael ei ysbrydoli gan gariad at redeg a chariad at Dduw.

John S. Tanner, is-brifathro prifysgol, yn ysgrifennu i gylchgrawn mewn erthygl yn dwyn y teitl Amateurism and Excellence, 2003

TASGAU

1. Esboniwch y gwahaniaeth rhwng yr amatur a'r proffesiynol mewn chwaraeon.

2. Defnyddiwch Ffynhonnell A a'ch gwybodaeth eich hun i esbonio pam roedd cynifer o bobol ddim yn hoffi'r elfen broffesiynol mewn chwaraeon.

3. Pa mor ddefnyddiol yw Ffynhonnell B i hanesydd sy'n astudio chwaraeon yn ystod blynyddoedd cynnar yr ugeinfed ganrif?

4. Ceisiwch edrych ar ran o'r ffilm *Chariots of Fire*. Sut mae'r ffilm yn dangos y ffordd y byddai materion yn ymwneud â statws a dosbarth cymdeithasol yn rheoli chwaraeon megis athletau?

DATBLYGIAD A PHOBLOGRWYDD Y PRIF CHWARAEON

Rygbi

Yng nghanol y bedwaredd ganrif ar bymtheg, lledodd rygbi o'r ysgolion bonedd a'r prifysgolion Seisnig. Yng Nghymru, cafodd y gêm ei hybu gan yr ysgolion bonedd blaenllaw, fel Coleg Crist, Aberhonddu, Coleg Llanymddyfri, ac Ysgol Trefynwy.

Erbyn 1900, roedd rygbi wedi tyfu'n boblogaidd iawn yn Ne Cymru. Roedd gan y rhan fwyaf o bentrefi eu timau eu hunain ac, yn wahanol i'r arfer yr oes honno, roedd gweithwyr yn aml yn chwarae wrth ochr pobol a oedd mewn swyddi 'uwch' honedig, fel athrawon, meddygon a gweinidogion yr efengyl.

FFYNHONNELL B

Tîm Cymru a gurodd Seland Newydd yn 1905

Erbyn 1900, roedd timau'r clybiau llwyddiannus fel Caerdydd, Abertawe, Casnewydd a Llanelli wedi hen sefydlu eu hunain. Caerdydd yn 1905 oedd lleoliad buddugoliaeth fawr Cymru dros y tîm nerthol o Seland Newydd, y Teirw Duon; gwnaeth i boblogrwydd y gêm dyfu ar amrant.

Serch hynny, roedd yr elfen broffesiynol i gael effaith enfawr ar rygbi. Yn 1895, mater '**amser coll**' oedd wedi rhoi cnoc i'r gêm. Yr Undeb Rygbi oedd trefnwyr y gêm, ac roedd yr Undeb yn gwrthod cais chwaraewyr blaenllaw am gael derbyn tâl am yr amser y bydden nhw'n ei gymryd i ffwrdd o'r gwaith. Bu'r ddadl yn un niweidiol iawn, gan arwain at sefydlu gêm **rygbi'r gynghrair** gyda'i rheolau a'i thimau ei hun a oedd yn caniatáu'r elfen broffesiynol. Daeth rygbi'r gynghrair yn boblogaidd iawn ymysg gweithwyr trefi diwydiannol gogledd Lloegr. Tan ddiwedd yr ugeinfed ganrif, parhau wnaeth y rhwyg rhwng rygbi'r undeb a rygbi'r gynghrair, pan ddechreuodd rygbi'r undeb ganiatáu'r elfen broffesiynol.

Rhwng y ddau ryfel byd, ychydig iawn oedd gan ddilynwyr rygbi Cymru i'w fwynhau. Cafodd dirwasgiad yr 1930au effaith andwyol ar rygbi'r undeb, ac aeth llawer o chwaraewyr talentog i ogledd Lloegr i ymuno â thimau proffesiynol rygbi'r gynghrair. Roedd yn anodd i lawer o dimau lleol amatur ddod o hyd i ddigon o chwaraewyr ar gyfer gemau. Doedd tîm rhyngwladol Cymru ddim yn llwyddiannus iawn 'chwaith, ac ni chafwyd **Coron Driphlyg** yn ystod y blynyddoedd rhwng y ddau ryfel byd. Serch hynny, cafwyd buddugoliaeth gyntaf yn erbyn Lloegr ac, yn 1935, buddugoliaeth brin yn erbyn y Teirw Duon o 13 pwynt i 12.

1. Esboniwch pam y daeth rygbi yn gêm boblogaidd yn Ne Cymru.

2. Pam y dechreuodd rygbi'r gynghrair dyfu fel camp?

3. Defnyddiwch Ffynhonnell C a'ch gwybodaeth eich hun i esbonio beth ddigwyddodd i rygbi Cymru yn ystod yr 1930au.

4. Pa mor ddefnyddiol yw Ffynhonnell A i hanesydd sy'n astudio chwaraeon ar ddechrau'r ugeinfed ganrif?

Pêl-droed

Roedd pêl-droed (y bêl gron) yn cael ei chwarae a'i gefnogi gryn dipyn ledled Cymru a Lloegr. Gêm a oedd yn cael ei chwarae'n bennaf gan y gweithwyr oedd pêl-droed, a'r gweithwyr oedd yn cefnogi'n bennaf hefyd. Roedd hyn yn achosi problemau ariannol i weithwyr a oedd yn bêl-droedwyr o'r radd flaenaf. Er 1885, roedd y Gymdeithas Bêl-droed wedi caniatáu talu chwaraewyr ac, yn 1901, wedi gosod mwyafswm cyflog o £4 yr wythnos. Roedd y 'mwyafswm tâl' hwn yn para i fod tan yr 1960au cynnar, pan gafwyd caniatâd i godi'r mwyafswm cyflog i £20 yr wythnos.

FFYNHONNELL CH

Swydd	Y cyflog wythnosol yn 1902
Pêl-droediwr	£4
Dociwr	£1.10
Gyrrwr trên	£2.15
Gosodwr brics	£2.40

Ffigurau a ddefnyddiwyd gan Charles Korr yn ei lyfr West Ham United: the making of a football club, *1986*

FFYNHONNELL D

Cup Final Souvenir 1927

ARSENAL who were DEFEATED BY **CARDIFF CITY** At Wembley, April 23rd 1927

Boldly to the Match they went,
Theirhearts on winning the Cup
were bent
With sad dismay they came away
The best Team won with great
display.
Please do not weep, No Onions
Required.

CARDIFF CITY—1   ARSENAL—0

Blaen 'cerdyn coffa' a werthwyd yn swfenîr i gefnogwyr ar ôl buddugoliaeth Dinas Caerdydd yn 1927 yng nghystadleuaeth Cwpan yr FA. Ar gefn y cerdyn, roedd y geiriau 'Mewn cydymdeimlad llwyr â'r Saeson i gyd oddi wrth y Cymry'

Daeth pêl-droed yn eithriadol boblogaidd drwy Brydain gyfan, a doedd Cymru ddim yn eithriad. Yn ystod blynyddoedd cynnar yr ugeinfed ganrif, tîm mwyaf adnabyddus Cymru oedd tîm tref Merthyr Tudful a sefydlwyd yn 1907. Yn fuan wedyn, yn 1910, sefydlwyd tîm Dinas Caerdydd. Er mwyn gwylio'r timau gorau, byddai miloedd o gefnogwyr yn teithio ar y trên. O'r 1920au ymlaen, cryfhau wnaeth delwedd pêl-droed fel 'gêm y bobol'. Byddai oddeutu 6 miliwn o bobl yn talu i wylio gemau pêl-droed yr Adran Gyntaf, ac roedd dros hanner miliwn o bobl yn chwarae'r gêm yn rheolaidd yng Nghymru a Lloegr. Yn Ne Cymru'n unig, roedd dros 300 o glybiau pêl-droed. Oes aur pêl-droed yng Nghymru oedd yr 1920au, a'r uchafbwynt yn 1927 oedd gweld Dinas Caerdydd yn ennill Cwpan y Gymdeithas Bêl-droed (*FA Cup*), yr unig dro i'r tlws enwog adael Lloegr.

Cafodd dirwasgiad yr 1930au effaith enfawr ar bêl-droed hefyd. Roedd diweithdra difrifol yn Ne Cymru, a llawer o gefnogwyr yn methu fforddio mynd i weld gemau. Aeth timau Aberdâr a Merthyr Tudful allan o'r Gynghrair Pêl-droed, dechreuodd tîm Tref Abertawe apêl am arian yn 1935 er mwyn cadw'r tîm rhag mynd i fethdaliad ac, erbyn 1931, roedd tîm Dinas Caerdydd wedi'i anfon i lawr i'r adran isaf.

Erbyn 1937, roedd y wlad yn dechrau codi ar ei thraed wedi'r dirwasgiad, a'r torfeydd yn dechrau dychwelyd. Gyda'r cynnydd mewn adroddiadau i'r wasg ac ar y radio roedd pêl-droed yn creu ei sêr ei hun ym myd chwaraeon. Roedd mwy o symud chwaraewyr proffesiynol rhwng clybiau am symiau o arian a ymddangosai'n enfawr. Yn 1938, cafodd Bryn Jones, un o gyn-chwaraewyr Merthyr, ei arwyddo gan Arsenal o Wolves am swm o £14,000, a oedd yn record bryd hynny, gan ddangos faint o arian oedd gan rai clybiau. (Roedd y swm yn werth tua £7 miliwn yn arian heddiw). Roedd yn ffi aruthrol yr adeg honno, yn ddigon i wylltio gwleidyddion gan arwain at ofyn cwestiynau ynghylch addasrwydd y peth yn Nhŷ'r Cyffredin.

Yn ystod yr 1920au, tyfodd y cyswllt rhwng chwaraeon a gamblo gyda dechrau'r **pyllau pêl-droed** (*football pools*). Roedd pyllau Littlewoods yn caniatáu i bobol fetio bob wythnos ar ganlyniadau gemau pêl-droed proffesiynol. Dim ond 35 cwpon a gafwyd i law yn ystod yr wythnos gyntaf yn 1923 ond, erbyn 1938, roedd 10 miliwn o bobl yn betio'n rheolaidd.

TASGAU

1. Pam wnaeth pêl-droed proffesiynol gyflwyno mwyafswm cyflog yn gynnar yn yr ugeinfed ganrif?

2. Ymchwiliwch i ddatblygiad pêl-droed yn eich ardal chi fel un o chwaraeon poblogaidd yr 1920au.

3. Beth mae Ffynhonnell D yn ei ddweud wrthych am bêl-droed yn yr 1920au?

4. Defnyddiwch Ffynhonnell DD a'ch gwybodaeth eich hun i esbonio beth ddigwyddodd i nifer o glybiau pêl-droed yn ystod yr 1930au.

5. Esboniwch pam y daeth pêl-droed i fod yn gysylltiedig â gamblo.

Bocsio

Roedd hen hanes i chwaraeon fel bocsio, ac roedd chwaraeon o'r math hwn yn boblogaidd ymysg cyfoethogion a thlodion cymdeithas. Arferai cefnogwyr mwy cefnog fetio symiau mawr o arian ar ganlyniad gornest. Byddai llawer o bobl dlotach hefyd yn mwynhau mentro rhyw swllteyn ar ornest ac, i rai, roedd bocsio'n cynnig cyfle i ennill ychydig o arian parod. Mewn carnifal neu ffair deithiol byddai '**stondin baffio**' i'w gweld yn aml iawn. Yno, gallai dyn cyffredin herio paffiwr proffesiynol ac ennill ychydig sylltau pe bai'n fuddugol. I ambell un, fel Jimmy Wilde a gafodd yr enw '*Tylorstown Terror*', bu'n gam cyntaf i enwogrwydd a gyrfa ddisglair. Mewn ffair yn 1908 y cafodd Wilde ei ornest baffio gyntaf. Mae rhywfaint o dystiolaeth hefyd bod anogaeth i fenywod fynd i mewn i'r cylch i baffio.

Roedd llawer o focswyr gwledydd Prydain yn edrych yn bur eiddigeddus i gyfeiriad Unol Daleithiau America a'r gwobrau oedd i'w cael yno, gyda'r paffwyr pwysau trwm fel Jack Dempsey a Joe Louis yn fuddugwyr blaenllaw. Gornest enwog oedd honno yn 1937 rhwng Louis, *The Brown Bomber*, pan wnaeth amddiffyn ei deitl yn erbyn y cyn-lowr o'r Rhondda, Tommy Farr, pencampwr y bobol ac un o sêr cynnar y byd chwaraeon yng Nghymru. Cafodd Farr dros £10,000 am yr ornest hon. I focswyr eraill gwledydd Prydain, doedd bocsio ddim mor hudol. Roedd cynulleidfaoedd am wylio gornestau bob wythnos, a bocswyr yn gorfod ymladd nifer enfawr o ornestau er mwyn ateb y galw hwn. Ymladdodd Len Harvey, pencampwr pwysau canol Prydain rhwng y ddau ryfel byd, 400 o ornestau. Yn ystod y Dirwasgiad ym Mhrydain, byddai paffwyr yn derbyn tâl ddigon gwael, y rhan fwyaf yn ennill £2-£4 am ornest.

Llun o Tommy Farr ar glawr blaen cylchgrawn The Ring, *Ionawr 1938*

TASGAU

1. Beth oedd 'stondin baffio'?

2. I ba raddau mae Ffynhonnell F yn cefnogi'r farn mai dim ond yn anaml y byddai menywod yn cymryd rhan mewn chwaraeon yn y cyfnod hwn?

3. Chwiliwch am fwy o wybodaeth am yrfa Tommy Farr. Beth wnaeth e ar ôl ymddeol o'i yrfa ym myd bocsio?

Criced

Yn gynnar yn yr ugeinfed ganrif yn Lloegr, roedd criced yn cael ei ystyried yn gêm genedlaethol, yn fwy felly na phêl-droed, a oedd yn cael ei ystyried yn gêm fwy 'garw'. Pobl dda eu byd oedd yn chwarae criced yn bennaf, er bod timau llewyrchus mewn nifer o drefi a phentrefi diwydiannol. Peth cyffredin ers nifer o flynyddoedd oedd talu chwaraewyr ar y lefel uchaf, ond roedd criced yn dal i gynnal y gwahaniaeth rhwng y 'boneddigion' amatur a'r 'chwaraewyr' proffesiynol. Roedd y gwahanu hwn yn gosod chwaraewyr proffesiynol ac amatur mewn ystafelloedd newid a gwestai ar wahân, ac yn trefnu eu bod yn mynd i'r cae drwy glwydi gwahanol ac yn teithio mewn cerbydau ar wahân.

Byddai tyrfaoedd enfawr yn heidio i gemau criced y siroedd ac i'r gemau prawf rhyngwladol. Yng Nghymru, roedd y gêm mor boblogaidd nes ennill statws sirol adran gyntaf i dîm criced Morgannwg yn 1921. Wedi'r Rhyfel Byd Cyntaf, cricedwyr Prydain oedd rhai o arwyr mawr y byd chwaraeon. Ymysg y garfan newydd o chwaraewyr proffesiynol a ddaeth i'r brig yn ystod y cyfnod rhwng y ddau ryfel byd roedd Jack Hobbs a Wally Hammond. Byddai pobl ifanc yn copïo'u harwyr ar strydoedd cefn y trefi a'r dinasoedd, gan ddefnyddio polion lamp fel wicedi, a'r ffordd fawr fel llain chwarae.

Y cricedwr enwog Jack Hobbs (chwith) oedd un o'r cricedwyr proffesiynol cyntaf i gerdded allan drwy'r un glwyd â chricedwr amatur ar lain criced Lords *yn 1925*

Plant yn chwarae criced ar y stryd yn ystod yr 1930au

Rhwng y ddau ryfel byd, daeth criced rhyngwladol yn boblogaidd tu hwnt. Roedd tîm criced Lloegr yn arwain y byd, a chwaraewyd nifer o gemau aruthrol yn erbyn yr hen elyn, Awstralia, am dlws y Lludw (yr '*Ashes*'). Yn Awstralia yn 1932 y cafodd y gemau criced mwyaf enwog eu chwarae, gyda Lloegr yn ceisio ennill Tlws y Lludw yn ôl. Roedd yr hyn ddigwyddodd yn ddigon i roi'r holl syniad o fod yn sbortsmon dan fygythiad. Daeth y daith yn adnabyddus oherwydd bod capten Lloegr, Douglas Jardine, wedi dweud wrth ei fowlwyr cyflym, yn enwedig y glowr o swydd Nottingham, Harold Larwood, i fowlio'n syth at gyrff batwyr Awstralia, ac o hynny y daeth yr enw Taith y 'Bowlio at y Corff' (*the 'Bodyline' Tour*). Cafodd llawer o'r Awstraliaid eu taro ar ran ucha'r corff neu ar y pen. Ennill oedd popeth i Jardine, ac roedd ei weithred a'i air yn y gemau hyn yn ddadleuol dros ben, gan greu anghydfod am flynyddoedd yn y berthynas rwng Prydain ac Awstralia.

Anfonwyd telegram brys i Loegr oddi wrth Fwrdd Criced Awstralia. Er lles criced a sbortsmoniaeth, plediodd yr Awstraliaid ar i'r Saeson beidio â tharo'u batwyr. Hyd yn oed yn Senedd Awstralia, cafwyd trafodaeth am fodd i stopio'r Saeson rhag distrywio a maeddu enw da criced fel gêm. Yn y pen draw, cafodd Jardine ei wahardd rag defnyddio'i dactegau peryglus. Ymhen hir a hwyr, newidiwyd rheolau criced er mwyn sicrhau na fyddai'r tactegau hynny fyth yn cael eu defnyddio eto. Roedd yn rhaid amddiffyn ysbryd y gêm ar bob cyfri'.

O'r wefan the ABC of Cricket, *2009*

Tennis a golff

Ymhlith y chwaraeon a fyddai'n arddangos holl agweddau statws a dosbarth yn ystod hanner cyntaf yr ugeinfed ganrif roedd tennis lawnt a golff. Dynion cefnog oedd yn gyfrifol am golff. Roedd yr hwylustod newydd o allu symud o gwmpas mewn car modur yn ei gwneud yn haws i bobl ddefnyddio'r nifer cynyddol o glybiau golff preifat gyda'u rheolau caeth ynghylch aelodaeth. Mewn un ffordd, serch hynny, roedd golff o flaen yr oes, yn yr ystyr ei fod yn caniatáu i chwaraewyr proffesiynol ac amatur chwarae ochr-yn-ochr â'i gilydd. Yn yr 1920au hefyd roedd cynnydd sylweddol yn nifer y menywod a oedd yn chwarae'r gêm.

Roedd tennis lawnt hefyd yn gêm i'r bobl gefnog yn bennaf, gyda'r cyrtiau tennis wedi'u gosod allan yn aml mewn gerddi preifat eang. Wrth i'r maestrefi dosbarth canol ledu yn y dinasoedd mawrion daeth sefydlu clybiau llwyddiannus yn gyffredin mewn mannau fel Garden Village yn Wrecsam a Dinas Powys ger Caerdydd.

Cyfleusterau cyhoeddus tennis a bowls ym Mharc Tretomas, Merthyr Tudful. Ychwanegwyd rhain at y parc yn ystod yr 1930au

Er mwyn annog mwy o bobl i chwarae'r gêm roedd cynghorau'n adeiladu nifer o gyrtiau tennis lawnt a chyrtiau caled mewn parciau cyhoeddus, a hwb enfawr i'r gêm oedd buddugoliaeth Fred Perry yn Wimbledon dros dair blynedd yn olynol, 1934-1936, yn bencampwr y senglau dynion.

TASGAU

1. Mewn gêm griced, beth oedd 'boneddigion' a 'chwaraewyr'?
2. I ba raddau mae Ffynhonnell B yn cefnogi'r farn mai gêm i bobl gefnog oedd criced?
3. Disgrifiwch beth ddigwyddodd yn y ddadl ynghylch Bowlio at y Corff.
4. Defnyddiwch Ffynhonnell CH a'ch gwybodaeth eich hun i esbonio pam y daeth tennis yn fwy poblogaidd yn ystod yr 1930au.

Chwaraeon eraill

Gêm arall boblogaidd i dimau oedd pêl fas; roedd yn arbennig o boblogaidd ymysg cymunedau dociau Caerdydd, Casnewydd a Lerpwl. Yn 1908, cafodd y gemau rhyngwladol cyntaf eu cynnal rhwng Cymru a Lloegr.

FFYNHONNELL D

Trwy garedigrwydd Gwasanaeth Llyfrgelloedd Cyngor Caerdydd

Tîm pêl fas Gweithfeydd Nwy y Grange, Caerdydd, 1918

FFYNHONNELL DD

Clawr blaen The Tatler, 1932, yn dangos Mick the Miller

Yn ystod yr 1930au, daeth rasys milgwn yn fwyfwy poblogaidd. Roedd 'mynd i weld y milgwn' yn noson allan â digon o hwyl, gyda chyfle i gamblo ar y rasys. Roedd traciau enwog yn cynnwys y White City yn Llundain a'r Belle Vue ym Manceinion, lle cafodd y sgwarnog drydan ei rhedeg am y tro cyntaf. Parc yr Arfau a Heol Sloper oedd traciau poblogaidd Caerdydd ac, yn 1932, agorodd trac Parc Somerton, Casnewydd. Yn 1933, talodd dros 6 miliwn o bobl ymweliad â'r traciau rasio milgwn i weld y sêr ymysg y cŵn, fel Mick the Miller.

Tyfodd seiclo yn boblogaidd iawn ac yn un o'r chwaraeon cystadleuol o bwys. Yn 1920, gwerthwyd dros 400,000 o feiciau; erbyn 1935, roedd y gwerthiant wedi cynyddu i 4 miliwn. Roedd clybiau seiclo'n gyffredin mewn llawer o drefi, ac roedd 'profion amser' yn erbyn y cloc yn cael eu cynnal yn rheolaidd.

Daeth reidio beic modur yn hobi o bwys hefyd. Roedd prynu beic modur yn costio llawer llai na phrynu car, ac roedd llawer o bobl ifanc yn berchen ar feic modur o wneuthuriad Triumph neu Norton. Yn 1928, dechreuodd rasys beiciau modur – sef rasys beic modur o amgylch trac lludw hirgrwn – ac yn ystod yr 1930au roedd y rasys hyn yn denu torfeydd enfawr.

Roedd **arddangosfeydd erobatig** a rasys hedfan yn denu tyrfaoedd hefyd. Byddai anturiaethau Amy Johnson ac Amelia Earhart, y ddwy archbeilot, yn hudo'r cyhoedd.

FFYNHONNELL E

Ar ddydd Gŵyl San Steffan rhewllyd yn 1928, gwelwyd y rasys beiciau modur cyntaf ar drac hirgrwn carreg glai, yn stadiwm rasio milgwn y *White City* ar Ffordd Sloper, gyda thorf o 25,000. Y ffefrynnau lleol yn y blynyddoedd cynnar hynny oedd Dreigiau Caerdydd; roedd eu beicwyr modur gorau mor boblogaidd â'u chwaraewyr rygbi cyfatebol. Mae rhaglen yn dyddio o 1929 yn enwi rhai o'r beicwyr yn y digwyddiad hwnnw. Byddai'r tyrfaoedd yn cael eu diddanu gan gampau mentrus Ronnie *'Whirlwind'* Baker, Fred *'Hurricane'* Hampson, Ray *'Sunshine'* Cannell, Jack *'Lightning'* Luke, *'Champ'* Upham, *'Genial'* Jimmy Hindle, Walter *'Nobby'* Key a Nick *'Trick'* Carter.

Mal Lee, yn ysgrifennu yn My Cardiff, *papur project newyddiadurol cymunedol, 2007*

TASGAU

1. Pa chwaraeon eraill ddaeth yn boblogaidd yn ystod hanner cyntaf yr ugeinfed ganrif?
2. Chwiliwch am fwy o wybodaeth am gampau Amy Johnson ac Amelia Earhart yn eu maes arbennig hwy.
3. I ba raddau mae Ffynhonnell DD yn cefnogi'r farn bod rasio milgwn yn ffordd boblogaidd o ddifyrru'r amser?
4. Beth mae Ffynhonnell E yn ei ddweud wrthych chi am y beicwyr a oedd yn rasio beiciau modur yn ystod yr 1920au?

MENYWOD A CHWARAEON

Roedd y rhan fwyaf o chwaraeon yn cael eu trefnu a'u chwarae gan ddynion. Byddai disgwyl i'r menywod tlawd ofalu am y teulu a'r cartref, tra bo disgwyl i fenywod mwy cyfoethog gymryd rhan mewn chwaraeon bonheddig fel croce (*croquet*) a thennis lawnt. Hyd yn oed wedyn, difyrrwch i basio'r amser oedd cymryd rhan mewn chwaraeon, a byddai'n eithaf annerbyniol i fenyw gyrraedd safon rhy dda mewn unrhyw gamp. Rhywbeth ar gyfer dynion oedd cyrraedd yr uchelfannau ym myd chwaraeon.

Pan fyddai chwaraeon menywod yn digwydd, gweithgareddau i unigolion oedd y rheiny'n bennaf. Yn y Gemau Olympaidd, dim ond mewn chwaraeon a oedd, ym marn y trefnwyr, yn addas ar gyfer 'boneddesau' y byddai cystadlu i fenywod.

FFYNHONNELL A

Ym mlynyddoedd cynnar yr ugeinfed ganrif, ychydig o bresenoldeb oedd gan fenywod ym myd chwaraeon. Hyd yn oed pan fyddai rhai menywod yn gwneud ymdrech lew i fwynhau mathau newydd o chwaraeon, deuai gwrthwynebiad o du dynion a menywod a gredai yn yr athroniaeth mai gweithgareddau gwrywaidd oedd chwaraeon.

James Walvin, hanesydd, yn ysgrifennu mewn llyfr hanes, Leisure and Society 1890–1950, *1978*

FFYNHONNELL B

Yn bersonol, rwyf yn erbyn menywod yn cystadlu mewn chwaraeon. Yn y Gemau Olympaidd, dylai rôl merched fod yn debyg i'r hyn oedd mewn twrnameintiau yn yr hen amser, sef coroni'r pencampwyr â llawryf.

Y Barwn Pierre de Coubertin, sylfaenydd y Gemau Olympaidd modern, 1900

FFYNHONNELL C

1900	1904	1908	1912	1928
Tennis Golff	Saethyddiaeth	Sglefrio ffigyrau	Nofio	Athletau

Blynyddoedd cyflwyno cystadleuthau i fenywod am y tro cyntaf yn y Gemau Olympaidd

Rhoddwyd cryn dipyn o gyhoeddusrwydd i Gertrude Ederle yn 1926 pan lwyddodd i nofio'r Sianel – Môr Udd –mewn amser a oedd yn record, a chafodd menywod lawer o anogaeth i gymryd rhan mewn chwaraeon fel tennis a golff. Chwaraeon i fenywod mwy cefnog yn bennaf oedd y rhain, ond roedden nhw'n para i gynyddu yn eu poblogrwydd. Serch hynny, roedd llawer o fenywod dosbarth canol fel pe baen nhw'n meddwl mwy am eu hymddangosiad na'u perfformiad, gan ystyried chwaraeon yn fwy o ddigwyddiad cymdeithasol na chorfforol.

Pan nofiodd Gertrude Ederle Y Sianel yn 1926, nid yn unig y hi oedd y fenyw gyntaf i wneud hynny, ond cymerodd ddwy awr yn llai na'r amser cyflymaf i ddyn nofio'r pellter. Roedd yn ddigwyddiad pwysig yn hanes chwaraeon i fenywod. O fewn misoedd, roedd hanner dwsin o fenywod eraill wedi cyflawni'r un gamp. Gwnaeth eu llwyddiant gryn argraff, gan roi hwb i eraill gymryd rhan a datblygu eu sgiliau.

Dennis Brailsford, hanesydd, yn ysgrifennu yn
British Sport: a social history, *1997*

Hysbyseb ar gyfer dillad golff i fenywod, o
gatalog Bonwit Teller, *1925*

Er gwaethaf agwedd yr unigolion oedd yn rheoli chwaraeon, sef dynion yn bennaf, dechreuodd menywod gymryd rhan mewn chwaraeon tîm. Yma, roedd dylanwad dosbarth cymdeithasol yn para'n gryf. Roedd chwaraeon 'derbyniol' yn cynnwys hoci a lacròs. Serch hynny, yn 1926, chwaraewyd gêm griced yn Ysgol y Bechgyn, Malvern, gan grŵp o gyn-ddisgyblion yr ysgol fonedd, Coleg Merched Cheltenham, a aeth yn eu blaenau i sefydlu Cymdeithas Griced i Ferched.

Roedd menywod yn chwarae pêl-droed hefyd: un o'r timau enwog oedd tîm y *Doncaster Belles* a oedd yn chwarae yn erbyn timau menywod eraill trefi gogledd Lloegr ac yn curo llawer ohonyn nhw. Roedd rhai gemau yn denu dros 20,000 o wylwyr ond digon prin oedd diddordeb o'r fath. Credai'r rhan fwyaf o gymdeithasau chwaraeon a mwyafrif y gwylwyr, sef dynion, mai rhywbeth dros dro oedd menywod yn cymryd rhan mewn chwaraeon i dimau, ac na ddylid cefnogi chwaraeon o'r fath.

Tîm pêl-droed menywod Dick, Kerr's a chwaraeodd ar
Barc yr Arfau, Caerdydd, yn 1923

Oherwydd yr achwynion a gafwyd am fenywod yn chwarae pêl-droed, barn gadarn iawn y Gymdeithas Bêl-droed [yr *FA*] yw ei bod yn gêm gwbl anaddas i fenywod ac na ddylid ei hybu. Mae'r Gymdeithas Bêl-droed yn gofyn i'r clybiau hynny sy'n aelodau o'r Gymdeithas wrthod caniatâd i ddefnyddio'u caeau pêl-droed ar gyfer gemau o'r fath.

Penderfyniad gan y Gymdeithas
Bêl-droed ym mis Rhagfyr 1921

Yn ogystal â'r ffaith fod menywod yn cymryd rhan mewn chwaraeon yn fwy aml, mae tystiolaeth hefyd bod nifer cynyddol yn mynychu gemau fel gwylwyr. Dynion oedd yn y mwyafrif llethol o hyd ond roedd trefnwyr yn dechrau derbyn y ffaith fod menywod ymhlith y gwylwyr hefyd, a dechreuwyd darparu ar gyfer y gynulleidfa newydd.

Ym mis Rhagfyr 1919, cyhoeddoedd Dinas Caerdydd eu bod wedi adeiladu 'ystafell orffwys' i fenywod yn ymyl eu swyddfeydd ym Mharc Ninian. Ffordd foesgar oedd hon o ddweud bod toiled i fenywod ar gael. Cyhoeddwyd hefyd bod y clwb wedi lleoli 'cyfleuster i ddynion' yn y prif stand. Mae'n ddirgelwch sut oedd pawb wedi dod i ben cyn hyn!

Richard Shepherd, newyddiadurwr, yn ysgrifennu yn
The Cardiff City Miscellany, 2008

TASGAU

1. Esboniwch pam nad oedd menywod yn cael eu hannog i gymryd rhan mewn chwaraeon yn y cyfnod hwn.

2. Edrychwch ar Ffynonellau B a D. Pam mae gan y bobl hyn farn wahanol ynghylch menywod yn cymryd rhan mewn chwaraeon?

3. Pa mor ddefnyddiol yw Ffynhonnell CH i hanesydd sy'n astudio menywod a chwaraeon ym mlynyddoedd cynnar yr ugeinfed ganrif?

4. I ba raddau mae Ffynhonnell H yn cefnogi'r farn nad oedd menywod yn mwynhau chwaraeon yn y cyfnod hwn?

5. 'Yn ystod hanner cyntaf yr ugeinfed ganrif dim ond mewn ychydig iawn o chwaraeon y byddai menywod yn cymryd rhan'. Pa dystiolaeth sydd yn y ffynonellau i gefnogi'r gosodiad hwn?

TWF CHWARAEON GWYLWYR

Fyddai'r chwaraeon sydd wedi'u henwi uchod ddim wedi datblygu heb eu gwylwyr. Yn ystod hanner cyntaf yr ugeinfed ganrif, gwelwyd twf anferth yn nifer y gwylwyr a oedd yn mynychu'r prif chwaraeon. Weithiau, roedd y tyrfaoedd yn anferth, yn enwedig o safbwynt heddiw. Yn y rhan fwyaf o glybiau pêl-droed, cafwyd y record am y tyrfaoedd mwyaf erioed yn ystod yr 1920au a'r 1930au, neu'n union wedi'r Ail Ryfel Byd. Dinas Manceinion a Chelsea oedd â'r record o safbwynt y dorf fwyaf ar gae pêl-droed, sef dros 80,000; ac roedd tyrfaoedd enfawr hefyd ar gaeau pêl-droed timau yn yr adrannau is. Record y clwydi yn Chesterfield a Thref Halifax oedd tua 30,000, a chafwyd record yn Wrecsam gyda thyrfa o 29,271 yn gwylio y gêm fawr leol (y *derby*) yn erbyn Caer, ym mis Rhagfyr 1936. Pam y gwnaeth gwylio chwaraeon byw ddod mor boblogaidd?

Mwy o amser hamdden

Erbyn yr 1920au, roedd y rhan fwyaf o weithwyr wedi dod yn gyfarwydd â **gwyliau gyda chyflog**. Oddi ar 1874 roedden nhw wedi dod yn gyfarwydd hefyd â pheidio â gweithio ar ddydd Sadwrn, neu o leia' gael pnawn Sadwrn yn rhydd. I lawer o bobl un ystyr yn unig oedd i hyn, sef chwaraeon. Yr amser arferol ar gyfer y gic gyntaf i ddechrau'r gêm oedd 3 o'r gloch bnawn Sadwrn a dyna oedd yr arfer am ddegawdau. Yn ystod yr 1870au, roedd **gwyliau banc** wedi'u sefydlu, a golygai hyn fod chwaraeon wedi'u trefnu hefyd ar gyfer Gwener y Groglith, Llun y Pasg, Dydd Nadolig a Dydd Gŵyl San Steffan. Ar y gwyliau hyn, byddai modd denu tyrfaoedd mawr. Fel rheol, 11 o'r gloch y bore oedd cic gyntaf y gemau Dydd Nadolig er mwyn rhoi cyfle i'r cefnogwyr dreulio amser gartref hefyd. Roedd hyn yn dal i ddigwydd tan yr 1950au pan ddaeth y gemau Nadolig i ben yng Nghymru a Lloegr, ond aeth yr arfer yn ei flaen yn Yr Alban tan 1976.

Wrth bennu dyddiadau gwyliau banc roedd chwaraeon yn elfen bwysig. Yn 1871, pasiwyd y ddeddfwriaeth gyntaf mewn perthynas â gwyliau banc pan gyflwynwyd Deddf Gwyliau Banc 1871 gan Syr John Lubbock, a oedd yn nodi pedwar o ddyddiau ychwanegol i gyd-fynd â Gwener y Groglith a Dydd Nadolig. Roedd Syr John yn gefnogwr criced brwd iawn, ac yn teimlo y dylai gweithwyr gael eu hannog i gymryd rhan mewn chwaraeon a'u cefnogi. Felly, ymhlith dyddiadau'r gwyliau banc, roedd wedi cynnwys tri diwrnod pan oedd hi'n draddodiad yn Swydd Caint, sir ei gynefin, i chwarae gemau criced y pentrefi yn erbyn ei gilydd. Y diwrnodau hynny oedd Llun y Pasg, Llun Sulgwyn a dydd Llun olaf mis Awst.

H. G. Hutchinson, yn ysgrifennu mewn bywgraffiad
The Life of Sir John Lubbock, 1914

Gwell cludiant

Cafodd chwaraeon gwylwyr hwb drwy gyfrwng ffactor allweddol, sef argaeledd cludiant. Yn ystod y 19eg ganrif roedd y rheilffyrdd wedi datblygu'n enfawr, a hynny'n golygu bod cysylltiad bellach rhwng yr holl ddinasoedd a'r trefi mawrion, a llawer man arall hwnt ac yma. Bellach, gallai nifer fawr o wylwyr deithio'n hawdd ac yn rhad i gefnogi eu timau yn y chwaraeon trefnedig, fel pêl-troed a chriced. Yn ystod y cyfnod hwn roedd cael tyrfa enfawr yn eithaf cyffredin oherwydd mai terasau oedd ar gyfer gwylwyr gan amlaf, ac ychydig iawn o'r caeau chwarae oedd yn rheoli mynediad. Yn 1923, amcangyfrifwyd bod tyrfa o dros 250,000 wedi gwylio Bolton Wanderers yn ennill Cwpan y Gymdeithas Bêl-droed yn Stadiwm Wembley pan oedd newydd ei adeiladu. Gwnaeth un heddwas ar gefn ei geffyl gwyn ymdrech i reoli'r dyrfa, felly mae'r gêm hon wedi'i hanfarwoli fel 'ffeinal y Ceffyl Gwyn' (*the White Horse Final*). Roedd y cwmnïau rheilffordd yn fwy na pharod i fanteisio ar yr arian oedd i'w wneud allan o'r rhai fyddai'n teithio i wylio'r prif chwaraeon, gan drefnu trenau 'arbennig' yn unswydd ar gyfer cefnogwyr. Ychydig o sylw fyddai iechyd a diogelwch yn ei gael ac, yn ffodus iawn, ni ddigwyddodd damwain fawr tan i 33 o gefnogwyr gael eu gwasgu i farwolaeth mewn gêm yn Bolton yn 1946.

FFYNHONNELL C

Billy, ceffyl gwyn yr heddlu, yn helpu i glirio cae pêl-droed Wembley yn ystod gêm derfynol Cwpan y Gymdeithas Bêl-droed (Cwpan yr FA) yn Stadiwm Wembley

TASGAU

1. Esboniwch pam roedd cynifer o chwaraeon yn trefnu gemau ar gyfer Gwyliau Banc.

2. Sut wnaeth gwell cludiant arwain at dyrfaoedd mwy o faint ar gyfer digwyddiadau ym myd chwaraeon?

3. Pam mae gêm derfynol Cwpan y Gymdeithas Bêl-droed yn 1923 yn achlysur enwog ym myd chwaraeon?

4. Yn ôl awdur Ffynhonnell CH, pam roedd clybiau pêl-droed 'yn eithriadol ffodus' yn ystod y cyfnod 1919-1945?

5. Ymchwiliwch i hanes clwb pêl-droed Bolton i ddarganfod beth ddigwyddodd yn ystod y flwyddyn 1946. Pa wersi gafodd eu dysgu?

Dylanwad y radio

Byddai pobl nad oedd yn mynychu'r gemau yn heidio o amgylch eu setiau radio er mwyn gwrando ar y sgoriau terfynol ar bnawniau Sadwrn, a gwirio cwponau eu pyllau pêl-droed. Yn ystod yr 1920au, roedd y Gorfforaeth Ddarlledu Brydeinig (y BBC) yn awyddus i ehangu'r gynulleidfa, gan ddechrau **darllediadau allanol** rheolaidd o ddigwyddiadau pwysig ym myd chwaraeon. Byddai gwrandawyr radio yn edrych ymlaen yn awchus at ddigwyddiadau fel Ras Gychod Caergrawnt yn erbyn Rhydychen, ras geffylau'r Derby, a gemau prawf criced.

Mae gwrandawyr hŷn yn dal i gofio arddull sylwebu John Snagge. Roedd yn ddyn a allai gynhyrfu hyd yn oed y gwrandawyr hynny nad oedd ganddyn nhw ddim diddordeb yn Ras Gychod Caergrawnt a Rhydychen. Darlledodd ei sylwebaeth gyntaf ar y Ras Gychod yn 1931 – y sylwebaeth gyntaf o 37 a glywyd ar y radio'n fyd-eang. Ar un achlysur, pan dorrodd modur y cwch a oedd yn cludo sylwebwyr y BBC, dywedodd Snagge, "Wn i ddim pwy sy'n ennill: naill ai Rhydychen neu Gaergrawnt!"

O ysgrif goffa John Snagge, sylwebydd radio yn yr 1930au, a gyhoeddwyd yng ngholofn y marwolaethau ym mhapur newydd yr Independent, *1996*

Yn 1927, chwaraeodd Dinas Caerdydd yn erbyn Arsenal yn gêm derfynol Cwpan y Gymdeithas Bêl-droed, a hon oedd y gêm gyntaf i gael ei darlledu'n fyw. Yng nghylchgrawn y *Radio Times*, cyhoeddwyd cynllun defnyddiol o'r cae chwarae wedi'i rannu'n sgwariau ar gyfer y gêm, er mwyn helpu'r gwrandawyr i ddilyn y sylwebaeth radio. Dyma oedd gwraidd yr ymadrodd Saesneg **back to square one**. Serch hynny, mae'n bosib bod y radio wedi cael effaith andwyol ar y niferoedd a fynychai gemau. Wrth i'r dirwasgiad effeithio ar faint y dyrfa mewn gemau pêl-droed,

ataliwyd darlledu gemau'r gynghrair gan y Gymdeithas Bêl-droed, er bod gêm derfynol y Cwpan yn para i gael ei darlledu'n flynyddol. Para'n boblogaidd gyda'r gwrandawyr wnaeth chwaraeon eraill. Ym mis Awst 1937, daeth miliynau o bobl ynghyd o amgylch setiau radio i wrando ar yr ornest rhwng Tommy Farr a Joe Louis yn America am deitl Pencampwr Bocsio Pwysau Trwm y Byd.

Cystadlaethau a thwrnameintiau

Erbyn yr 1920au, roedd poblogrwydd cynyddol pob math o chwaraeon wedi arwain at sefydlu cystadlaethau a thwrnameintiau er mwyn hybu cystadlu a brwdfrydedd ymysg cefnogwyr. Roedd twrnameintiau fel pencampwriaeth tennis Wimbledon a chyfres griced y Lludw (yr *Ashes*) wedi bod yn boblogaidd ers cryn amser, a gemau'r Gynghrair Bêl-droed hefyd. I ddechrau, roedd y gynghrair yn agored i nifer cyfyngedig o dimau yn unig. Gyda thwf poblogrwydd gemau pêl-droed, ychwanegwyd mwy o adrannau – yr Ail Adran yn 1898 a Thrydydd Adran yn y de ac yn y gogledd yn 1921. Roedd yr adrannau hyn, gyda'u system o bwyntiau a'r drefn o ddyrchafu timau a'u hanfon i lawr, yn sicrhau cefnogaeth drwy gydol y tymor.

Roedd cystadleuaeth ddileu Cwpan y Gymdeithas Bêl-droed yn denu llaweroedd hefyd. Erbyn 1946, roedd 58 allan o'r 84 record a gofnodwyd ar gaeau pêl-droed yn ganlyniad i gemau'r Cwpan, gyda'r drefn ddileu 'tranc sydyn' (*sudden death*) yn apelio'n fawr. Digwyddiadau poblogaidd eraill oedd y gemau lleol pwysig – y '*derby*' lleol – gemau yn ystod cyfnod gwyliau, a'r gystadleuaeth i ddyrchafu tîm neu anfon tîm i lawr.

Roedd gan Rygbi'r Undeb ei dwrnamaint Rhyngwladol gartref, a ddaeth yn gemau'r Pum Gwlad wedi i Ffrainc ymuno yn 1910. Serch hynny, doedd gan Rygbi'r Undeb ddim cynghrair ar gyfer ei dimau, gan gredu y byddai hyn yn arwain at fod yn or-gystadleuol. Doedd gan Rygbi'r Gynghrair ddim gofidiau o'r fath – sefydlwyd y gynghrair honno yn 1922, a byddai'n denu tyrfaoedd lawn cystal â phêl-droed yn nhrefi gogledd Lloegr.

Yn 1931, amcangyfrifwyd bod 7,000 o gefnogwyr wedi teithio o Halifax i fod ymhlith y dyrfa o 40,368 yn Wembley. Chawson nhw mo'u siomi 'chwaith, gan i Halifax ennill o 22 i 8 yn erbyn Caerefrog. Ar y dydd Llun canlynol, dychwelodd y tîm adref i Halifax i gymeradwyaeth frwd, gan ddechrau gyda 22 o glecars niwl yn ffrwydro ar y rheilffordd wrth i'r trên basio heibio, a thaith wedyn mewn coets drwy dorf o tua 100,000 o bobl gyda band pres y dref yn arwain y ffordd i'r derbyniad dinesig yn Neuadd y Dref.

Andrew Hardcastle, hanesydd Clwb Rygbi'r Gynghrair yn Halifax, yn ysgrifennu erthygl mewn rhaglen y dydd ar gyfer gêm yn y cyfnod modern, 1999

Trefi'n cystadlu yn erbyn ei gilydd

Ffactor arall a wnaeth i chwaraeon dyfu'n adloniant o bwys oedd y gystadleuaeth a fyddai'n deillio o'r cyfan. Doedd pentrefi a threfi'n cystadlu â'i gilydd ddim yn beth newydd. Roedd Harri'r Wythfed hyd yn oed wedi atal fersiwn Tuduraidd o gêm bêl-droed oherwydd y drwgdeimlad fyddai'n codi. Yn gynnar yn yr ugeinfed ganrif, roedd gemau pêl-droed a rygbi lleol (y *derbies*), gemau criced 'Y Rhosynnau' rhwng Swydd Gaerhirfryn a Swydd Efrog, a gemau rhyngwladol rhwng Cymru a Lloegr yn tyfu'n achlysuron mawr i edrych ymlaen atyn nhw am fisoedd, a chael blas arnyn nhw. Fel rheol, byddai'r cyfan yn digwydd heb ddim o'r trais a hwliganiaeth a ddaeth yn bla ymhlith gwylwyr chwaraeon ym mlynyddoedd olaf yr ugeinfed ganrif.

FFYNHONNELL E

Mae modd ystyried y cystadlu rhwng clybiau pêl-droed Lerpwl a Manceinion (*Man.U.*) fel adlewyrchiad o'r hyn a oedd yn bodoli eisoes rhwng y ddwy ddinas ers yr oes ddiwydiannol. Yn ystod y cyfnod hwnnw, roedd y dinasoedd yn cystadlu â'i gilydd am y gorau yn y gogledd-orllewin, gyda dinas Manceinion yn enwog am ei goruchafiaeth mewn gweithgynhyrchu, a dinas Lerpwl yn enwog oherwydd pwysigrwydd ei phorthladd. Unwaith yr agorwyd Camlas Longau Manceinion, gallai'r llongau hwylio heibio i Lerpwl a chludo nwyddau'n syth i Fanceinion. Achosodd hyn golli gwaith o'r porthladd a drwgdeimlad ymhlith pobl Lerpwl. Cafodd hyn effaith i sawl cyfeiriad gan gynnwys chwaraeon. I rwbio halen i'r briw, roedd bathodyn clwb pêl-droed Manceinion yn dangos llong, i gynrychioli pwysigrwydd y gamlas.

O wefan yn amlygu'r prif gemau pêl-droed lleol (y derbies), 2008

FFYNHONNELL F

Yn 1901, rhaid oedd rhoi'r gorau i gêm bêl-droed ddydd Gwener y Groglith rhwng Newcastle a Sunderland ar Barc St. James oherwydd bod hyd at 70,000 o gefnogwyr wedi mynd i mewn i gae oedd â dim ond digon o le i 30,000. O glywed y newydd gwylltiodd amryw, gan achosi terfysg, ac anafwyd nifer o'r cefnogwyr. Yn gyffredinol serch hynny, er bod y gemau derby yn denu tyrfaoedd mawr, ychydig o dystiolaeth sydd i awgrymu bod yna unrhyw elyniaeth rhwng y ddwy garfan o gefnogwyr yn y cyfnod rhwng y ddau ryfel byd.

Andy Mitten, hanesydd chwaraeon, yn ysgrifennu yn Mad For It: Football's greatest rivalries, *2008*

TASGAU

1. Gwnewch restr o'r prif ffactorau a achosodd y twf mewn chwaraeon gwylwyr yn ystod hanner cyntaf yr ugeinfed ganrif.

2. Pa chwaraeon oedd yn boblogaidd ar y radio yn ystod yr 1920au a'r 1930au?

3. Ble cafwyd yr ymadrodd Saesneg *back to square one*?

4. Sut wnaeth y radio gael effaith negyddol ar dyrfaoedd pêl-droed?

5. Pam roedd datblygu cynghreiriau a chwpanau yn bwysig er mwyn denu tyrfaoedd?

6. Pa mor ddefnyddiol yw Ffynhonnell DD i hanesydd wrth astudio poblogrwydd chwaraeon yn y cyfnod hwn?

7. Dewiswch un o'r gemau lleol yn eich ardal chi. Eglurwch pam mae'r gêm *dderby* hon yn denu cymaint o sylw yn lleol.

Ymarfer ar gyfer yr arholiad

Mae'r adran hon yn cynnig arweiniad ar sut i ateb cwestiwn 1(a) yn Unedau 1 a 2.
Mae angen dangos dealltwriaeth o'r ffynonellau, ac mae'n werth 2 farc.

Cwestiwn 1(a) – dealltwriaeth o ffynhonnell weledol

Beth mae Ffynhonnell A yn ei ddangos i chi am ddigwyddiadau'r cyfnod hwn ym myd chwaraeon?

[2 farc]

FFYNHONNELL A

*Cefnogwyr yn gêm derfynol
Cwpan y Gymdeithas Bêl-droed
yn Stadiwm Wembley, 1923*

Cyngor ar sut i ateb

Cwestiwn yw hwn sy'n gofyn i chi ddod i gasgliadau a fydd yn dangos dealltwriaeth o ffynhonnell weledol.

- Mae'n gofyn i chi **edrych i mewn i'r ffotograff** a **dethol** rhai manylion perthnasol.
- Mae'n rhaid eich bod chi hefyd yn **gwneud defnydd o'r testun sydd o dan y ffynhonnell**, a fydd yn rhoi gwybodaeth ychwanegol i chi.
- Mae'n rhaid i chi wneud **sylwadau am yr hyn y gallwch ei weld** yn y llun a'r geiriau sydd yn union o dan y ffynhonnell, **a dim byd arall**. **Peidiwch** â rhoi unrhyw wybodaeth ffeithiol arall, oherwydd fyddwch chi ddim yn cael marciau ychwanegol.
- Er mwyn ennill y marciau llawn, bydd **rhaid dewis o leiaf dau bwynt perthnasol**, a'r pwyntiau wedi'u datblygu a'u cefnogi.

Ymateb yr ymgeisydd

Mae Ffynhonnell A yn dangos tyrfa o gefnogwyr ar y cae yn ystod gêm derfynol Cwpan yr *FA* yn 1923. Mae pob stand yn y stadiwm yn llawn ac mae'n debyg bod y cefnogwyr hyn ar y cae oherwydd bod y lle'n orlawn. Mae'r ffotograff yn dangos mai dynion oedd y rhan fwyaf o'r cefnogwyr mewn gemau pêl-droed a bod aelodau'r heddlu'n cael eu defnyddio i reoli'r dyrfa. Mae'n amlwg bod gemau fel hyn yn boblogaidd iawn.

Gwnaed nifer o sylwadau dilys gan yr ymgeisydd yn seiliedig ar y ffynhonnell a'r pennawd. Mae'n arddangos dealltwriaeth eglur o'r ffaith fod tyrfaoedd yn anferth ar gyfer ambell ddigwyddiad, ac mae'n dod i'r casgliad mai dynion oedd y rhan fwyaf o'r cefnogwyr. Mae'r ateb hwn yn teilyngu 2 farc.

Rhowch gynnig arni

FFYNHONNELL B

Cefnogwyr ar eu ffordd i gêm bêl-droed yn ystod yr 1920au

Cwestiwn

Beth mae Ffynhonnell B yn ei ddweud wrthych chi am chwaraeon gwylwyr yn ystod yr 1920au?

PA MOR BWYSIG Y BU CYFRANIAD ARWYR CHWARAEON I DDATBLYGIAD CHWARAEON YNG NGHYMRU A LLOEGR YN YR UGEINFED GANRIF?

DYLANWAD Y CYFRYNGAU HYD AT YR 1970au

Cafwyd delweddau ac adroddiadau o'r byd chwaraeon yn yr holl gyfryngau a ddefnyddiwyd yn ystod yr ugeinfed ganrif. Yn y cyfnod hyd at yr 1970au, roedd y delweddau a'r adroddiadau hyn wedi'u cyflwyno'n bennaf mewn print yn y papurau newydd ac mewn cylchgronau, comics a llyfrau. Ffyrdd pwysig eraill o gael gafael ar wybodaeth am chwaraeon oedd y radio, y sinema a'r teledu, er mai wedi'r 1970au y daeth y teledu'n fwy dylanwadol.

Hyd at yr 1970au, cafodd y cyfryngau ddylanwad enfawr ar ddatblygiad chwaraeon drwy annog pobl i ddilyn chwaraeon arbennig, yn enwedig y bobl hynny nad oedd yn gallu cyrraedd digwyddiadau ym myd chwaraeon. Roedd y cyfryngau'n fodd hefyd i greu'r syniad o arwyr a mawrion chwaraeon, gan lenwi'r penawdau yn debyg iawn i'r ffordd sy'n digwydd heddiw.

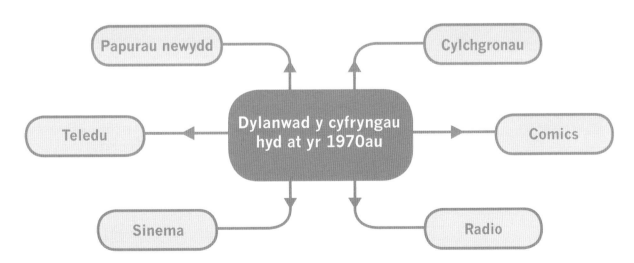

Roedd pob un o'r cyfryngau'n targedu cynulleidfa benodol, gan gyflwyno chwaraeon mewn dull arbennig drwy adrodd storïau a chyflwyno ffeithiau mewn modd a fyddai'n sicrhau bod y gynulleidfa'n dychwelyd am ragor. Roedd angen sylw'r cyfryngau ar chwaraeon er mwyn cael cyhoeddusrwydd, ac arian yn ogystal, ac roedd angen chwaraeon ar y cyfryngau er mwyn denu darllenwyr a gwrandawyr.

Y cyfryngau printiedig – papurau newydd, cylchgronau, comics

Papurau newydd

Mae pobl wedi gallu dod o hyd i eiriau ysgrifenedig am chwaraeon ers amser hir. Oherwydd eu poblogrwydd, mae chwaraeon wedi cael eu defnyddio i werthu papurau, ac mae golygyddion wedi defnyddio penawdau cynhyrfus am bersonoliaethau a digwyddiadau ym myd chwaraeon er mwyn annog pobl i brynu papurau newydd. Ers eu dechreuad, bu gan y rhan fwyaf o bapurau newydd dudalennau chwaraeon ar wahân, gyda gohebwyr a ffotograffwyr yn cael eu cyflogi'n unswydd i gasglu newyddion a lluniau am chwaraeon. At hyn, roedd y papurau'n cynnwys newyddion am chwaraeon poblogaidd a oedd yn denu llawer o sylw, fel pêl-droed, rygbi, criced a rasio ceffylau. Yn ystod yr ugeinfed ganrif, roedd miliynau o bobl yn prynu papur newydd bob dydd, ac roedd gan y papurau ddylanwad mawr ar

boblogrwydd unigolion, timau, a digwyddiadau ym myd chwaraeon.

Newyddiadurwyr a gohebwyr

Oherwydd ei fod yn gymaint rhan o fyd cymdeithasol y dosbarth breiniol, efallai, roedd criced yn aml yn denu awduron enwog fel newyddiadurwyr. Yn ystod hanner cyntaf yr 20fed ganrif, cyflogwyd Neville Cardus gan y *Manchester Guardian* yn ohebydd criced. Yn nes ymlaen, cafodd Cardus ei urddo'n farchog am ei wasanaeth i newyddiaduraeth. Yn 1908 cynhaliwyd y Gemau Olympaidd am y tro cyntaf yn Llundain, a bu hynny'n fodd i ddenu cymaint o ddiddordeb ymhlith darllenwyr nes i'r papurau newydd gyflogi eu hysgrifenwyr gorau i nodi'r achlysur. Roedd gan bapur y *Daily Mail* awdur straeon Sherlock Holmes hyd yn oed, sef Syr Arthur Conan Doyle, yn ohebydd adeg rhedeg y marathon cyntaf 26 milltir 385 llath.

Arthur Conan Doyle oedd un o'r gohebwyr adeg diweddglo dramatig y marathon Olympig cyntaf yn Llundain yn 1908. Mae'r ffotograff hwn yn dangos Dorando Pietri yn cael ei helpu dros y llinell derfyn; cafodd ei wahardd yn nes ymlaen

Polisi rhai papurau newydd yn y cyfnod hwn oedd cynnwys colofnau yn dwyn enw rhai a fu'n sêr y byd chwaraeon, er mai rhith-awduron (*ghost writers*) oedd yn aml yn gyfrifol am y gohebu. Roedd colofnwyr y papurau hyn yn cynnwys Harold Abrahams, pencampwr y ras 100 metr yn Gemau Olympaidd 1924 yn ysgrifennu i'r *Sunday Times*, a Syr Leonard Hutton, cyn-gapten tîm criced Lloegr yn ystod yr 1950au yn ysgrifennu i'r *London Evening News*. Roedd yr enwau hyn yn sicrhau bod llawer o bobl yn prynu'r papur dim ond er mwyn cael darllen sylwadau eu harwyr.

Roedd hyd yn oed bapurau newydd am chwaraeon yn unig yn bodoli, a hynny'n ffordd weithredol o gynyddu'r elfen boblogaidd. Roedd ras flynyddol Marathon Polytechnig Llundain yn dilyn llwybr marathon Gemau Olympaidd 1908 ac yn cael ei noddi gan *Sporting Life*,

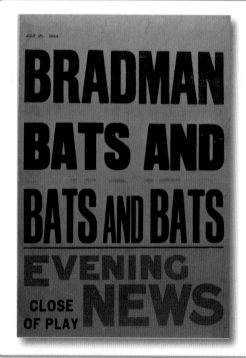

JULY 21, 1934

BRADMAN BATS AND BATS AND BATS
EVENING NEWS
CLOSE OF PLAY

Trwy garedigrwydd Llyfrgell Ddigidol Bradman, Llyfrgell Wladol De Awstralia – "*Evening News*", 21 Gorffennaf 1934

Pennawd papur newydd am hynt a helynt y cricedwr enwog o Awstralia, Donald Bradman, Gorffennaf 1934

papur dyddiol a geisiai dalu sylw i bob
agwedd ar fyd chwaraeon. Yn Ffrainc,
gwnaeth y papur chwaraeon *L'Auto* yn
berffaith sicr ei fod yn dylanwadu'n gryf
ar hanes chwaraeon drwy gyhoeddi yn
1903 ei fod yn trefnu ras seiclo flynyddol
o amgylch y wlad. Felly y ganwyd y *Tour
de France*, ac mae'r rhan a chwaraewyd
gan y papur adeg ei sylfaenu yn cael ei
adlewyrchu heddiw yn lliw melyn jersi'r
seiclwr ar y blaen – sef lliw gwreiddiol y
papur argraffu ar gyfer *L'Auto*. Roedd yr
hyrwyddo yn y papurau hyn yn arwain
at ddiddordeb mawr mewn gwahanol
chwaraeon a hefyd yn y sawl a gymerai
ran.

Ras seiclo yn ystod yr 1920au

Yn ei anterth, byddai dau argraffiad i'r
Football Echo pinc. Ugain munud ar ôl y
chwiban olaf, byddai un argraffiad ar y
stryd. Ynddo, byddai adroddiadau am
y gemau hyd at hanner amser, a'r holl
sgoriau terfynol ar y dudalen olaf. Tua
chwarter i saith byddai'r argraffiad llawn
yn cael ei gyhoeddi gyda'r adroddiadau
cyflawn, a hefyd tablau diweddaraf y
gynghrair. Safai pobl mewn ciw am y
papurau hyn. Fe fydden nhw'n gwerthu tua
80,000 o gopïau bob dydd Sadwrn.

*Ken Gorman, gohebydd a oedd yn gweithio i'r
Football Echo yn yr 1960au, 2006*

Ffotograffiaeth

Yn ystod yr 1950au a'r 1960au bu twf anferth
mewn adroddiadau chwaraeon gyda datblygiad
asiantaethau ffotograffiaeth a newyddion
arbenigol am chwaraeon. Sefydlwyd yr asiantaeth
ffotograffiaeth *All Sport* gan Tony Duffy yn
Ne Llundain yn 1964. Roedd yn cynhyrchu
ffotograffiaeth eiconig fel y ddelwedd o'r
neidiwr hir o America, Bob Beamon, yn hedfan
drwy'r awyr tuag at ei record byd yn y Gemau
Olympaidd ym Mecsico yn 1968. Y **marchnata**
craff ar y delweddau hyn fu'n gynsail i dwf
ffotograffiaeth chwaraeon, nes dod yn fusnes
byd-eang.

Ar ôl yr Ail Ryfel Byd, dal i ehangu wnaeth adrannau
chwaraeon y papurau newydd dyddiol a'r papurau
Sul yng ngwledydd Prydain. Byddai llawer o bapurau
newydd rhanbarthol yn cynhyrchu **argraffiad arbennig
y canlyniadau** ar frys bob nos Sadwrn, megis 'yr un pinc'
enwog a fyddai'n cael ei gyhoeddi gan y *South Wales Echo*.

*Y ffotograff eiconig o Bob Beamon yn torri record byd y
naid hir yn y Gemau Olympaidd, Mecsico 1968*

19

TASGAU

1. Esboniwch pam mae papurau newydd yn cyhoeddi llawer o erthyglau am chwaraeon.

2. Pam wnaeth rhai papurau newydd ddechrau defnyddio sêr y byd chwaraeon i ysgrifennu rhai o'u colofnau?

3. Rhowch enghreifftiau o'r ffyrdd y cafodd papurau newydd ddylanwad uniongyrchol ar chwaraeon yn ystod blynyddoedd cynnar yr ugeinfed ganrif.

4. Pa mor ddefnyddiol yw Ffynhonnell CH i hanesydd sy'n astudio dylanwad papurau newydd ar chwaraeon yn ystod blynyddoedd canol yr ugeinfed ganrif?

5. Defnyddiwch Ffynhonnell D a'ch gwybodaeth eich hun i egluro sut y gwnaeth ffotograffiaeth chwaraeon helpu i greu sêr ac arwyr y byd chwaraeon.

Cylchgronau

Yn ogystal â phapurau newydd, cafodd sawl cylchgrawn ei gyhoeddi yn ystod hanner cyntaf yr ugeinfed ganrif a oedd yn talu sylw'n bennaf i'r chwaraeon mwyaf poblogaidd. Un o'r cylchgronau mwyaf llwyddiannus oedd *The Cricketer*, cylchgrawn a sefydlwyd yn 1921 gan Syr Pelham Warner, cyn-gapten tîm criced Lloegr a ddechreuodd ysgrifennu am griced wedyn. Yn ogystal, roedd llawer o gylchgronau'n talu sylw i bêl-droed yn unig. Y cylchgrawn wythnosol cyntaf i gynnwys tipyn am bêl-droed oedd y *Topical Times*, gyda gweddill y cylchgrawn yn sôn am rasio ceffylau a bocsio ac yn cynnwys stori antur fer hefyd. Cafodd y cylchgrawn hwn ei gyhoeddi rhwng 1919–1940. Un peth arall y byddai'r cylchgrawn yn ei gynhyrchu oedd cardiau sglein, am ddim gyda phob rhifyn, yn dangos pêl-droedwyr blaenllaw'r dydd. Byddai mynd mawr ar y cardiau hyn, gyda darllenwyr ifanc yn eu casglu a'u cyfnewid.

FFYNHONNELL A

Cerdyn Topical Times *yn dangos llun o Thomas G. Jones, aelod o dîm pêl-droed Everton a chwaraeai dros Gymru hefyd, 1939*

FFYNHONNELL B

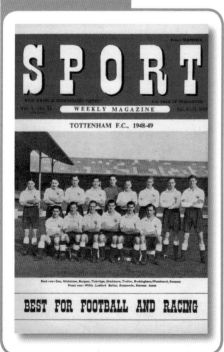

Clawr y cylchgrawn Sport Weekly Magazine, *mis Ionawr 1949*

Y cylchgrawn pêl-droed cyntaf i oedolion oedd *The Football Pictorial and Illustrated Review.* Aeth ar werth am y tro cyntaf yn 1935. Yn y rhifyn cyntaf nodwyd bod y cyfarwyddwyr yn hapus iawn o gofio mai hwy oedd y cyhoeddwyr cyntaf yn Llundain i gynhyrchu cylchgrawn pêl-droed arbenigol o'r fath. Cyhoeddiad tebyg oedd *Sport Weekly Magazine*, a ymddangosodd gyntaf yn 1938 ac a oedd yn cynnwys hanesion am bêl-droed, rasio ceffylau, rygbi a bocsio.

Erbyn yr 1950au, roedd cylchgronau chwaraeon arbenigol wedi dechrau datblygu, gan gwmpasu chwaraeon yn amrywio o athletau i hwylio. Roedd y cylchgronau hyn yn anelu at roi gwybodaeth i'r darllenwyr am ffyrdd o ddatblygu eu sgiliau a'u galluoedd eu hunain, am bersonoliaethau arbennig a digwyddiadau ym myd chwaraeon, yn ogystal â hysbysebu nwyddau cysylltiedig â chwaraeon.

Wedi llwyddiant Lloegr yng nghystadleuaeth bêl-droed Cwpan y Byd yn 1966 a llwyddiant clybiau o'r Alban a Lloegr yng nghystadleuaeth Ewrop 1967–68, tyfodd poblogrwydd y cylchgronau pêl-droed yn aruthrol, yn enwedig ymysg darllenwyr ifanc. Un o'r cylchgronau hyn oedd *Shoot*, a ymddangosodd gyntaf yn 1969 gan werthu dros 100,000 o gopïau pan oedd yn ei anterth.

Comics

Math arall o gyfrwng ysgrifenedig dylanwadol iawn o ran creu diddordeb mewn chwaraeon oedd y comic, yn

Dechreuodd Roy Race, sef pêl-droediwr mwyaf enwog y llyfrau comics, ar yrfa hir a barodd 38 mlynedd pan sgoriodd gôl i Melchester Rovers ar ei ymddangosiad cyntaf yn Tiger. O'r adeg honno ymlaen roedd ei fywyd yn un ddrama fawr. Cafodd ei saethu unwaith mewn stori dditectif, cafodd ei herwgipio ddwywaith, bu'n gapten y Rovers am 13 mlynedd heb golli gêm ac, yn 1985, trefnodd gytundeb rhyfeddol drwy arwyddo Martin Kemp a Gary Norman o Spandau Ballet. Daeth ei yrfa fel pêl-droediwr i ben yn 1993, pan gollodd ei droed chwith mewn damwain hofrennydd.

Allan o'r erthygl The ten best comic footballers *ym mhapur newydd yr* Observer, 2002

enwedig y comics i ddynion a bechgyn ifanc. Roedd y comics yn creu **sêr dychmygol y byd chwaraeon** a ddaeth bron mor enwog â'r sêr go iawn. Un o'r rhai mwyaf poblogaidd oedd cymeriad o'r enw Alf Tupper, a welwyd am y tro cyntaf yn 1949 yn y *Rover*. Rhedwr oedd Alf, cymeriad caled o'r dosbarth gweithiol. Bu mynd ar ei anturiaethau am 40 mlynedd bron, o dan y teitl *The Tough of the Track*.

Oddi wrth arwyr fel Alf Tupper y cafodd cannoedd o blant ifanc fel fi ein gwir ysbrydoli i fynd ati i geisio bod yn gystadleuol, i roi o'n gorau wrth chwarae pêl-droed, rhedeg, nofio neu unrhyw chwaraeon o'n dewis bryd hynny. O wythnos i wythnos fe fydden ni'n trafod y storïau gwych gyda brwdfrydedd mawr – wnes di ddarllen beth wnaeth Alf ac mor ofnadwy o snobyddlyd oedd y clwb athletau 'na'n gwrthod gadael iddo redeg drostyn nhw am ba reswm bynnag.

Kevin Raymond, yn ysgrifennu ar wefan wedi'i neilltuo ar gyfer Alf Tupper, 2004

Yn 1954 y dechreuodd stribed cartŵn *Roy of the Rovers* yn wythnosol yn y comic *Tiger*. Wedi ugain mlynedd roedd yn dal mor boblogaidd nes cael ei gomic wythnosol ei hun, a lansiwyd yn 1976. Roedd llyfrau clawr caled blynyddol a rhifynnau arbennig adeg gwyliau hefyd, yn sôn am Roy a'i ffordd foethus o fyw, yn siwpyr-seren y cae pêl-droed.

Stribed comig arall poblogaidd iawn gydag arwr o fyd chwaraeon oedd *Billy's Boots*. Roedd Billy wedi dod o hyd i hen bâr o sgidiau pêl-droed yng nhŷ ei fam-gu, a'r sgidiau wedi'i wneud yn arwr ar y cae pêl-droed. Ymddangosodd y stribed comig hwn am y tro cyntaf yn rhifyn cyntaf *Scorcher* yn 1970, a symud yn nes ymlaen i *Tiger* pan unwyd y ddau gomic yn 1974. Anaml y byddai stribedi comig yn cynnwys merched yn cymryd rhan mewn chwaraeon, er bod ambell gomic fel *Bunty* a *Judy* yn cynnwys storïau a ddisgrifiai ferched mewn tîmau, yn chwarae hoci neu lacròs.

1. Sut oedd cylchgronau chwaraeon yn wahanol i bapurau newydd?

2. Sut oedd cylchgronau chwaraeon yn ceisio denu darllenwyr?

3. Pam roedd cymaint o gomics yn cynnwys straeon am chwaraeon?

4. Chwiliwch am fwy o wybodaeth am *Alf Tupper, Roy of the Rovers*, neu *Billy's Boots*. Pam oedd y cymeriadau dychmygol hyn mor boblogaidd yn eich barn chi?

5. Pam oedd cyn lleied o stribedi comig yn cynnwys straeon am ferched yn cymryd rhan mewn chwaraeon, yn eich barn chi?

6. Pa mor ddefnyddiol yw Ffynhonnell C i hanesydd wrth astudio'r cyswllt rhwng comics a chwaraeon?

Y cyfryngau anysgrifenedig
– y radio, y sinema, a'r teledu

Radio

Yn ystod yr 1930au cafodd y radio ddylanwad mawr ar ddatblygiad poblogrwydd chwaraeon ac arwyr y byd chwaraeon, a pharodd y dylanwad hwnnw'n gryf drwy'r cyfnod wedi 1945. Yn ogystal â dal i ddarlledu digwyddiadau byw, daeth yn beth arferol i ddarlledu sgorau terfynol a rhaglenni nodwedd. Yn 1948, darlledodd y BBC y rhifyn cyntaf erioed o *Sports Report* am 5 o'r gloch bnawn Sadwrn. Yn union wedi tôn gyflwyno'r rhaglen, cafodd y canlyniadau pêl-droed ar gyfer y diwrnod hwnnw eu darllen ac, yn dilyn, adroddiadau byr ar brif gemau'r dydd. Byddai chwaraeon eraill yn cael sylw hefyd, yn enwedig rasio ceffylau. Dyma oedd rhagflaenydd sioeau heddiw ar radio a theledu, yn dangos canlyniadau, ac yn aml yn creu sêr o blith y sylwebwyr a'r cyhoeddwyr hefyd.

Teledu

Mewn gwirionedd, yn 1937 y cafwyd y telediad byw cyntaf o gêm bêl-droed yng ngwledydd Prydain, ond yn yr 1960au y daeth teledu chwaraeon yn wirioneddol boblogaidd. Cyflwynwyd sioeau chwaraeon brynhawn dydd Sadwrn gan y BBC ac ITV ac, yn ystod yr 1960au a'r 1970au, daeth y rhaglenni hyn yn boblogaidd eithriadol. Yn 1958, darlledwyd *Grandstand* am y tro cyntaf gan y BBC, rhaglen a oedd yn dangos bron pob digwyddiad o bwys ym myd chwaraeon ynysoedd Prydain, fel gêm derfynol Cwpan y Gymdeithas Bêl-droed (*FA Cup Final*), twrnamaint tennis Wimbledon, ras geffylau'r *Grand National*, a gemau prawf Criced, yn ogystal â darlledu o'r prif ddigwyddiadau rhyngwladol, fel y Gemau Olympaidd a Gemau Pêl-droed Cwpan y Byd. Aeth y rhaglen yn ei blaen tan 2007, pan ildiodd i bwysau'r twf mewn teledu lloeren. Yn union fel y radio, roedd sioeau fel *Grandstand* yn rhoi amlygrwydd i holl sêr blaenllaw'r byd chwaraeon, a hefyd yn gwneud enwau **sylwebwyr** yn rhai cyfarwydd i bawb – enwau fel Bill MacLaren, Eddie Waring, David Coleman a Murray Walker.

Yn benderfynol o wneud lawn cystal, sefydlwyd *World of Sport* gan ITV tua chanol yr 1960au; rhaglen chwaraeon bnawn Sadwrn oedd hon. Roedd y sioe'n cynnwys elfennau poblogaidd fel *On the Ball* (rhagflas o'r gemau pêl-droed oedd i ddod y Sadwrn hwnnw), *ITV Seven* (rasio ceffylau), a reslo. Tra parodd y rhaglen, roedd **chwaraeon lleifrifol** yn nodwedd ohoni. Byddai'n dangos chwaraeon nad oedd i'w gweld yn unman arall, fel hoci merched, pêl-rwyd, lacròs, sgïo dŵr a phêl-droed Gwyddelig.

FFYNHONNELL A

Fe fyddwn i ar bigau'r drain bob dydd Sadwrn yn aros am *Sports Report*. Yn y dyddiau hynny ychydig iawn o wybodaeth oedd i'w gael yn syth bin, felly dyma oedd y newyddion cynta inni ei gael am sgôr derfynol ein hoff dîm. Yn ein tŷ ni, yr un oedd y drefn bob amser – nhad, ei bensel yn barod, y Daily Express wedi'i blygu wrth golofn y gemau pêl-droed, yn cofnodi pob sgôr yn ofalus wrth i John Webster eu darllen. Byddai goslef ei lais ar ddechrau pob gêm yn gliw i'r sgôr derfynol – ennill gartre, ennill oddi cartre, neu gêm gyfartal!

David Watkins, yn trafod ei gariad tuag at radio yn yr 1950au, mewn cyfweliad a gyhoeddwyd mewn papur newydd lleol, 2008

FFYNHONNELL B

Roedd *World of Sport* bob amser yn ei chael yn galed i gystadlu yn erbyn *Grandstand* gan fod y BBC wedi prynu'r hawliau i gynifer ag oedd modd o'r digwyddiadau pwysig ym myd chwaraeon. Un jôc yn y cyfnod hwnnw oedd bod y BBC yn mynd drwy'r chwaraeon yn nhrefn yr wyddor ond wedi rhedeg allan o arian cyn cyrraedd *wrestling* a dyna sut y cafodd ITV yr hawliau.

O erthygl ym mhapur newydd y Daily Mail, yn nodi penderfyniad y BBC i ddod â Grandstand i ben yn 2007

FFYNHONNELL C

Cyn 1966, digon ffwrdd-â-hi oedd rhaglenni teledu Cwpan y Byd yng ngwledydd Prydain. Pan gynhaliwyd y twrnamaint yng ngwlad Chile yn 1962, roedd yn rhaid i ffilm o'r gemau gael ei rhuthro ar gefn beic modur gan negesydd i'r maes awyr, i'w hanfon i UDA er mwyn ei golygu a'i throsglwyddo'n ôl i Lundain. Byddai'r BBC yn dangos rhaglen bob nos, tua thridiau fel rheol wedi i'r gêm gael ei chwarae. Serch hynny, o fewn pedair blynedd, roedd datblygiadau technoleg lloeren yn golygu bod modd dangos gemau'n fyw ledled y byd.

Yr hanesydd Andrew Crisell, yn ysgrifennu yn y gyfrol An Introductory History of British Broadcasting, 2002

Roedd modd i'r ddwy sianel ddangos gêm derfynol Cwpan y Byd yn 1966; Lloegr wnaeth ennill yn erbyn Gorllewin yr Almaen, 4-2. Am y tro cyntaf, yn arbennig ar gyfer yr ornest, roedd nifer fawr o gartrefi wedi llogi teledu, a thyfodd dylanwad teledu ar fyd chwaraeon yn aruthrol. Hyd heddiw, y gêm hon yw'r rhaglen deledu ddenodd y nifer fwyaf o wylwyr erioed yng ngwledydd Prydain, sef 32.6 miliwn o bobl. Roedd y ddwy sianel yn cydnabod gwerth dangos y gemau pêl-droed cartref hefyd. Yn 1964, roedd y BBC wedi dechrau dangos *Match of the Day* ac, yn 1968, dechreuodd ITV ddangos *The Big Match*. Roedd y rhaglenni hyn yn denu cynulleidfaoedd mawr o wylwyr, a daeth y chwaraewyr yn sêr adnabyddus.

Rwy'n cofio'r gêm derfynol yn iawn. Roedd 'nhad wedi cael teledu oddi wrth Rediffusion er mwyn gweld Cwpan y Byd. Yn ystod y gêm allwn i ddim diodde' mwy o straen felly fe es i ma's am dro. Roedd pob stryd yn wag. Dim ceir ar y ffordd na phobol ar yr hewl. Fe gerddes i heibio i gartre cymydog wrth i Loegr sgorio'r gôl ola' ac ennill y cwpan a dyma'r cymydog yn rhedeg allan gan weiddi, "Ni sy wedi ennill! Ni sy wedi ennill!" Fe ruthrais i adre ac roedd 'nhad yn dal fy chwaer fach, y babi, lan at y sgrîn deledu ac yn dweud, "Cariad, wnei di byth weld hyn eto yn dy fywyd". Wrth reswm, mae hi'n dal i aros i'w eiriau gael eu gwrthbrofi.

Ann Hungerford, a oedd yn 7 oed yn 1966, yn cofio Gêm Derfynol Cwpan y Byd yn y flwyddyn honno. Cafodd ei holi yn 2010 ar gyfer project ysgol gynradd ar Gwpan y Byd

George Best, yn chwarae i Manchester United *yn 1968, mewn gêm a ddangoswyd yn ddiweddarach ar* Match of the Day

Sinema

Y sinema oedd y cyfrwng arall a helpodd chwaraeon, a sêr y byd chwaraeon, i ddod yn fwy poblogaidd. Yn ystod yr 1930au, y sinema oedd yr unig le y gallai'r cefnogwyr weld eu harwyr. Rhwng y ffilmiau, byddai pob sinema yn dangos **ffilmiau newyddion** (*newsreels*) yn llawn eitemau o ddiddordeb ar faterion y dydd. Tan i'r teledu gymryd drosodd yn yr 1960au y ffilm newyddion oedd prif ffynhonnell newyddion a chwaraeon i bawb a oedd yn mynd i'r sinema.

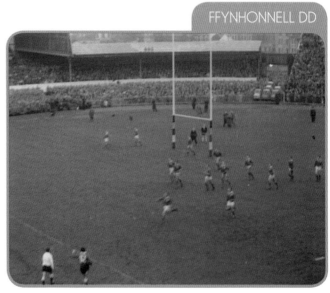

Llun llonydd allan o ffilm newyddion yn dangos gêm Cymru yn erbyn Iwerddon ym mhencampwriaeth rygbi'r Pum Gwlad, 1965

Rhwng y ddau ryfel byd, pêl-droed oedd ar y blaen ym myd chwaraeon cenedlaethol gwledydd Prydain. Ond roedd llawer iawn mwy o bobl yn gwylio'r clipiau byr am bêl-droed ar ffilmiau newyddion yn y sinema nag a wyliodd gêm ar gae pêl-droed erioed. Roedd ffilmiau newyddion yn hollbwysig i ddatblygiad pêl-droed fel un o'r chwaraeon torfol o bwys, gan greu sêr o gannoedd o chwaraewyr.

Mike Huggins, hanesydd, yn ysgrifennu yn British newsreels, soccer and popular culture 1918–39, *2007*

Roedd poblogrwydd chwaraeon a'r adroddiadau a'r cyhoeddusrwydd a roddai'r cyfryngau amrywiol yn golygu bod llawer o ddynion a menywod o fyd chwaraeon wedi dod yn adnabyddus dros ben. Yn ystod yr 1930au daeth y tueddiad hwn yn fwyfwy cyffredin, gan bara wedi'r Ail Ryfel Byd. Gyda threigl blynyddoedd yr ugeinfed ganrif daeth mwy a mwy o athletwyr yn **enwau cyfarwydd** oherwydd eu campau. Roedd yr eilun neu'r arwr o fyd chwaraeon – y 'seleb' – yma i aros.

TASGAU

1. Defnyddiwch Ffynhonnell A a'ch gwybodaeth eich hun i esbonio sut wnaeth radio helpu i wneud chwaraeon yn fwy poblogaidd yn ystod yr 1950au.

2. Esboniwch pam roedd rhaglenni chwaraeon fel *Grandstand* a *World of Sport* yn denu cynulleidfaoedd mawr yn ystod yr 1960au a'r 1970au.

3. Pa mor ddefnyddiol yw Ffynhonnell CH i hanesydd sy'n astudio twf chwaraeon ar deledu yn ystod yr 1960au?

4. I ba raddau mae Ffynhonnell E yn cefnogi'r farn mai'r sinema oedd y cyfrwng mwyaf dylanwadol ym myd chwaraeon hyd at yr 1970au?

5. Yn eich barn chi, pa adran o'r cyfryngau oedd fwyaf effeithiol o safbwynt datblygu poblogrwydd chwaraeon hyd at yr 1970au?

SÊR Y BYD CHWARAEON

Nid yn ystod blynyddoedd olaf yr ugeinfed ganrif y dechreuodd sêr y byd chwaraeon ddod yn enwau cyfarwydd, gan ddenu nifer enfawr o gefnogwyr i ddilyn eu hynt a'u helynt gyda brwdfrydedd mawr. Mae pob oes yn cynhyrchu ei sêr ei hun. Caiff rhai o'r rhain eu cofio gan lawer o bobl, a bydd eraill yn llai adnabyddus ond yn chwarae rhan bwysig yn natblygiad eu chwaraeon arbennig yn eu ffordd eu hunain. Mae pob un yn creu argraff ryw fodd neu'i gilydd – yn lleol, yn genedlaethol, neu'n rhyngwladol.

Gwaith amhosibl fyddai creu un rhestr benodol o sêr y byd chwaraeon. Pe baech chi'n holi unigolion o unrhyw oed, gan gymryd eu bod yn cymryd diddordeb mewn chwaraeon, fe fydden nhw i gyd yn debyg o greu rhestr ag enwau gwahanol arni.

Ar y dudalen sy'n dilyn, mae'r siart yn dangos sut y gwnaeth pobl o wahanol oed ddewis arwyr o'r byd chwaraeon pan ofynnwyd iddyn nhw wneud hynny, gan egluro'n fyr y rheswm dros eu dewis. Roedd y canlyniadau'n wahanol iawn i'w gilydd, ond roedd hyd yn oed pobl a fynnai nad oedd ganddynt ddiddordeb mewn chwaraeon yn gallu dewis.

Dewi Davies, dyn yn ei 80au. Ei ddewis ef oedd:

Gareth Edwards – roedd yn cynrychioli pob dim oedd orau ym myd rygbi Cymru yn ystod yr 1970au

Howard Winstone – bocsiwr wedi'i eni a'i fagu ym Merthyr Tudful a ddaeth yn bencampwr byd

Stanley Matthews – y 'dewin' – y pêl-droediwr gorau i mi ei weld erioed

Mair Jones, menyw yn ei 70au. Ei dewis hi oedd:

John Charles – y 'Cawr Tirion', llysenw haeddiannol

Virginia Wade – y ferch ddiwethaf o wledydd Prydain i ennill pencampwriaeth Wimbledon

Fanny Blankers-Koen – seren y Gemau Olympaidd yn Llundain yn 1948

Doug Olsen, dyn yn ei 60au. Ei ddewis ef oedd:

Mohammed Ali – cafodd ei enwebu'n eicon byd chwaraeon yr ugeinfed ganrif – a phwy ydw i i anghytuno?

George Best – y pêl-droediwr gorau a welwyd erioed – heb os

Brian Clark – sgoriodd y gôl dros Gaerdydd i guro Real Madrid yn 1971

Ann Howard, menyw yn ei 50au. Ei dewis hi oedd:

Bob Stokoe – rheolwr Sunderland pan wnaethon nhw ennill Cwpan yr FA yn 1973

Evonne Goolagong – chwaraewraig tennis frodorol o Awstralia a enillodd bencampwriaeth Wimbledon ddwywaith

Steve Redgrave – profodd y gallai diabetig lwyddo ar y lefel uchaf ym myd chwaraeon

Richard Davies, dyn yn ei 40au. Ei ddewis ef oedd:

Eric Liddell – y dyn oedd yn gwrthod rhedeg ar ddydd Sul – rwy'n cofio'i astudio mewn gwersi Addysg Grefyddol a gweld ei hanes yn *Chariots of Fire*

Lasse Viren – yr unig gi i ennill dwy fedal aur yn y gemau Olympaidd – jôc!

Steve Ovett – fe oedd fy ffefryn i bob amser, nid Seb Coe – mwy o rebel

Claire Thomas, menyw yn ei 30au. Ei dewis hi oedd:

Daley Thompson – roedd e'n gwneud i mi chwerthin pan oeddwn i'n ferch fach

Tanni Grey-Thompson – o achos yr hyn mae hi wedi'i wneud dros athletwyr anabl

Caster Semenya – sydd wedi ymddwyn gydag urddas mawr yn wyneb yr holl feirniadu arni gan bobol sydd ddim ond yn cenfigennu at ei thalent

Brian Allen, dyn yn ei 20au. Ei ddewis ef oedd:

Nasser Hussein – y cricedwr cynta' o dras Asiaidd i fod yn gapten ar dîm criced Lloegr

Joe Calzaghe – paffiwr gwych a gafodd y clod roedd yn ei haeddu yn y pen draw

Roger Federer – ai dyma'r chwaraewr tennis gorau erioed? Ie, o bosib

Emma Foster, merch yn ei harddegau. Ei dewis hi oedd:

Shane Williams – am ei fod e'n 'ciwt'

Stephen Jones – mae'n sgorio'r pwyntiau i gyd dros Gymru

Jonathan Foster – am ei fod e'n frawd i fi ac mae e bob amser yn chware'n dda

YR EFFAITH A GAIFF SÊR Y BYD CHWARAEON

Mewn gwirionedd, gwaith amhosibl yw nodi unigolion, ond mae'r canlynol wedi eu canmol i'r cymylau yn eu cyfnodau eu hunain am eu cyfraniad i chwaraeon ac am yr effaith a gafodd y cyfraniad hwnnw ar ddatblygiad chwaraeon a'r gymdeithas ehangach.

Fred Perry oedd y chwaraewr disgleiriaf a gynhyrchwyd gan wledydd Prydain yn ystod yr ugeinfed ganrif. Enillodd bencampwriaeth Wimbledon dair blynedd yn olynol, a phencampwriaeth yr Unol Daleithiau deirgwaith hefyd. Ymunodd â nifer dethol o bencampwyr y dynion a ddaeth yn fuddugol yn y pedair prif bencampwriaeth. Roedd Perry yn ddyn egnïol a fyddai'n creu argraff fawr ar bawb, yn garismataidd, yn hunanhyderus, a'i ymddygiad yn hunanfeddiannol ac yn broffesiynol dros ben.

O'r ddyfynneb ar gyfer cynnwys Fred Perry yn Neuadd Enwogion Rhyngwladol Tennis, 1995

Fred Perry yn ennill pencampwriaeth Wimbledon yn 1936

Ym marn llawer, Len Hutton oedd batiwr gorau tîm criced Lloegr yn ystod y cyfnod wedi'r Ail Ryfel Byd. Yn ei chweched Gêm Brawf, torrodd y record byd gyda'i sgôr. Ef hefyd oedd capten proffesiynol cyntaf Lloegr. Yn 1956, cafodd ei urddo'n farchog am ei gyfraniad i griced.

O'r ysgrif goffa i Len Hutton a gyhoeddwyd yn *Wisden*, 1990

Len Hutton yn batio dros Loegr yn 1954

Gareth Edwards yn chwarae i Gymru yn erbyn yr Ariannin, 1976

Pan oedd Cymru'n mwynhau'r ddegawd fwyaf disglair o lwyddiant ar y cae rygbi, roedd Gareth Edwards yn ffactor hollbresennol. Yn 19 oed, cynrychiolodd Gymru am y tro cyntaf yn erbyn Ffrainc. Y tymor canlynol, roedd yn gapten y tîm, y chwaraewr ieuengaf erioed i wneud hynny. 1973 oedd y flwyddyn pan sgoriodd Gareth Edwards y cais sy'n dal i gael ei ystyried gan arbenigwyr y gêm fel y cais gorau a sgoriwyd erioed, a hynny dros y Barbariaid yn erbyn y Crysau Duon. Yn ystod y cyfnod hwnnw, rygbi oedd yn diffinio Cymru ledled y byd, ac Edwards yn diffinio rygbi ledled Cymru.

O'r wefan, *100 Welsh heroes*, 2003

David Beckham

Mae'n enwog, yn olygus, yn gyfoethog iawn, iawn ac, erbyn hyn, mae David Beckham wedi tyfu'n ddyn o fri dros y byd i gyd ac yn eicon cenedlaethol. Mae ei yrfa'n dangos sut y trawsnewidiwyd pêl-droed o fod yn gêm brydferth i fod yn gynnyrch byd-eang. Ac eto, po fwyaf di-enaid yr â'r gêm, y mwyaf y bydd Beckham ei hun yn ymddangos fel dyn â'i draed ar y ddaear. Yr hyn sy'n ei wneud yn arbennig yw ei gwrteisi cyffredin a'i ddiffyg hunanbwysigrwydd sy'n beth dieithr ym myd y 'seleb'. Mae ar y blaen yn ymgyrch Lloegr i ddenu Cwpan y Byd 2018 ac mae'n teithio i Afghanistan i dalu teyrnged i'r milwyr yno.

O erthygl olygyddol ym mhapur newydd y *Guardian*, Awst 2010

David Beckham yn chwarae i Loegr yn 2009

Mary Rand

Mary Rand oedd "Merch Euraidd" gyntaf athletau gwledydd Prydain. Yn Tokyo yn 1964 hi oedd y ferch gyntaf o wledydd Prydain i ennill medal aur y gemau Olympaidd mewn athletau.

Annwyl Mary,
Maen nhw wedi nodi ffiniau dy naid ar Sgwâr y Farchnad yn y dre. Mae'r siâp cyfan i'w weld ar y pafin, y tu allan i'r siopau er mwyn i bobol ei weld drwy'r adeg. Mae'r ffordd maen nhw wedi'i ddylunio yn hardd iawn. Fe stopiais y dydd o'r blaen a gwrando ar ryw dwristiaid o America yn siarad wrth syllu arno. D'wedodd y dyn, 'Jesus, honey, can you believe how far this girl jumped?'

Dyfyniad o lythyr a anfonwyd at Mary gan ei mam yn 1968. Roedd Mary wedi ymfudo i America

Mary Rand yn ennill y fedal aur yng Ngemau'r Gymanwlad yn 1966

Tanni Grey-Thompson

Ar Ebrill 12, 2010, talodd y Farwnes Tanni Grey-Thompson ymweliad â Beirut yn rhan o daith o amgylch yr ardal. Hi yw athletwraig fwyaf enwog gwledydd Prydain yn y gemau paralympaidd. Diben ei hymweliad oedd trafod eu paratoadau ar gyfer Gemau Olympaidd Llundain gyda phwyllgorau Olympaidd a Pharalympaidd Lebanon. Yn ogystal, bu Tanni'n annerch cynulleidfa o unigolion ag anghenion arbennig, athletwyr anabl ac unigolion eraill amlwg yn wleidyddol ac ym myd chwaraeon. Siaradodd am hawliau dynol a'r gwerthoedd sydd ynghlwm wrth gynhwysiad cymdeithasol i bobl anabl.

Datganiad i'r wasg oddi wrth Lysgenhadaeth Gwledydd Prydain yn Lebanon, Awst 2010

Tanni Grey-Thompson yn cystadlu yn y Gemau Paralympaidd yn Sydney yn 2000

Kelly Holmes yw'r ferch Brydeinig gyntaf i ennill dwy fedal aur yn y Gemau Olympaidd, a'r cyntaf drwy Brydain i ennill dwy fedal aur yn yr un gemau ers Albert Hill yn 1920. Roedd yr amser a gymerodd i redeg ras derfynol y 1500 metr, sef 3 munud 57.90 eiliad, hefyd yn gosod record Brydeinig newydd dros y pellter hwn. Enillodd nifer o wobrau am ei champau, a'i hurddo'n fonesig gan y Frenhines yn 2005. Ers iddi ymddeol o athletau yn 2005 mae wedi ymddangos droeon ar deledu ac mae'n Llywydd Lloegr Gemau'r Gymanwlad.

O'r wefan *Black Presence in Britain*, 2010

Kerry Holmes yn ennill y fedal aur yn y 1500 m yng Ngemau'r Gymanwlad, 2002

Nicole Cooke yn ennill Pencampwriaeth Seiclo'r Byd yn 2008

Dyna gamp oedd ennill Medal Aur y Gemau Olympaidd ar ben ei holl lwyddiannau eraill. Roeddwn i'n arfer seiclo gyda Chlwb Ajax Caerdydd, ac rwy'n cofion gweld Nicole yn dechrau ei gyrfa'n ifanc iawn, yn reidio'i beic ar drac seiclo Maendy. Mae hi'n dod â bri i Gymru ac i'n camp ni. Bydd yn derbyn fy mhleidlais i fel personoliaeth chwaraeon y flwyddyn, a gobeithio mai hi wnaiff ennill yn lle rhyw bêl-droediwr cadi ffan. Da iawn ti, Nicole.

Jesse Davies, yn postio ar fwrdd negeseua BBC De-ddwyrain Cymru, 2008

TASGAU

1. Disgrifiwch gyflawniadau un seren wrywaidd ac un seren fenywaidd o'ch dewis o'r byd chwaraeon.

2. Lluniwch wefan sy'n dangos cyflawniadau un seren o'ch dewis o'r byd chwaraeon. Rhaid i'r seren berthyn i'r blynyddoedd cyn yr 1980au.

3. Trefnwch gyfweliadau gyda phobl o wahanol oed am eu harwyr o fyd chwaraeon. Lluniwch arddangosiad yn seiliedig ar eich canfyddiadau. Gall yr arddangosiad hwn gael ei drefnu yn ôl oed, rhyw, neu math o chwaraeon.

4. Gan weithio mewn grwpiau, dewch o hyd i fwy o wybodaeth am yr argraff y gall sêr y byd chwaraeon ei wneud. Yna, defnyddiwch eich gwaith ymchwil i ateb y cwestiwn: *Pa mor bwysig y bu cyfraniad arwyr y byd chwaraeon i ddatblygiad chwaraeon yng Nghymru a Lloegr?*

Ymarfer ar gyfer yr arholiad

Mae'r adran hon yn cynnig arweiniad ar sut i ateb Cwestiwn 1(b) yn Unedau 1 a 2. Mae angen dangos dealltwriaeth o ffynhonnell yn gysylltiedig â chofio eich gwybodaeth eich hun, ac mae'r cwestiwn yn werth 4 o farciau.

Cwestiwn 1(b) – dealltwriaeth o ffynhonnell a chofio eich gwybodaeth eich hun

Defnyddiwch y wybodaeth yn Ffynhonnell A a'ch gwybodaeth eich hun i esbonio sut wnaeth y cyfryngau wneud chwaraeon yn boblogaidd yn ystod blynyddoedd canol yr ugeinfed ganrif. [4 marc]

FFYNHONNELL A

Yn ystod blynyddoedd canol yr ugeinfed ganrif y dechreuodd y cyfryngau gydnabod poblogrwydd chwaraeon mewn difri'. Dechreuodd y papurau newydd neilltuo llawer o ddudalennau'n arbennig ar gyfer chwaraeon ac roedd gan rai papurau adrannau ar wahân, hyd yn oed, ar gyfer chwaraeon yn unig. Sefydlwyd cylchgronau'n arbennig ar gyfer bodloni diddordeb y llu cynyddol o gefnogwyr chwaraeon.

Oddi ar wefan

Cyngor ar sut i ateb

- Darllenwch drwy'r ffynhonnell, **gan danlinellu neu amlygu** y pwyntiau allweddol.
- Yn eich ateb, dylech geisio **aralleirio ac egluro'r pwyntiau hyn** yn eich geiriau eich hun.
- Anelwch at gyflwyno eich **gwybodaeth gefndirol** eich hun er mwyn ymestyn y pwyntiau hyn ymhellach.
- Meddyliwch am **unrhyw ffactorau perthnasol eraill** sydd heb eu cynnwys yn y ffynhonnell, a'u cyflwyno yn eich ateb.
- Er mwyn ennill y marciau llawn, rhaid i chi **wneud dau beth**: cyfeirio at wybodaeth o'r ffynhonnell, ac ychwanegu at y wybodaeth hon o'ch gwybodaeth eich hun am y pwnc yn y maes hwn.

Ymateb ymgeisydd un

Pethau fel y papurau newydd a'r teledu yw'r cyfryngau. Mae'r rhain bob amser yn cynnwys llawer o chwaraeon oherwydd bod gan bobol ddiddordeb mewn chwaraeon. Mae chwaraeon ar dudalennau cefn y papurau, ac mae ar y teledu drwy'r amser. Mae pobol yn hoffi chwaraeon oherwydd mae'n hwyl ac maen nhw'n gallu gweiddi dros eu timau eu hunain. Y papurau a'r teledu wnaeth chwaraeon yn boblogaidd.

> Deunydd cyffredinol sydd ddim yn ateb y cwestiwn a osodwyd

> Bydd y frawddeg olaf yn derbyn peth cydnabyddiaeth

Sylwadau'r arholwr

Mae diffyg gwir ddatblygiad i'r ateb hwn. Ychydig o ymdrech a wnaed gan yr ymgeisydd i egluro sut wnaeth y cyfryngau wneud chwaraeon yn boblogaidd. Nid oes unrhyw ymdrech i osod y ffynhonnell yn ei chyd-destun hanesyddol, ac nid yw'r cyfeiriadau gwan at deledu yn wirioneddol gywir yng nghyd-destun y cwestiwn. Efallai y gellid rhoi un marc am y frawddeg olaf.

Ymateb ymgeisydd dau

Roedd y cyfryngau'n bwysig dros ben o safbwynt gwneud chwaraeon yn boblogaidd yn ystod blynyddoedd canol yr ugeinfed ganrif. Fel mae Ffynhonnell A yn ei ddangos, roedd y papurau newydd yn chwarae rhan flaenllaw drwy dalu sylw i ddigwyddiadau mawr fel y Gemau Olympaidd a Chwpan yr *FA*. Yng Nghaerdydd, roedd papurau chwaraeon fel yr 'Echo' ar gyfer pêl-droed yn dod allan ar ddydd Sadwrn. Sefydlwyd cylchgronau fel y 'Topical Times' ar gyfer y cefnogwyr selog, a oedd yn cynnig cardiau am ddim i'w casglu. Yn ystod yr 1950au, roedd y comics hyd yn oed wedi dechrau cynnwys cartwnau chwaraeon poblogaidd. Serch hynny, rwy'n credu mai'r radio a ffilmiau newyddion y sinema oedd y cyfryngau mwyaf pwysig o safbwynt gwneud chwaraeon yn boblogaidd, oherwydd byddai'r cefnogwyr yn gallu gweld a chlywed pob dim yn digwydd felly.

> Cyfeiriad penodol at y ffynhonnell

> Defnydd o'i wybodaeth ei hun i ymestyn ar y wybodaeth sy'n deillio o'r ffynhonnell

> Rhoi enghreifftiau pellach o sylw'r wasg

> Dechrau symud yma tuag at lunio barn nad oes ei hangen

Sylwadau'r arholwr

Mae datblygiad da i'r ateb hwn. Mae'r ymgeisydd yn arddangos dealltwriaeth dda o'r pwnc hwn ac wedi gwneud defnydd da o'r wybodaeth yn y ffynhonnell. Cafwyd ynghyd â hyn ei wybodaeth ei hun i bwrpas, gan egluro ac ymestyn ar wybodaeth a roddwyd yn y ffynhonnell. Mae ambell gyd-destun sy'n berthnasol i ganol yr ugeinfed ganrif. Tua'r diwedd, mae'r ateb yn crwydro, a'r ymgeisydd fel pe bai'n llunio barn ar bwysigrwydd y gwahanol gyfryngau, ond mae'r ateb eisoes wedi gwneud digon i haeddu 4 marc.

Rhowch gynnig arni

FFYNHONNELL B

Ychydig o ddylanwad a gafodd teledu mewn gwirionedd ar bobologeiddio chwaraeon tan yr 1960au. Serch hynny, tyfu wnaeth swm y chwaraeon a fyddai i'w gweld ar y BBC ac ITV wrth i raglenni fel *Grandstand* a *Match of the Day* ddod yn boblogaidd iawn gyda'r cynulleidfaoedd a chreu sêr o blith chwaraewyr a sylwebwyr.

O werslyfr ysgol

Cwestiwn

Defnyddiwch Ffynhonnell B a'ch gwybodaeth eich hun i esbonio pam roedd teledu'n gallu poblogeiddio chwaraeon yn ystod yr 1960au.

[4 marc]

SUT MAE CHWARAEON YNG NGHYMRU A LLOEGR WEDI'U HEFFEITHIO GAN NEWIDIADAU YN Y GYMDEITHAS AR DDIWEDD YR UGEINFED GANRIF?

CYFLEOEDD AR GYFER CYMRYD RHAN A HAMDDEN AR DDIWEDD YR UGEINFED GANRIF

Mwy o amser hamdden

Yn ystod blynyddoedd olaf yr ugeinfed ganrif bu cynnydd enfawr yn nifer y bobl a oedd yn cymryd rhan mewn chwaraeon ac adloniant, yn enwedig o'r 1960au ymlaen. Roedd nifer o resymau cyffredinol am hyn:

- Mwy o **amser hamdden**;
- Mwy o bobl mewn gwaith a mwy o incwm i'w wario;
- Gwell cludiant a mwy o bobl yn berchen car;
- Y cyfryngau'n talu llawer mwy o sylw i chwaraeon ac adloniant;
- Ymwybyddiaeth gynyddol o iechyd a ffitrwydd.

Roedd nifer o ffactorau mwy penodol hefyd, a'r rheiny'n arwain at fwy o gyfleoedd i fod yn rhan o chwaraeon ac adloniant, naill ai drwy gymryd rhan neu wylio.

Gwell cyfleusterau

Wedi'r Ail Ryfel Byd, wrth i'r wlad ddychwelyd i rywfaint o normalrwydd, ymatebodd un llywodraeth ar ôl y llall i'r galw cynyddol am greu cyfleusterau chwaraeon newydd drwy hybu'r gwaith o adeiladu **canolfannau chwaraeon dan do**, naill ai'n eiddo cyhoeddus neu mewn perchnogaeth breifat.

Yr Empire Pool, Caerdydd, a adeiladwyd ar gyfer Gemau'r Ymerodraeth yn 1958

© *Hawlfraint y Goron: CBHC*

Adeiladwyd y 'Wales Empire Pool' ar gyfer gemau'r Ymerodraeth a gafodd eu cynnal yng Nghaerdydd yn 1958. Yn 1964, adeiladwyd canolfan chwaraeon gyntaf Lloegr yn Harlow, Swydd Essex. Adeiladwyd Sefydliad Chwaraeon Cymru yng Nghaerdydd yn 1971.

FFYNHONNELL B

Yn 1964, dim ond un neuadd chwaraeon oedd ar gael yng ngwledydd Prydain, sef yr un yn Harlow. Erbyn hyn, mae'r ganolfan chwaraeon wedi dod yn gymaint rhan o wead bywyd cymunedol â'r banc lleol, yr ysgol, neu'r feddygfa.

Allan o adroddiad ar gyfleusterau chwaraeon yn Swydd Essex, 2007-2020, o waith cwmni Strategic Leisure Limited, *2006*

Roedd canolfannau chwaraeon dan do yn anogaeth i bobl gymryd rhan mewn chwaraeon 'newydd', yn enwedig chwaraeon i dimau fel pêl fasged a phêl foli a ddaeth, o dipyn i beth, yn fwy poblogaidd mewn ysgolion yng Nghymru ac yn Lloegr. Daeth badminton a sboncen yn fwy poblogaidd, a gymnasteg hefyd, yn enwedig ar ôl i Olga Korbut, y gymnastwraig ifanc o Rwsia, hudo'r dorf yn y Gemau Olympaidd yn Munich yn 1972.

FFYNHONNELL C

Mae Olga Korbut yn athletwraig ryfeddol, yn meddu ar bedair medal aur y Gemau Olympaidd, ond nid dyma'r ffaith sy'n ei gwneud yn fwyaf cofiadwy. Oherwydd yr holl sylw a gafodd gan y wasg pan ymddangosodd yn y gemau Olympaidd yn 1972, denwyd heidiau o ferched ifanc i ymuno â chlybiau gymnasteg lleol, a dyma gamp nad oedd erioed wedi denu llawer o sylw bellach yn creu penawdau.

Allan o erthygl Wikipedia *ar Olga Korbut, 2005*

Yn ystod yr 1960au, dim ond dyrnaid o glybiau gymnasteg oedd i'w cael yn Ne Cymru: erbyn y flwyddyn 2000 roedd dros 60 o glybiau llewyrchus yn yr ardal. Wrth i fwy o gyfleoedd gael eu cynnig, cafwyd cynnydd amlwg yn swm gweithgaredd pobl ym myd chwaraeon.

FFYNHONNELL CH

Yng nghanol yr 1970au, pan gafodd y clwb y llifoleuadau, roedd yn wych. Fe fydden ni'n chwarae bron bob dydd Sadwrn a dydd Mawrth, achos bod clybiau heb lifoleuadau am chwarae yn ein herbyn, felly byddai tyrfa'n dod i weld y gemau *derby* lleol yn erbyn y gelynion mawr fel Glyn-nedd, Aberpennar a'r Rhymni. Yn ystod tymor 1979–80 fe wnes i chwarae dros 50 gêm i'r tîm cyntaf. Wedi dweud hynny, erbyn diwedd y tymor, roedd y cae'n dipyn o botsh!

Steve Howard, un o chwaraewyr Clwb Rygbi MerthyrTudful yn ystod yr 1970au a'r 1980au, yn cofio am effaith llifoleuadau mewn cyhoeddiad hanes lleol, 2000

Yn ystod yr 1960au, dechreuodd caeau pêl-droed a rygbi fel maes Rodney Parade, Casnewydd, godi llifoleuadau. Y bwriad i ddechrau oedd defnyddio'r rhain ar gyfer hyfforddiant gyda'r nos, ond roedd hefyd yn caniatáu i glybiau drefnu gemau canol wythnos a ddenai gryn dyrfa gan wneud cynnydd yn yr incwm.

Yn ystod yr 1970au a'r 1980au, roedd datblygiad arwyneb synthetig ar feysydd chwarae awyr agored yn cynnig mwy o gyfleodd ar gyfer hyfforddi a chwarae. Y math o chwaraeon a gafodd y budd mwyaf o'r datblygiad hwn oedd hoci, pêl-droed, tennis ac athletau.

FFYNHONNELL D

Mae'r maes chwarae artiffisial wedi trawsnewid hoci fel gêm am ei fod yn caniatáu i chwaraewyr reoli'r bêl yn fwy rhwydd a gwneud y gêm yn llawer cyflymach. Mae gwair synthetig yn rhoi'r cydbwysedd cywir i adlamu'r bêl, i'r gwrthsafiad, y ffrithiant a'r siocleddfu. Dyma sy'n ei wneud yn faes perffaith ar gyfer chwarae drwy'r flwyddyn gron, ym mhob tywydd.

O daflen hysbysebu gan gwmni sy'n gweithgynhyrchu meysydd chwarae synthetig, Perfectly Green, *2006*

Cyfleuster	1972	1997
Neuadd Chwaraeon	11	180
Pwll Nofio	25	143
Cwrs Golff	104	176
Cwrt Sboncen	86	442
Trac synthetig ar gyfer athletau	0	14
Canolfan chwarae tennis dan do	0	9
Maes chwarae artiffisial	0	72
Neuadd ar gyfer bowlio dan do	0	27
Rinc sglefrio	0	2

Ffigurau'n dangos y cynnydd mewn cyfleusterau chwaraeon yng Nghymru 1972-1997 a gyhoeddwyd gan Gyngor Chwaraeon Cymru, 1999

TASGAU

1. Esboniwch pam y bu cynnydd yn nifer y bobl a gymerai ran mewn chwaraeon ac adloniant ar ddiwedd yr ugeinfed ganrif.

2. Disgrifiwch y gwelliant a ddigwyddodd mewn cyfleusterau chwaraeon wedi'r Ail Ryfel Byd.

3. Pam roedd Olga Korbut yn ffigur dylanwadol yn y byd chwaraeon yn ystod yr 1970au?

4. Defnyddiwch Ffynhonnell DD fel patrwm ar gyfer archwilio argaeledd cyfleusterau chwaraeon yn eich ardal chi.

5. Defnyddiwch Ffynhonnell CH a'ch gwybodaeth eich hun i esbonio pam roedd dechrau defnyddio llifoleuadau'n bwysig i lawer o glybiau chwaraeon.

Yr ymgyrch dros iechyd a ffitrwydd – yr 'epidemig' gordewdra

Wrth i'r ugeinfed ganrif ddirwyn yn ei blaen, tyfodd diddordeb pobl mewn iechyd a ffitrwydd. Yn ystod yr 1970au, daeth loncian yn arfer cyffredin ymysg llawer o bobl ac, yn ystod yr 1980au, daeth dosbarthiadau erobeg yn boblogaidd iawn, yn enwedig ymysg merched.

Er gwaetha'r cynnydd mewn gweithgareddau, roedd gofid cynyddol erbyn diwedd yr ugeinfed ganrif o du meddygon a'r llywodraeth ynghylch materion fel **gordewdra** a diffyg ymarfer. Effaith hyn oedd cynnydd yn nifer y canolfannau chwaraeon; erbyn heddiw, mae **campfa breifat** yn beth mwy cyffredin hefyd. Yn eu tro, mae'r datblygiadau hyn wedi arwain at gynnydd yn nifer y bobl sy'n manteisio ar y cyfleusterau o ran eu cynnwys yn nhrefn eu bywydau bob dydd.

Yn 1984, roeddwn i'n gapten ar glwb rygbi Wellingborough. Dechreuodd un o'r chwaraewyr achwyn fod yr hyfforddi'n ddiflas iawn, gan awgrymu y dylen ni roi cynnig ar rywbeth gwahanol. Felly, dyma fi'n trefnu bod fy chwaer yn cynnal sesiwn erobeg ar gyfer y chwaraewyr. Wel! – roedd yr achwynwr wedi llwyr ymlâdd. Doedd e ddim yn gallu chwarae ar y dydd Sadwrn oherwydd ei fod yn dal yn boenus wedi'r sesiwn erobeg. Wnaeth e ddim achwyn am yr hyfforddi fyth wedi hynny.

Billy Gall, cyn-chwaraewr gyda chlwb rygbi Wellingborough, yn cofio digwyddiad yn ystod tymor 1984-85

Adeiladwyd canolfannau chwaraeon newydd ac, er mwyn ateb y galw am gyfleusterau ffitrwydd mwy soffistigedig, cafodd hen ganolfannau chwaraeon eu moderneiddio. Roedden nhw'n cynnig pyllau nofio, rhaglenni pwrpasol ar gyfer yr unigolyn, ac offer uwch-dechnoleg (*hi-tech*) fel peiriannau rhedeg.

Peiriannau ymarfer sydd ar gael mewn campfa fodern

Drwy gydol yr ugeinfed ganrif, bu cerdded a seiclo'n weithgareddau hamdden poblogaidd. Erbyn hyn, rhoddwyd cyhoeddusrwydd i'r rhain fel gweithgareddau ardderchog ar gyfer cadw'n iach yn ogystal ag fel ffyrdd o fwynhau bod allan yn yr awyr iach. Bu cynnydd mawr ym mhoblogrwydd gweithgareddau awyr agored, gan gynnwys dringo, sgïo, canŵio a beicio mynydd. Yn eironig ddigon, y twf yn nifer y bobl sy'n berchen car fu'n gyfrifol am alluogi pobl i gyrraedd rhannau mwy anghysbell cefn gwlad. Ar yr un pryd, roedd pobl ifanc yn cael cynnig mwy o gyfleoedd i gymryd rhan

mewn gweithgareddau awyr agored drwy gyfrwng ysgolion a chlybiau ieuenctid. Adeiladwyd 'canolfannau gweithgaredd' i'r cyhoedd gan nifer o awdurdodau lleol. Yn 1986 yr adeiladodd Cyngor Chwaraeon Cymru ganolfan Plas Menai yng Ngogledd Cymru ac, ymhen amser, daeth yn un o brif ganolfannau chwaraeon cenedlaethol gwledydd Prydain, gan gynnig dewis o weithgareddau yn amrywio o rafftio dŵr gwyn, canŵio a hwylio, hyd at ogofa, dringo creigiau a beicio mynydd.

Chwaraeon/ gweithgaredd	1994	2004
Cerdded	22	38
Nofio	14	9
Seiclo	6	12
Golff	4	7
Pêl·droed	6	10
Erobeg / gymnasteg	3	14

Ffigurau'n dangos canran y bobl a oedd yn cymryd rhan mewn chwaraeon yng Nghymru yn ystod 1994–2004. Cyhoeddwyd gan Gyngor Chwaraeon Cymru, 2005

Mae ffitrwydd gwyrdd wedi tyfu'n fwyfwy poblogaidd. Bu meithrin ffitrwydd allan yn yr awyr agored yn boblogaidd erioed ond, erbyn hyn, mae'n ffordd wych o sicrhau na fydd eich gweithgaredd yn gadael ôl troed carbon anferth. Mae gwaith ymchwil yn dangos bod dros 20% o bobl yn troi at ffyrdd rhatach o ymarfer yn ystod y dirwasgiad economaidd, ac yn mynd i gerdded a seiclo dros y penwythnos – yn union fel roedd pethau yn ystod yr 1930au!

Joanne Knight, golygydd Women's Fitness, *yn ysgrifennu mewn erthygl i'r cylchgrawn, 2009*

1. Esboniwch pam y bu cynnydd yn nifer y cyfleusterau chwaraeon preifat yn ystod y blynyddoedd diwethaf.

2. Pa mor ddefnyddiol yw Ffynhonnell C i hanesydd sy'n astudio gweithgareddau chwaraeon yr ugain mlynedd diwethaf?

3. Disgrifiwch y twf ym mhoblogrwydd chwaraeon awyr agored yn ystod blynyddoedd olaf yr 20fed ganrif.

4. Defnyddiwch Ffynhonnell C fel patrwm i gynnal arolwg o weithgareddau chwaraeon pobl yn eich ysgol chi.

5. I ba raddau mae Ffynhonnell CH yn cefnogi'r farn bod chwaraeon awyr agored yn tyfu'n fwyfwy poblogaidd?

6. Trafodwch y farn mai'r newid mwyaf mewn cyfleusterau chwaraeon yn ystod y 30 mlynedd diwethaf fu adeiladu canolfannau hamdden lleol.

Chwaraeon i'r anabl

Dim ond wedi'r Ail Ryfel Byd y dechreuwyd datblygu trefn chwaraeon ar gyfer pobol ag anableddau corfforol. Mewn ymateb i anghenion nifer fawr o glwyfedigion sifil a chyn-aelodau o'r lluoedd arfog, cafodd chwaraeon eu cyflwyno fel rhan allweddol o'r adferiad. Wedi hynny tyfodd chwaraeon ar gyfer adferiad yn adloniant, ac yna'n chwaraeon cystadleuol. Yn 1948, adeg cynnal y Gemau Olympaidd yn Llundain, cynhaliwyd mabolgampau hefyd ar gyfer athletwyr cadair olwyn yn Ysbyty Stoke Mandeville. Dyma oedd dechrau Gemau Stoke Mandeville a dyfodd yn raddol yn **Gemau Paralympaidd** modern, a hynny'n arwain at wneud athletwyr anabl fel Tanni Grey Thompson ac Ellie Simmonds yn adnabyddus iawn.

FFYNHONNELL A

Yr athletwr anabl blaenllaw Oscar Pistorius, a elwir 'Blade Runner'

FFYNHONNELL B

Mae Chwaraeon Anabledd Cymru yn anelu at:

- gynyddu nifer y bobl anabl sy'n cymryd rhan mewn clybiau, grwpiau a sesiynau chwaraeon;
- creu cyfleoedd newydd i bobl anabl gystadlu mewn chwaraeon ar lefel leol, ranbarthol a chenedlaethol, yn ogystal â datblygu'r cyfleoedd sy'n bodoli eisoes.

Rhan o ddatganiad cenhadaeth ar gyfer sefydliad Chwaraeon Anabledd Cymru, 2006

Yn ystod yr 1960au, drwy gyfrwng mudiad y Gemau Olympaidd Arbennig, dechreuodd chwaraeon ar gyfer pobl ag anabledd deallusol gael eu trefnu. Yn 1968, cynhaliwyd y Gemau Olympaidd Arbennig cyntaf yn Chicago. Erbyn heddiw, mae'r Gemau Olympaidd Arbennig yn darparu hyfforddiant a chystadleuthau mewn amrywiaeth o chwaraeon i bobl ag anabledd deallusol.

Mae llawer o fudiadau wedi'u sefydlu er mwyn darparu cyfleusterau i bobl anabl gael cymryd rhan mewn gweithgareddau ym myd chwaraeon. Er mwyn annog pobl i gymryd rhan, mae'r mudiadau hyn yn gweithio'n glòs gydag awdurdodau lleol. Yn anffodus, mae'n ymddangos mai digon araf y bu'r cynnydd, gyda phobl anabl yn nodi sawl peth sy'n eu rhwystro rhag cymryd rhan. Mae'r rhain yn cynnwys diffyg cludiant, diffyg arian, prinder clybiau addas a diffyg gwybodaeth.

Mae cymryd rhan mewn chwaraeon yn rheolaidd yn llawer llai tebyg o ddigwydd ymysg pobl anabl ar draws yr holl grwpiau oedran, o'i gymharu â chyfranogiad pobl heb anabledd. Mae hyn yr un mor wir am ddynion ag am ferched. Yn 2006, roedd 8.8% o bobl anabl yn cymryd rhan mewn chwaraeon a gweithgareddau adloniant deirgwaith yr wythnos. Canran y bobl heb anabledd oedd 17%. Yn 2007, y gymhareb oedd 9.1% i 18% ac, yn 2008, y gymhareb oedd 8.7% i 19%.

Allan o adroddiad gan Ffederasiwn Chwaraeon Anabledd Lloegr (the English Federation of Disability Sports), 2009

TASGAU

1. Disgrifiwch y twf mewn chwaraeon i bobl anabl ers 1945.

2. Amlinellwch rai o'r problemau sy'n wynebu pobl anabl wrth gymryd rhan mewn chwaraeon.

3. Pa mor ddefnyddiol yw Ffynhonnell C ar gyfer dod o hyd i wybodaeth am gyfranogiad pobl anabl ym myd chwaraeon?

Menywod a chwaraeon

Yn ystod blynyddoedd diwethaf yr ugeinfed ganrif, cafodd menywod llawer mwy o gyfle i gymryd rhan mewn chwaraeon nag erioed o'r blaen a thyfodd cyfranogiad menywod yn sylweddol. Yn ystod y degawdau blaenorol roedd menywod wedi chwarae rhan flaenllaw mewn llawer math o chwaraeon, ond dim ond yn brin iawn y byddai'r cyfryngau'n cydnabod hynny. Fodd bynnag, wedi llwyddiant yn y Gemau Olympaidd, rhoddwyd mwy o gyhoeddusrwydd i fenywod a ddaeth yn athletwyr llwyddiannus. Yn 1956, enillodd Gillian Sheen fedal aur am ffensio ac, yn 1964, Mary Rand oedd y fenyw gyntaf erioed o Brydain i ennill medal aur am athletau. Serch hynny, hyd at ddiwedd yr ugeinfed ganrif, roedd menywod yn dal i gael eu rhwystro rhag cystadlu mewn nifer o ornestau Olympaidd, fel bobsledio, hoci iâ, pêl fas, bocsio, pêl-droed a reslo. Doedden nhw ddim yn cael cystadlu yn y ras nofio rydd 1500 metr, er mai menywod oedd yn dal pob record am nofio dros bellter mawr.

Dechreuodd menywod gymryd rhan mewn chwaraeon fel rygbi a rasio ceffylau a oedd, hyd at yr 1970au, wedi'u cyfyngu i ddynion. Roedd hyn o ganlyniad i'r cynnydd yn yr amser hamdden oedd ar gael a hefyd i'r newid agwedd tuag at rôl menywod mewn cymdeithas. Yn 1991, cynhaliwyd cystadleuaeth cwpan rygbi'r byd i fenywod am y tro cyntaf erioed ym Mhrydain; yn 1997, cynhaliwyd yr ornest focsio gyfreithlon gyntaf erioed rhwng dwy ferch, yn Hendy-gwyn yn Sir Gaerfyrddin.

Yn draddodiadol, rhywbeth i ddynion fu chwaraeon erioed, un o'r ffyrdd y mae dynion wedi cadw'u hunain ar wahân i ferched yn gyffredinol, ac ar wahân i'w gwragedd a'u teuluoedd yn fwyaf arbennig. Rhywbeth ar gyfer dynion yn bennaf fu gwylio chwaraeon a chymryd rhan.

Tony Mason, hanesydd, yn ysgrifennu yn ei lyfr hanes cyffredinol, Association Football and English Society 1863-1915, 1980

Bydd unrhyw ddynion siofinistaidd sy'n dod i watwar yn aros i floeddio'u cymeradwyaeth ymhen 10 munud. Dyna'i gyd mae'n ei gymryd i ddynion weld ein bod ni o ddifri'. Maen nhw'n dod o dan gamargraff enfawr. Yn reit fuan, maen nhw'n gweld pethau'n wahanol. Mae gan ferched sgiliau go iawn fel chwaraewyr, ac maen nhw'n hyfforddi'n llawer iawn caletach na dynion. Mae lefel eu ffitrwydd yn wych.

Alice Cooper, swyddog i'r wasg ar gyfer Cwpan Rygbi'r Byd i Ferched, yn siarad â phapur newydd y Guardian, 1991

Sally Gunnell ar ei ffordd i ennill medal aur yn y Gemau Olympaidd yn Barcelona, 1992

Er hyn i gyd, roedd llai o arian yn cael ei dalu i athletwraig nag i athletwr. Yn 1993, fe wnaeth y bencampwraig Olympaidd ar neidio clwydi, Sally Gunnell, fygwth peidio â rhedeg oni bai ei bod hi'n derbyn yr un tâl â'r rhedwr Linford Christie. Yn y pen draw, wnaeth hi ddim ond derbyn hanner y gyflog gafodd e. Mae problemau'n parhau o ran cyllido chwaraeon i fenywod, ac ychydig iawn o newid a fu ym maint y sylw mae'r cyfryngau'n ei roi iddo, yn enwedig y chwaraeon mwy newydd.

Oni bai eich bod chi'n chwarae tennis neu golff, byddai lawn cystal i chi roi'r ffidil yn y to o safbwynt meddwl am ddenu nawdd neu gyhoeddusrwydd. Dydw i erioed yn cofio codi papur newydd a gweld tudalen gefn yn sôn am ddim byd heblaw chwaraeon menywod – dydy hynny byth yn digwydd. Mae unrhyw gyhoeddusrwydd yn well na dim ond, ar hyn o bryd, mae chwaraeon i fenywod yn cael llai o sylw hyd yn oed na chwaraeon amatur i ddynion.

Jayne Ludlow, cyn-gapten tîm pêl-droed Cymru, yn siarad â'r Western Mail, *Awst 2010*

Roedd canfyddiadau adroddiad gan Sefydliad Menywod mewn Chwaraeon (*the Women in Sport Foundation*) yn dangos bod merched mor ifanc â chwech neu saith oed eisoes yn rhoi'r gorau i chwaraeon oherwydd nad oedden nhw am edrych yn chwyslyd neu'n anfenywaidd. Erbyn cyrraedd 18 oed, mae 40% o ferched wedi rhoi'r gorau i chwaraeon o unrhyw fath, tra bod 32% o fenywod mewn oed yn llai tebyg o gymryd rhan mewn chwaraeon na dynion. Anhawster arall yw diffyg menywod yn batrwm. Bu eiconau disglair fel Kelly Holmes a'r Fonesig Tanni Grey-Thompson yn ysbrydoliaeth i genhedlaeth o ferched ifanc, ond ychydig iawn sy'n dod i wybod am fenywod eraill mawr eu bri ym myd chwaraeon oherwydd mai dim ond 5% o sylw tudalen gefn papurau newydd sy'n cael ei roi i chwaraeon menywod. Diddorol fyddai cymharu'r ffigur hwn â hyd y colofnau sy'n cael eu neilltuo i Cheryl Cole yn wythnosol.

Caroline Hitt, colofnydd papur newydd y Western Mail, *mewn erthygl ar ferched ifanc a chwaraeon, 2008*

Mae menywod yn dal i gymryd rhan mewn chwaraeon i raddau llai na dynion. Y rheswm am hyn yn rhannol yw llai o amser sbâr. Yn y flwyddyn 2000 amcangyfrifwyd bod menyw mewn swydd amser llawn yn cael 12 awr yn llai o amser sbâr ar gyfartaledd na dyn, a hynny'n aml oherwydd ei bod yn gwneud mwy na'i siâr o'r gwaith tŷ, y siopa a'r gofal plant. Roedd ffactorau eraill yn rhannol gyfrifol hefyd:

- Diffyg hyder ac anogaeth, a diffyg menywod eraill yn batrwm i'w hysbrydoli;
- Diffyg annibyniaeth ariannol a chymdeithasol.

1. Pam mae pob un o'r blynyddoedd canlynol yn garreg filltir o safbwynt menywod yn cymryd rhan mewn chwaraeon o'r radd flaenaf: 1956, 1964, 1991 ac 1997.

2. Beth yw'r rhwystrau pennaf i fenywod rhag cymryd rhan mewn chwaraeon?

3. Pa mor ddefnyddiol yw Ffynhonnell D i hanesydd wrth astudio cyfranogiad menywod mewn chwaraeon?

4. Pa mor bwysig yw sylw'r wasg o ran annog menywod i gymryd rhan mewn chwaraeon?

5. I ba raddau mae Ffynhonnell D yn cefnogi'r farn sy'n cael ei mynegi yn Ffynhonnell CH?

Y twf mewn chwaraeon i bobl ifainc

Un peth arall a newidiodd yn sylweddol yn ystod blynyddoedd olaf yr ugeinfed ganrif o ran pobl yn cymryd rhan ym myd chwaraeon oedd twf cyfundrefn chwaraeon i bobl ifainc. Dechreuodd amryw fudiadau ieuenctid weld gwerth mewn cynnig mwy o amrywiaeth yn eu gweithgareddau hamdden a chwaraeon. Roedd clybiau ieuenctid a sgowtiaid a geidiau yn cynnig hyfforddiant hefyd. Dechreuodd sefydliadau cenedlaethol i bobl ifanc, fel Urdd Gobaith Cymru a Mudiad y Ffermwyr Ifainc gyflwyno cystadlaethau chwaraeon yn rhan o'u gwyliau cenedlaethol.

urdd.org
Urdd Gobaith Cymru

Mae'r Urdd a Chlybiau Ffermwyr Ifanc yn cynnig cystadlaethau chwaraeon i'w haelodau

Y gweithgareddau diweddaraf oedd gemau mis Mai. Gwnaeth aelodau'r tîm rownderi eu gorau glas a dod yn drydydd da, gyda'r tîm hoci'n fuddugol hefyd. Roedd y bechgyn yn fuddugol yn y gystadleuaeth rygbi, a bydd y tîm yn mynd ymlaen i gynrychioli'r Sir yn Sioe Frenhinol Cymru. Roedd pob un o'r aelodau wnaeth gystadlu yn yr athletau wedi disgleirio ac maen nhw'n haeddu diolch o waelod calon.

Dyfyniad o adroddiad blynyddol Clwb Ffermwyr Ifanc Pontfaen, Canolbarth Cymru, 2007

Er bod pob ysgol yn dal i roi gwersi addysg gorfforol a threfnu timau mewn nifer o chwaraeon, lleihau wnaeth nifer y gemau rhwng yr ysgolion ac, erbyn diwedd yr 1980au, roedd gemau ar ddydd Sadwrn wedi lleihau'n ddirfawr. Llenwi'r bwlch wnaeth y clybiau chwaraeon lleol mewn chwaraeon fel pêl-droed, hoci, criced a rygbi, gan ddechrau hyfforddi a threfnu timau iau a mini o wahanol oedrannau, ac ar gyfer merched a bechgyn fel rheol. Roedd y pwyslais yn bennaf ar ddatblygu sgiliau a rhoi mwynhad.

- Mae 28 o glybiau wedi'u cofrestru gyda'r Cynghrair ar gyfer tymor 2009/10
- Dyna gyfanswm o 170 o dimau
- O'r rhain, mae 19 yn dimau merched
- A dyna LOT o blant yn chwarae pêl-droed bob wythnos!

Allan o adran Did you Know taflen Cynghrair Pêl-droed Ieuenctid Wrecsam a'r Cylch

1. Darganfyddwch pam y gwnaeth nifer y gemau a drefnwyd ar gyfer chwaraeon ysgol ddisgyn yn ystod yr 1980au.

2. Defnyddiwch Ffynhonnell A a'ch gwybodaeth eich hun i ddisgrifio sut mae mudiadau ieuenctid wedi ceisio annog pobl ifainc i gymryd rhan mewn chwaraeon.

3. Pa mor bwysig fu clybiau chwaraeon lleol i'r ddarpariaeth mewn gweithgareddau chwaraeon ar gyfer pobl ifainc?

4. Darganfyddwch faint o glybiau chwaraeon lleol sy'n cynnig gweithgareddau ar gyfer pobl ifainc. Ers pryd maen nhw wedi bod yn gwneud hyn?

Chwaraeon gwylwyr

Erbyn yr 1960au, roedd cyflwr llawer o'r caeau pêl-droed hynaf yn peryglu'r gwylwyr. Yn 1985 bu farw dros 50 o gefnogwyr yn hen stadiwm clwb pêl-droed Bradford City, a oedd wedi dirywio'n ddychrynllyd. Mewn mannau eraill, roedd yn rhaid i glybiau ymateb i faterion rheoli torfeydd drwy godi barrau ar y terasau er mwyn cadw'r cefnogwyr rhag cyrraedd y cae chwarae. Yn 1989, cafodd 95 o gefnogwyr Lerpwl eu gwasgu i farwolaeth ar y barrau atal torfeydd, yn Stadiwm Hillsborough yn Sheffield. Ar ôl cyhoeddi'r adroddiad ar y drychineb yn 1990, bu galw am droi pob stadiwm o'r maint hwn yn **stadiwm seddau yn unig**. Cafwyd mwy o fuddsoddi mewn stadia newydd ar gyfer chwaraeon. Yn ystod yr 20 mlynedd diwethaf, mae clybiau pêl-droed fel Derby County, Sunderland, Caerdydd ac Abertawe wedi codi stadia seddau yn unig o'r newydd. Mae clybiau eraill fel Newcastle, Manchester United a Chelsea wedi sicrhau gwelliannau mawr.

FFYNHONNELL D

Cae rygbi Parc y Sgarlets yn Llanelli, a agorwyd yn 2008

Yng Nghymru, cafodd tyweirch y Stadiwm Cenedlaethol eu codi yn 1997, a chynhaliwyd arwerthiant i roi cyfle i gefnogwyr brynu'r 'tir sanctaidd'. Cafodd y stadiwm ei ddymchwel er mwyn creu lle i godi Stadiwm y Mileniwm o'r newydd i groesawu gêm derfynol Cwpan Rygbi'r Byd yn 1999. Yn ystod degawd cyntaf yr 21ain ganrif, roedd rhanbarthau rygbi fel y Sgarlets a'r Gweilch naill ai'n adeiladu stadia newydd neu'n symud i feysydd rygbi newydd. Mae'r meysydd hyn yn troi profiad y gwylwyr yn un pur wahanol i'r hyn a fyddai'n arferol yn ystod y blynyddoedd rhwng y ddau ryfel byd.

DYLANWAD TELEDU A NAWDD YN DDIWEDDARACH YN YR UGEINFED GANRIF

Effaith darpariaeth teledu fyw

Yn ystod blynyddoedd olaf yr ugeinfed ganrif bu darllediadau teledu yn ddylanwadol iawn ym mhob agwedd ar fyd chwaraeon. Mae hyn i'w weld fwyaf amlwg ar y lefel broffesiynol uchaf, ond cafodd effaith hefyd ar chwarae a gwylio chwaraeon ar lefelau is. Byddai llawer o haneswyr cymdeithasegol yn dadlau bod effaith cael sylw ar deledu wedi newid llawer o chwaraeon y tu hwnt i bob dychymyg o'i gymharu â'r hyn oedd y chwaraeon hynny 40 neu 50 o flynyddoedd yn ôl.

Mae cwmnïau teledu wedi gallu newid llawer o'r chwaraeon 'traddodiadol'. Er enghraifft, erbyn yr 1990au nid ar bnawn Sadwrn yn unig y byddai pêl-droed o'r radd flaenaf yn cael ei chwarae: gallai gwylwyr weld pêl-droed ar deledu bron bob dydd o'r wythnos.

FFYNHONNELL B

Dydd	Cwmni Darlledu	Dechrau'r gêm	Twrnamaint
Sadwrn	BSkyB	12 pm	Uwchgynghrair y Gymdeithas Bêl-droed
Sadwrn	BSkyB	5.30 pm	Uwchgynghrair yr Alban
Sadwrn	BSkyB	8.30 pm	Cynghrair yr Eidal
Sul	ITV	2 pm	Y Gynghrair Pêl-droed
Sul	BSkyB	4 pm	Uwchgynghrair y Gymdeithas Bêl-droed
Sul	BSkyB	8 pm	Cynghrair Sbaen
Llun	BSkyB	8 pm	Uwchgynghrair y Gymdeithas Bêl-droed
Mawrth	ITV	7.45 pm	Y Gynghrair Pêl-droed
Iau	ITV	7.45 pm	Y Gynghrair Pêl-droed

Pêl-droed ar deledu yn ystod wythnos nodweddiadol yn 2001

Ers talwm, gêm i'w chwarae'n dawel rhwng dau dîm yn eu dillad gwyn oedd criced. Ers dyfodiad teledu lloeren, mae chwaraewyr mewn gemau undydd wedi gwisgo dillad lliwgar, ac mae'r gemau'n cael eu chwarae dan lifoleuadau, gyda'r chwaraewyr yn cerdded at y wiced i gyfeiliant cerddoriaeth bop. Mae'r gêm 20-20 yn fersiwn delfrydol o griced ar gyfer ei ddarlledu ar deledu oherwydd ei fod yn gymharol gyflym, yn ddifyr ac mae rhywun bob amser yn ennill.

Yn ogystal, mae'r cwmnïau teledu wedi dod ag amrywiaeth helaeth o chwaraeon i ddiddanu gwylwyr o'r newydd, gan ehangu proffil chwaraeon fel Pêl-droed Americanaidd a phêl fasged. Bu **sianeli lloeren a chebl** yn gyfrifol am helpu i greu chwaraeon newydd, hyd yn oed, fel pêl foli ar draeth a nenblymio cystadleuol.

Mae'r teledu wedi gwneud chwaraeon a arferai fod yn chwaraeon lleifrifol yn boblogaidd iawn. Roedd *Pot Black* yn rhaglen fechan ar deledu BBC2 pan ddechreuodd ar ddiwedd yr 1960au, i gyd-fynd â dyfodiad teledu lliw. Denodd gynulleidfaoedd mawr ac ymhen dim roedd pencampwriaeth snwcer y byd yn cael ei ddarlledu'n fyw o Theatr y Crucible yn Sheffield. I lawer o bobl roedd y gêm yn un oedd yn rhaid ei gwylio, a daeth chwaraewyr snwcer fel Steve Davies yn sêr disglair ym myd chwaraeon a thyfu'n bobl gyfoethog.

FFYNHONNELL C

Gêm griced fodern yn cael ei chwarae mewn gwisg liwgar

FFYNHONNELL CH

Mae Steve yn rhoi cynnig ar botio'r bêl binc ac, i'r rhai ohonoch chi sy'n gwylio ar deledu du a gwyn, mae'r bêl binc nesaf at y bêl werdd.

Ted Lowe, sylwebydd ar y sioe snwcer Pot Black yn gwneud ei orau i helpu'r gwylwyr, 1970

Yn yr un modd, newidiodd dartiau o fod yn adloniant mewn tafarn i fod yn un o brif chwaraeon y byd, gan wneud enwau rhai chwaraewyr yn adnabyddus tu hwnt, fel Eric Bristow a Jocky Wilson. Sylw'r teledu wnaeth Marathon Llundain yn rhan hanfodol o'r calendr chwaraeon drwy ddod â'r digwyddiad yn fyw i gynulleidfa deledu. Roedd hoci iâ ymhlith y chwaraeon eraill wnaeth elwa o gael sylw ar deledu, gyda thîm Devils Caerdydd yn ennill cystadlaethau'r Gynghrair a'r Cwpan yn rheolaidd.

Serch hynny, nid yw'r campau i gyd wedi elwa o sylw'r teledu. Er enghraifft, mae pêl-rwyd yn cael ei chwarae ym mhob ysgol yng ngwledydd Prydain, bron. Yn Awstralia, De Affrica a Seland Newydd mae'r timau cenedlaethol yn cael eu noddi a'r gemau'n cael eu gweld yn rheolaidd ar deledu. Ond, yng ngwledydd Prydain, methiant fu'r ymdrech i ddenu sylw'r teledu, a fyddai wedi arwain at gynnydd ym mhoblogrwydd y gêm a nawdd, felly mae'n para ymhlith y chwaraeon llai. Efallai bod y ffaith ei fod yn gamp i ferched yn ffactor allweddol.

Fel un o'r campau mân y bydd pobl yn meddwl am hoci iâ, ond oherwydd sylw'r teledu cafwyd tyrfaoedd o 17,000 a 10,000 ym Manceinion a Sheffield, sy'n fwy na'r dyrfa ar gyfer gemau'r gynghrair pêl-droed yn aml. Pan fydd galw am ein cynnyrch yn rhyngwladol, yna byddwn yn achub ar y cyfle i werthu'r cynnyrch hwnnw o gwmpas y byd. Fydd buddsoddiad teledu Sky ddim yn sicrhau llwyddiant i ni, ond bydd yn ein rhoi yn y safle gorau posibl i fargeinio pan ddaw.

Llefarydd ar ran yr Uwchgynghrair Hoci Iâ, yn siarad ar raglen newyddion y BBC yn 1999

Y sianeli teledu'n cystadlu â'i gilydd

Ers y 1970au bu twf enfawr yn y chwaraeon sy'n cael eu darlledu. Erbyn hyn, mae teledu cebl a lloeren wedi torri monopoli teledu daearol y BBC ac ITV. Bellach, gall cysylltiadau lloeren gludo lluniau teledu ar draws y byd, gyda lluniau byw yn cael eu dangos ledled y byd wrth i bethau ddigwydd. Mae ennill hawliau teledu i'r prif achlysuron ym myd chwaraeon yn fusnes enfawr, gyda chwmnïau'n talu miliynau o bunnoedd am yr hawl i ddangos rhai chwaraeon a digwyddiadau poblogaidd.

	1983	1985	1986	1988	1992	1997
Hyd y contract (blynyddoedd)	2	0.5	2	4	5	4
Cwmni Darlledu	BBC/ITV	BBC	BBC/ITV	ITV	BSkyB	BSkyB
Ffî Hawliau (£m)	5.2	1.3	6.3	44	191.5	670
Ffî Hawliau yn flynyddol (£m)	2.6	2.6	3.1	11	38.3	167.5
Nifer y gemau byw bob tymor	10	6	14	18	60	60
Ffî am bob gêm fyw (£m)	0.26	0.43	0.22	0.61	0.64	2.79

Ffigurau swyddogol yr Uwchgynghrair Pêl-droed yn dangos cytundebau ariannol rhwng cwmnïau teledu a'r cyrff pêl-droed yn Lloegr rhwng 1983 ac 1997

Does dim amheuaeth nad yw'r gystadleuaeth rhwng y cwmnïau teledu wedi bod o fudd ariannol sylweddol i fyd chwaraeon. Mae gan gwmnïau teledu lloeren, fel Teledu Sky, sianeli ar gyfer chwaraeon yn unig, ac maen nhw'n para i ddarparu rhaglenni chwaraeon i'r tanysgrifwyr hynny sydd â derbynnydd lloeren. Maen nhw hefyd wedi datblygu'r syniad 'talu am wylio', lle mae gwyliwr â dysgl loeren yn gorfod talu swm ychwanegol er mwyn derbyn darllediad byw o gêm bêl-droed neu ornest baffio. Mynegwyd pryder gan Lywodraeth Prydain ynghylch y twf mewn teledu sy'n seiliedig ar dalu tanysgrifiad, a chafodd rhai chwaraeon eu dynodi'n rhai mae'n rhaid iddyn nhw fod ar gael ar sianeli teledu gwylio am ddim.

Y Gemau Olympaidd, Cwpan Pêl-droed y Byd, Pencampwriaeth Bêl-droed Ewrop, ffeinal Cwpan yr *FA*, ffeinal Cwpan Bêl-droed yr Alban (yn yr Alban), ras geffylau'r Grand National, gemau terfynol pencampwriaeth tennis Wimbledon, ffeinal Cwpan Rygbi'r Byd, ras geffylau'r Derby, gêm derfynol Cwpan Her rygbi'r gynghrair.

'Tlysau'r goron' ym myd chwaraeon, a gafodd eu pennu yn 1998, sef y digwyddiadau sy'n gorfod cael eu dangos ar deledu gwylio am ddim

Effaith darpariaeth teledu ar chwaraeon

Does dim amheuaeth nad yw'r berthynas rhwng teledu a chwaraeon, yn enwedig ar y lefel uchaf, wedi cyrraedd man lle mae'r ddau yn dibynnu ar ei gilydd yn ariannol.

Mae yna rai manteision i'r berthynas hon, ond mae anfanteision hefyd. Ers llawer blwyddyn, bu dadlau ymysg sylwebyddion a haneswyr cymdeithasegol ynghylch y berthynas rhwng teledu a chwaraeon.

Effaith gadarnhaol y teledu ar chwaraeon	Effaith negyddol y teledu ar chwaraeon
1. Mae'r teledu'n hyrwyddo delwedd bositif y byd chwaraeon.	1. Mae'r teledu'n dangos ymddygiad gwael rhai o sêr y byd chwaraeon.
2. Mae'r teledu'n caniatáu i gefnogwyr wylio'u hoff chwaraeon yn eu cartrefi eu hunain.	2. Mae gormod o rai campau yn cael ei ddangos ar deledu nes gwneud cefnogwyr yn llai tebygol o fynychu digwyddiadau.
3. Mae'r teledu wedi gwneud chwaraeon yn fwy poblogaidd, yn enwedig chwaraeon llai.	3. Mae'r teledu wedi newid rheolau llawer o gampau ac amseru cynnal digwyddiadau ym myd chwaraeon.
4. Mae'r teledu wedi creu incwm ar gyfer buddsoddi mewn datblygu chwaraeon.	4. Mae gormod o arian teledu yn aros ar lefelau uchaf y byd chwaraeon.
5. Mae'r teledu wedi datblygu technoleg newydd er gwell i'r gwylwyr ac er cadarnhau penderfyniadau swyddogion.	5. Mewn rhai campau, mae ailddangosiadau ar deledu yn tanseilio hyder pobl ym mhenderfyniadau'r swyddogion.

Mae darlledu pêl-droed yng ngwledydd Prydain wedi cynhyrchu symiau anferth o arian i'r gêm nid yn unig oherwydd cytundebau hawliau teledu, ond hefyd oherwydd y cyfleoedd noddi sydd wedi deillio o'r cynnydd yn y gemau sy'n cael eu darlledu. Gellid dadlau bod y llif cyfalaf hwn wedi caniatáu i'r byd pêl-droed, er enghraifft, wella'r gêm ar lawer agwedd gan gynnwys stadia, proffesiynoldeb perfformiad a llwyfannu digwyddiadau, a darparu adnoddau newydd i gefnogi datblygiad clybiau'r gêm o'u gwraidd a'r chwaraewyr o'u dechreuad.

G. Whannel a J. Williams, darlithwyr chwaraeon, yn ysgrifennu yn The Rise of Satellite Television *a gyhoeddwyd yn* Sociology Review, *1993*

Erbyn hyn rydym wedi cyrraedd y man lle mae chwaraeon ar y lefel uchaf wedi troi'n fyd adloniant llwyr gyda'r holl agweddau mae rhywun yn ei gysylltu â byd adloniant – cwlt yr unigolyn, cyflogau uchel, yr awydd i gyflwyno'r gêm fel sioe. Mae hyn wedi arwain at fwy o arian, llai o sbortsmoniaeth, a mwy o bwyslais ar ennill. Daeth y cyfan hyn i fod oherwydd dylanwad anferth y teledu.

Dennis Fellowes, cadeirydd Cymdeithas Olympaidd Prydain, yn siarad yn 1983

1. Mae rhai haneswyr yn honni bod darllediadau teledu wedi newid rhai chwaraeon y tu hwnt i adnabyddiaeth. Ydych chi'n cytuno?

2. Pa mor ddefnyddiol yw Ffynhonnell B i hanesydd sy'n astudio dylanwad y teledu ar chwaraeon yn ystod yr 20 mlynedd diwethaf?

3. Sut mae'r teledu wedi effeithio ar chwaraeon llai, fel snwcer a dartiau?

4. Cymharwch yr effaith a gafodd teledu ar chwaraeon fel hoci iâ a phêl-rwyd.

5. Beth mae Ffynhonnell DD yn ei ddweud wrthych am yr arian sy'n cael ei ddarparu gan sianeli teledu?

6. Esboniwch pam mae'r cystadlu rhwng y sianeli teledu wedi bod o fudd i ddatblygiad chwaraeon.

7. Lluniwch fantolen yn cymharu dylanwadau cadarnhaol a negyddol teledu ar chwaraeon.

8. Edrychwch ar Ffynonellau F ac FF. Pam maen nhw'n dweud pethau gwahanol am effaith teledu ar chwaraeon?

Nawdd a'i effaith ar ddatblygiad chwaraeon

Gellid dadlau mai'r prif ffactor arall sydd wedi cael effaith ar chwaraeon yw twf **nawdd**. Mae cwmnïau am fod yn gysylltiedig â chwaraeon oherwydd bod sylw'r teledu yn helpu i werthu eu cynnyrch.

Yng ngwledydd Prydain, dechreuwyd rhoi nawdd o ddifri' i chwaraeon yn 1957, pan gynigiodd y bragwyr Whitbread £6,000 yn wobrau i noddi Cwpan Aur Ascot. Yn fuan, copïwyd y buddsoddiad gwreiddiol hwn ym mhobman. Wrth i'r ganrif ddirwyn yn ei blaen, cafwyd nawdd ar gyfer pob math o dwrnameintiau a chystadlaethau, timau a chwaraewyr, dillad ac offer. Yn ystod yr 1990au roedd clybiau pêl-droed Cynghrair Cymru yn dwyn enwau fel *Inter CableTel* a *Total Network Solutions* ac, am sawl tymor, *Pertemps Bees* oedd enw Clwb Rygbi Birmingham. Erbyn diwedd y ganrif, roedd clybiau chwaraeon yn derbyn cyntundebau nawdd i adeiladu caeau chwarae newydd, fel *Ricoh Arena* Coventry, a stadiwm Emirates Arsenal.

Felly, roedd cwmnïau fel *Mars* a *Flora,* a oedd am i'w cynhyrchion gael eu cysylltu ag egni ac iechyd, yn noddi Marathon Llundain. Er mwyn cysylltu eu cynnyrch ag enillwyr, byddai cwmnïau'n talu symiau enfawr o arian. Drwy gyfrwng nawdd a hysbysebu, daeth sêr fel Roger Federer, Tiger Woods, Lewis Hamilton a Gary Lineker yn gyfoethog iawn.

FFYNHONNELL A

Crys pêl-droed wedi ei noddi o dymor 2010/11

FFYNHONNELL B

Gall noddi tîm neu ddigwyddiad ym myd chwaraeon roi hwb enfawr i'ch cwmni. Drwy noddi eich clwb lleol, gall logo eich cwmni ymddangos ar y crysau fydd yn cael eu gwisgo gan y tîm. Bydd enw eich cwmni ar y baneri fydd yn chwifio yn ystod gemau, yn ogystal ag ar ddeunydd yn hysbysebu digwyddiadau sydd i ddod. Hefyd, gallech fod yn gymwys i dderbyn tocynnau am ddim i ddigwyddiadau, a byddai modd defnyddio'r rhain yn eu tro i gydnabod eich cwsmeriaid, neu'ch gweithwyr.

Jenny McCune, ymgynghorydd ariannol, yn ysgrifennu mewn canllaw noddi, 2002

Mae nawdd wedi trawsffurfio chwaraeon modern. Heddiw, mae'r agwedd fusnes i chwaraeon i'w gweld yn amlwg iawn. Boed yn groeso corfforaethol yn Wimbledon, yn gricedwyr Gemau Prawf yn dyfalu a fydd sefydlu Uwchgynghrair India (yr *IPL*) o'r newydd yn trawsnewid ei gêm (a'u cyfri' banc), neu bêl-droedwyr yr Uwchgynghrair Pêl-droed yn arwyddo cytundebau proffidiol cyn y tymor newydd, mae'n amlwg bod arian yn chwarae rhan bwysig ym myd chwaraeon.

Chris Bowlby, newyddiadurwr gyda'r BBC, yn ysgrifennu yn BBC History Magazine *mewn erthygl yn dwyn y teitl* The Link between Sport and Money, *2008*

Nid y prif chwaraeon proffesiynol yn unig sydd wedi elwa o dderbyn nawdd. Fyddai'r rhan fwyaf o glybiau a chymdeithasau amatur a lled-broffesiynol ddim yn gallu bodoli heb y gefnogaeth werthfawr sy'n cael ei chynnig gan gwmnïau lleol wrth noddi dillad, offer a gemau, a hysbysebu yn rhaglenni gemau'r clybiau.

Hysbyseb gan noddwr mewn rhaglen y dydd ar gyfer Clwb Pêl-droed Aberystwyth

TASGAU

1. Rhowch enghreifftiau o noddi chwaraeon yn ystod yr hanner canrif ddiwethaf.

2. Defnyddiwch Ffynhonnell B a'ch gwybodaeth eich hun i egluro pam mae cwmnïau'n aml yn awyddus i noddi chwaraeon.

3. Pa mor ddefnyddiol yw Ffynhonnell C i hanesydd sy'n astudio nawdd ym myd chwaraeon?

4. Casglwch enghreifftiau o'r busnesau yn eich ardal chi sy'n noddi chwaraeon.

5. Trafodwch y farn ganlynol: 'Mae nawdd wedi cael mwy o ddylanwad ar ddatblygiad chwaraeon yn ystod y 25 mlynedd diwethaf nag unrhyw beth arall – gan gynnwys y teledu.'

YMRYSON YM MYD CHWARAEON

Mae chwaraeon wedi cael dylanwad ar lawer o faterion sy'n ymwneud yn gyffredinol â'r gymdeithas ehangach.

Chwaraeon a gwleidyddiaeth

Mae gwleidyddion ac arweinwyr gwlad erioed wedi defnyddio chwaraeon a digwyddiadau mawr ym myd chwaraeon at ddibenion gwleidyddol. Mae natur gwbl ryngwladol y Gemau Olympaidd erioed wedi cynnig modd i ddefnyddio chwaraeon ar gyfer **propaganda** ac i gyflwyno safbwyntiau gwleidyddol. Un enghraifft dda o hyn oedd Gemau Olympaidd 1936 yn Berlin, pan oedd cyfundrefn Natsïaidd Adolf Hitler yn rheoli'r Almaen. Rhoddwyd cyfle unigryw i Hitler ddangos i'r byd drwy gyfrwng y Gemau Olympaidd uwchraddoldeb tybiedig yr hil Aryaidd. Mae ffilm enwog Leni Riefenstahl o'r digwyddiadau yn dangos holl lwyddiannau'r Almaen yn y chwaraeon, ynghyd â holl rwysg a phropaganda'r Natsïaid. Roedd cenedlaetholdeb a gwleidyddiaeth bellach wedi dod yn rhan flaenllaw o'r Gemau Olympaidd. Yn anffodus o safbwynt Hitler, athletwr croenddu o Unol Daleithiau'r America, Jesse Owens, oedd y seren fwyaf disglair yn Berlin. Yn y stadiwm newydd a oedd yn dal tyrfa o 100,000, enillodd Jesse Owens bedair medal aur – y rasys 100 metr a'r 200 metr, y naid hir, a'r ras sbrint gyfnewid – gan osod record Olympaidd ym mhob un. Gwylltiodd Hitler yn gacwn, a gwrthod mynd i'r seremoni gyflwyno.

Jesse Owens yn y Gemau Olympaidd yn 1936

Yn y Gemau Olympaidd ym Mecsico yn 1968, defnyddiodd y sbrintwyr Tommie Smith a John Carlos **seremoni cyflwyno'r medalau** i arddangos eu cefnogaeth i fudiad Grym y Duon. Yn ogystal â'r saliwt enwog yn gwisgo maneg ddu, derbyniodd y ddau athletwr o UDA eu medalau yn droednoeth heblaw am sanau duon, er mwyn cynrychioli tlodi'r bobl dduon. Gwisgai Smith sgarff ddu am ei wddf i gynrychioli balchder y duon, a gwisgai Carlos gadwyn o fwclis am ei wddf; dywedodd eu bod yn cynrychioli'r bobl dduon hynny oedd wedi dioddef eu lynsio, eu coltario a'u pluo, neu eu lladd.

Pan fydda i'n ennill, Americanwr ydw i, nid Americanwr croenddu. Ond pe bawn i'n gwneud rhywbeth drwg, yna fe fydden nhw'n dweud mai Negro ydw i. Rydyn ni'n ddu, ac yn ymfalchïo yn y ffaith mai duon ydyn ni. Bydd America'r Duon yn deall yr hyn wnaethon ni heno.

Yr athletwyr o UDA, Tommie Smith a John Carlos, yn perfformio saliwt Grym y Duon yn y Gemau Olympaidd, Dinas Mecsico, Haf 1968

Tommie Smith mewn cyfweliad ar raglen deledu Grandstand *wedi iddo dderbyn ei fedal aur, 1968*

Yn ystod cyfnod y Rhyfel Oer, daeth gwleidyddiaeth i'r fei unwaith eto yn y Gemau Olympaidd. Yn 1980, cafodd y Gemau eu cynnal ym Moscow, yn yr Undeb Sofietaidd am y tro cyntaf. Oherwydd ymosodiad yr Undeb Sofietaidd ar Afghanistan, cafwyd **boicot** ar y gemau gan yr Unol Daleithiau a 64 o wledydd eraill. Yn y seremoni agoriadol, roedd 15 o wledydd eraill yn gorymdeithio o dan y faner Olympaidd yn hytrach na'u baneri cenedlaethol ac, yn ystod seremonïau cyflwyno'r medalau, byddai'r faner Olympaidd a'r emyn Olympaidd yn cael eu defnyddio bob tro y byddai athletwyr o'r gwledydd hyn yn ennill medalau. Mewn ymateb i'r boicot hwn, cafwyd boicot yn erbyn Gemau 1984 yn Los Angeles, UDA gan 14 o'r gwledydd Comiwnyddol, gan gynnwys yr Undeb Sofietaidd, Ciwba a Dwyrain yr Almaen. Wrth egluro'r penderfyniad cyfeiriodd yr Undeb Sofietaidd at ofidiau'n ymwneud â diogelwch, a'r hysteria gwrth-Sofietaidd a oedd yn cael ei gorddi yn yr Unol Daleithiau.

Ar nodyn mwy cadarnhaol, cafodd Cwpan Rygbi'r Byd ei gynnal yn Ne Affrica yn 1995. Roedd llywodraeth De Affrica, a'r Arlywydd Nelson Mandela'n benodol, yn gallu defnyddio'r twrnamaint fel cyfle i ddangos i'r byd bod y wlad yn unedig ac yn symud ymlaen fel cenedl wedi'r cyfnod apartheid.

Yr Arlywydd Nelson Mandela yn llongyfarch Francois Pienaar wedi buddugoliaeth De Affrica yng Nghwpan Rygbi'r Byd yn 1995

Carreg a phanel goffa ar safle Parc Olympaidd Munich er cof am yr athletwyr o Israel a laddwyd yn ystod Gemau Olympaidd 1972

Terfysgaeth

Yn anffodus, mae'r sylw enfawr sy'n cael ei dalu i ddigwyddiadau ym myd chwaraeon hefyd yn denu sylw terfysgwyr. Digwyddodd yr ymosodiad mwyaf erchyll yn y Gemau Olympaidd ym Munich yn 1972. Yn fore iawn ar Fedi'r 5ed, 1972, ymosododd wyth aelod o'r mudiad terfysgol Palestinaidd, *Black September,* ar lety tîm athletwyr Israel. Lladdwyd dau o athletwyr Israel yn ystod yr ymosodiad, a chymerwyd naw o rai eraill yn wystlon. Ar ôl treulio'r rhan fwyaf o'r dydd yn ceisio trafod telerau rhyddid carcharorion Palestinaidd a oedd yn gaeth yn Israel yn gyfnewid

am y gwystlon, sylweddolodd aelodau *Black September* nad oedd gobaith ennyn ymateb i'w bygythion. Felly, cafwyd cais oddi wrthynt am gludiant i'r maes awyr a dwy awyren i'w cludo i'r Aifft. Cynlluniodd awdurdodau'r Almaen ymgais i achub y gwystlon yn y maes awyr. Yn anffodus, methiant fu'r ymgais a lladdwyd y naw gwystl Israelaidd yn ystod y saethu. Lladdwyd pump o aelodau *Black September* hefyd. Ymateb Israel i'r gyflafan oedd cyfres o gyrchoedd awyr; hefyd, lladdwyd y sawl a oedd wedi'u hamau o drefnu'r ymosodiadau.

Hyd byth, newidiwyd natur trefniadau diogelwch ym myd chwaraeon gan lofruddiaeth athletwyr o Israel ym Munich. Ym mhob un o'r prif ddigwyddiadau a'r digwyddiadau rhyngwladol a gafodd eu cynnal ym myd chwaraeon ers Gemau Olympaidd 1972, bu diogelwch yn elfen hollbwysig ac amlwg iawn. Yn ogystal â diogelwch safle'r digwyddiad, bydd yr heddlu yn chwilio am wybodaeth ynghylch unrhyw risg terfysgol posibl a allai ddod i'r amlwg.

Charles Bierbauer, gohebydd chwaraeon o Unol Daleithiau'r America, yn siarad mewn darllediad radio yn 1996

Yn aml, mae athletwyr a swyddogion byd chwaraeon wedi bod yn dargedau ymdrechion i fygwth, herwgipio, a dienyddio. Ym mis Mai 2006, pan oedd tîm *taekwondo* Irac yn gyrru i wersyll hyfforddi yng ngwlad Iorddonen gerllaw, stopiwyd eu confoi oddeutu 70 milltir i'r gorllewin o Baghdad. Welwyd 'run o'r 15 o athletwyr yn fyw fyth eto, ond cafwyd hyd i 13 o'u cyrff yn yr anialwch flwyddyn yn ddiwedarach. Digwyddodd un o'r ymosodiadau terfysgol diweddaraf mewn twrnamaint criced ym Mhacistan. Pan oedd chwaraewyr Sri Lanka yn teithio yn eu bws y tu allan i stadiwm yn Lahore, ymosododd gwŷr arfog yn gwisgo mygydau ar y tîm. Lladdwyd saith o bobl yn yr ymosodiad, a chlwyfwyd chwech o chwaraewyr criced Sri Lanka. Ym mis Ionawr 2010, saethodd gwŷr arfog at y bws a oedd yn cludo tîm pêl-droed cenedlaethol Togo i gêm Gwpan Cenhedloedd Affrica yn Angola, gan ladd y gyrrwr a chlwyfo naw o bobl eraill, gan gynnwys dau o'r chwaraewyr.

FFYNHONNELL E

Fydd gemau Criced Prawf ddim yn ailgychwyn eto ym Mhacistan nes adfer trefniadau diogelwch yn erbyn ymosodiadau. Ac, mewn cenedl sy'n anwylo'r gêm fel ail grefydd, credir y bydd y galw am hyn o gyfeiriad miliynau o gefnogwyr criced Pacistan yn eglur ac yn gadarn. Ac un diwrnod, efallai, heb fod ymhell i'r dyfodol gobeithio, bydd y terfysgwyr yn edifar am eu penderfyniad i ddod â'u harferion gwaedlyd yn ôl unwaith eto i fyd chwaraeon.

Erthygl olygyddol yn y papur newydd ar-lein
Sunday Paper, 2009

TASGAU

1. Esboniwch pam mae gwleidyddion erioed wedi ceisio dangos diddordeb mewn chwaraeon a digwyddiadau ym myd chwaraeon.

2. Gwnewch astudiaeth achos i ddigwyddiad ym myd chwaraeon sydd wedi cael ei ddefnyddio i wneud pwyntiau gwleidyddol.

3. Beth mae Ffynhonnell B yn ei ddweud wrthych am y cyswllt rhwng chwaraeon a gwleidyddiaeth?

4. Pa mor ddefnyddiol yw Ffynhonnell CH i hanesydd sy'n astudio'r berthynas rhwng gwleidyddiaeth a chwaraeon?

5. Disgrifiwch yr ymosodiad terfysgol a ddigwyddodd yn y Gemau Olympaidd ym Munich yn 1972.

6. Esboniwch pam mae terfysgwyr yn aml wedi targedu digwyddiadau ym myd chwaraeon.

Camddefnyddio cyffuriau mewn chwaraeon

Ar y lefel uchaf, mae chwaraeon wedi dod gryn bellter erbyn hyn oddi ar ddyddiau'r cystadlu amatur. Gall goreuon y byd athletau – yr *élite* – ennill miliynau o bunnoedd y flwyddyn yn arian gwobrau ac ymddangosiadau, a miliynau'n fwy eto o dderbyn nawdd a rhoi cefnogaeth yn fasnachol. Mae llwyddiant yn denu'n fawr ac, yn anffodus, mae rhai athletwyr wedi defnyddio cyffuriau anghyfreithlon i wella perfformiad.

Mor gynnar â Gemau Olympaidd 1904, ceir cofnod o ddefnyddio **cyffuriau i wella perfformiad**, pan enillodd Thomas Hicks y marathon ar ôl cael pigiad ar ganol y ras i chwistrellu strycnin i'w gorff. Gosodwyd y gwaharddiad swyddogol cyntaf ar 'sylweddau symbylol' ym myd chwaraeon gan Ffederasiwn Rhyngwladol Athletau Amatur (*the International Amateur Athletic Federation*) yn 1928. Serch hynny, er gwaetha'r risg i iechyd, ac er gwaetha' ymdrechion y cyrff rheoli chwaraeon i gael gwared ar gyffuriau, daliodd y defnydd o sylweddau anghyfreithlon i wella perfformiad i gynyddu yn ystod yr ugeinfed ganrif.

Yn ystod yr 1970au a'r 1980au, cymhlethwyd gwaith gwrth-gyffuriau oherwydd amheuon bod y wladwriaeth yn noddi defnydd cyffuriau mewn rhai gwledydd. Un o'r gwledydd dan amheuaeth oedd Gweriniaeth Ddemocrataidd yr Almaen (Dwyrain yr Almaen). Yn ystod Gemau Olympaidd 1968, enillwyd 9 medal aur gan y Weriniaeth; yn 1972 roedd y ffigur wedi codi i 20 medal; ac erbyn 1976 roedd yn 40 medal. Erbyn hyn, mae'r amheuon ynghylch y defnydd o gyffuriau gan athletwyr wedi'u profi i raddau helaeth iawn.

Mae'r rhai sy'n twyllo gyda chyffuriau'n cael eu hadnabod a'u diarddel yn rheolaidd. Serch hynny, mae'r cosbau am dwyllo i'w gweld yn fach iawn weithiau. O'i gymharu â maint y llwyddiant a'r arian a ddaw yn ystod y blynyddoedd sydd i ddod, digon tila yw cael eich rhwystro rhag cystadlu am chwe mis neu flwyddyn.

FFYNHONNELL A

Ben Johnson o Ganada yn codi ei law mewn buddugoliaeth yn ystod ras derfynol y 100 metr yng Ngemau Olympaidd 1988. Cafodd Johnson ei ddiarddel yn nes ymlaen am gamddefnyddio cyffuriau

FFYNHONNELL B

Roedd wedi bod yn ras galed ond nid yn galed iawn. Fe aeth e i mewn i'r gawod yn gynta', tynnu ei jersi, a rhoi chwech o dabledi ar y bwrdd. Roedd yn arfer eu cadw wedi'u lapio mewn ffoil. Rydw i yn y gwely, yn aros fy nhro i fynd i'r gawod, mae e'n dod allan ac mae un wedi syrthio ar y llawr. Mae'n fy nghyhuddo i o'i dwyn. 'Ble mae fy stwff i? Os wyt ti am gael stwff, gofyn i fi, paid â'i ddwyn.' Mae'n sgrablan ar y llawr ac roedd y dableden o dan y bwrdd. Roedd wedi syrthio i lawr a rholio oddi tano. Roedd yn flin am y peth. 'Rwy'n falch nad oes eisiau'r stwff 'ma arnat ti,' medde fe.

Colin Lewis, a oedd yn rhannu ystafell gyda'r seiclwr Tommy Simpson yn 1967, mewn cyfweliad ar gyfer y llyfr Put Me Back on My Bike: In Search of Tommy Simpson, *2002*

FFYNHONNELL C

Enw	Blwyddyn	Camp	Trosedd	Cosb
Tommy Simpson	1967	Seiclo	Defnyddio amffetaminau	Dim, ond bu farw yn ystod ras
Ben Johnson	1988	Athletau	Cymryd steroidau anabolig	Gwaharddiad o 2 flynedd
Diego Maradona	1991	Pêl-droed	Defnyddio cocên	Gwaharddiad o 15 mis
Michelle Smith	1996	Nofio	Ymyrryd â samplau troeth	Gwaharddiad o 4 blynedd
Linford Christie	1999	Athletau	Cymryd nandrolon	Gwaharddiad o 2 flynedd
Dwain Chambers	2003	Athletau	Defnyddio tetrahydrogestrinon	Gwaharddiad o 2 flynedd
Shane Warne	2003	Criced	Cymryd diwretig gwaharddedig	Gwaharddiad o flwyddyn
Martina Hingis	2007	Tennis	Defnyddio cocên	Gwaharddiad o 2 flynedd
Marion Jones	2008	Athletau	Cymryd steroidau anabolig	6 mis o garchar am anudoniaeth (*perjury*)

Rhai sgandalau adnabyddus yn ymwneud â chymryd cyffuriau ym myd chwaraeon

Dw i wedi bod yn y busnes 'ma ers amser hir iawn. Dw i'n gwybod beth sy'n mynd ymlaen. Ac nid dim ond y fi, mae pawb yn gwybod. Y seiclwyr, arweinwyr y timau, y trefnwyr, y swyddogion, y newyddiadurwyr. Fel seiclwr, rydych chi'n teimlo wedi'ch clymu mewn i'r system. Mae fel bod ar draffordd. Dywed y gyfraith fod cyfyngiad cyflymder o 65, ond mae pawb yn gyrru 70 neu drosodd. Pam mai fi yw'r un sy'n gorfod ufuddhau i'r cyfyngiad cyflymder? Roedd gen i ddau ddewis: naill ai ffitio i mewn efo pawb arall neu fynd 'nôl i fod yn baentiwr tai. Pwy yn fy sefyllfa i fyddai wedi gwneud hynny?

Alex Zulle, un o seiclwyr blaenllaw'r Swisdir, mewn cyfweliad â'r heddlu, yn dilyn ei arestiad gan yr heddlu am droseddau'n ymwneud â chyffuriau yn 1998

FFYNHONNELL D

Yn 17 oed, fe wnes i ymuno â Sefydliad Chwaraeon Dwyrain Berlin. Roeddwn i'n arbenigo yn y neidio clwydi 80 metr. Fe fydden ni'n tyngu na fydden ni byth yn siarad â neb am ein dulliau hyfforddi, gan gynnwys ein rhieni. Roedd yr hyfforddi'n galed iawn. Roedden ni i gyd yn cael ein gwylio. Un diwrnod, dyma fy hyfforddwr yn fy nghyngori i gymryd tabledi i wella fy mherfformiad. Dywedodd wrtha'i mai fitaminiau oedd y tabledi, ond cyn hir roedd gen i'r cramp yn fy nghoesau ac aeth fy llais yn gryg. Dechreuais dyfu gwallt ar fy wyneb a daeth fy misglwyf i ben. Wedi hynny fe wrthodais gymryd y tabledi. Un bore ym mis Hydref 1977, aeth yr heddlu cudd â fi am 7 o'r gloch y bore i gael fy holi am y ffordd rown i'n gwrthod cymryd tabledi dan gyfarwyddyd yr hyfforddwr. Fe wnes i benderfynu wedyn ddianc i'r Gorllewin, gyda fy nyweddi.

Renate Neufeld, athletwraig o Ddwyrain yr Almaen a wnaeth ddianc i Orllewin yr Almaen yn 1977, yn rhoi tystoliaeth gerbron ymchwiliad i brofion cyffuriau, 2000

TASGAU

1. Esboniwch pam roedd cynnydd yn nifer yr athletwyr a oedd yn cymryd cyffuriau yn ystod yr ugeinfed ganrif.

2. I ba raddau mae Ffynhonnell B yn cefnogi'r syniad bod cymryd cyffuriau'n gyffredin mewn rhai campau erbyn y 1960au?

3. Edrychwch ar Ffynhonnell C. Ymchwiliwch i ddau o'r sgandalau cyffuriau enwog sydd yn y tabl.

4. Edrychwch ar Ffynonellau CH a D. A yw'r ffynonellau'n cefnogi'i gilydd o ran eu barn ynghylch y rhesymau pam mae athletwyr yn cymryd cyffuriau?

Ymarfer ar gyfer yr arholiad

Mae'r adran hon yn cynnig arweiniad ar sut i ateb Cwestiwn 1(c) yn Unedau 1 a 2. Mae angen gwerthuso a dadansoddi ffynhonnell yn gysylltiedig â chofio eich gwybodaeth eich hun, ac mae'r cwestiwn yn werth 5 o farciau.

Cwestiwn 1(c) - mesur y graddau o gefnogaeth i safbwynt

I ba raddau mae Ffynhonnell A yn cefnogi'r farn bod mwy o bobl yn cymryd rhan mewn chwaraeon ym mlynyddoedd olaf yr ugeinfed ganrif?

[5 marc]

FFYNHONNELL A

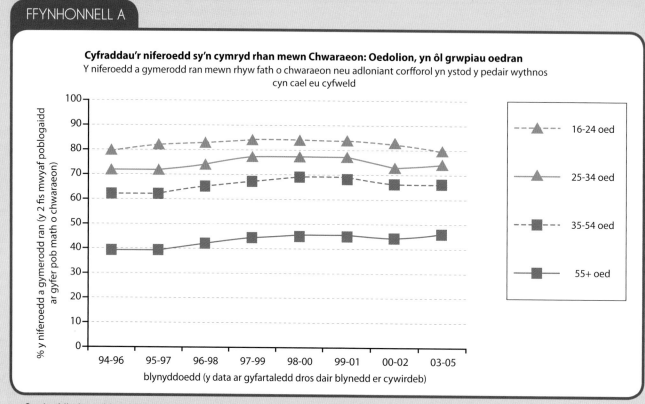

Cyfraddau'r niferoedd sy'n cymryd rhan mewn Chwaraeon: Oedolion, yn ôl grwpiau oedran
Y niferoedd a gymerodd ran mewn rhyw fath o chwaraeon neu adloniant corfforol yn ystod y pedair wythnos cyn cael eu cyfweld

O adroddiad swyddogol ar chwaraeon ac iechyd yn Yr Alban, a gyhoeddwyd gan Lywodraeth yr Alban yn 2006

Cyngor ar sut i ateb

Gall y cwestiwn hwn gyfeirio at ffynhonnell ysgrifenedig neu weledol.

- Os yw'r ffynhonnell yn un weledol dylech anelu at **ddewis y manylion perthnasol** o blith yr hyn y gellwch ei weld yn y darlun a hefyd, yr un mor bwysig, o'r pennawd sy'n dod gyda'r ffynhonnell. Mae sgriblan nodiadau o amgylch y ffynhonnell yn gallu bod yn ddefnyddiol.

- Os yw'r ffynhonnell yn un ysgrifenedig, dylech **danlinellu neu amlygu** pwyntiau allweddol.

- Dylech ddod â'ch **gwybodaeth eich hun** o'r pwnc i mewn er mwyn ymestyn y pwyntiau hyn a darparu deunydd ychwanegol sydd heb ei gynnwys yn y ffynhonnell.

- Dylech ddefnyddio'r deunydd hwn i ddangos sut mae'r cynnwys a'r priodoliad yn helpu i gefnogi'r safbwynt (neu beidio).

- Er mwyn ennill y marciau llawn rhaid i chi gofio mynegi **barn resymegol** sy'n mynd i'r afael â'r cwestiwn. E.e. 'Mae'r ffynhonnell hon yn cefnogi'r farn…/Dydy'r ffynhonnell hon ddim yn cefnogi'r farn… oherwydd…'

Cadarnhau bod y ffynhonnell yn cefnogi'r safbwynt a dechrau trafod y cynnwys

Defnyddio priodoliad y ffynhonnell

Defnydd o'i wybodaeth ei hun i ymestyn ar y wybodaeth sy'n deillio o'r ffynhonnell

Dod i gasgliad a chyfeirio'n ôl at y cwestiwn

Sylwadau'r arholwr

Mae datblygiad da i'r ateb hwn ac mae'n gwneud defnydd da o'r ffigurau. Mae'r ymgeisydd yn ehangu ar gynnwys y ffynhonnell gan egluro'r manylion allweddol a chyflwyno gwybodaeth gefndir er mwyn eu datblygu, e.e. y rhesymau posibl dros gynnydd yn y niferoedd sy'n cymryd rhan. Cafwyd ymdrech glir i ddefnyddio'r wybodaeth yn y ffynhonnell i ateb y cwestiwn. Mae'r ateb hwn yn un gwybodus a rhesymegol, gyda barn sy'n cael ei chefnogi ac sy'n uniongyrchol berthnasol i'r cwestiwn. Mae'n deilwng o'r marciau llawn [5].

Rhowch gynnig arni

FFYNHONNELL B

Ffotograff o'r Prif Weinidog Tony Blair gyda'i wraig Cherie a'r pêl-droediwr David Beckham. Roedden nhw mewn cyfarfod yn 2005 i gyhoeddi lleoliad Gemau Olympaidd 2012, a gyflwynwyd i Lundain

Cwestiwn

I ba raddau mae Ffynhonnell C yn cefnogi'r farn bod gwleidyddion wedi ymwneud yn gynyddol â chwaraeon ac â digwyddiadau ym myd chwaraeon?   [5 marc]

PA FATHAU O ADLONIANT OEDD YN DDYLANWADOL YM MYWYDAU POBL YNG NGHYMRU A LLOEGR HYD AT 1945?

ADLONIANT Y BOBL

I'r rhai hynny oedd â digon o amser ac arian, roedd sawl math o adloniant ar gael. Er nad oedd y bobl gyfoethog yn cymryd rhan yn y mathau o adloniant sy'n cael eu disgrifio yma, roeddent yn boblogaidd ymysg y dosbarthiadau eraill, i wahanol raddau. Byddai llawer o bobl yn diddanu eu hunain, gyda'r piano yn gyffredin iawn mewn cartrefi a hefyd mewn tafarnau.

Y theatr a'r neuaddau cerddoriaeth

Roedd o leiaf un theatr a nifer o neuaddau cerddoriaeth (*music halls*) i'w cael yn y rhan fwyaf o drefi mawr. Roedd y theatr neu'r neuadd gerddoriaeth yn gyfle i gymryd seibiant ac, i nifer o bobl, byddai ymweliad yn ddigwyddiad arbennig.

Erbyn 1900 roedd y mwyafrif o theatrau yn gyfforddus ac roedd rhai hyd yn oed yn foethus. Pobl y dosbarth canol oedd yn fwyaf tebygol o fynychu'r theatr, gyda thyrfaodd yn heidio i weld operetau Gilbert a Sullivan megis *HMS Pinafore* a *The Mikado*. Roedd dramâu George Bernard Shaw yn boblogaidd iawn hefyd. Daeth neuaddau cerddoriaeth yn fwyfwy poblogaidd mewn trefi a dinasoedd Fictoraidd, yn bennaf ymysg y dosbarth gweithiol, a daeth diddanwyr fel Marie Lloyd a Harry Lauder yn adnabyddus iawn. Byddai ymweliad â neuadd gerddoriaeth yn tueddu i fod yn fwy croch nag ymweliad â'r theatr. Byddai'r dorf yn chwerthin

ac yn cyd-ganu gyda'r diddanwyr, a allai fod yn awgrymog iawn. Roedd nifer o bobl ar y pryd yn poeni ynghylch ymddygiad gwael y dorf mewn rhai neuaddau cerddoriaeth.

FFYNHONNELL A

Nid yw'r gynulleidfa yn y neuadd gerddoriaeth yn un nodedig yr olwg ond mae'r mwyafrif helaeth yn barchus. Yno fe welwch grwpiau teuluol – tad, mam, ac efallai merch wedi tyfu neu blentyn neu ddau – ac mae'r rhan fwyaf ohonynt yn debygol o fynd yno'n rheolaidd... Hefyd gallwch weld nifer o ferched gyda'u cariadon, a'r mwyafrif o weddill y gynulleidfa yn ddynion ifainc, y "llafnau" lleol, sydd, mewn rhai ardaloedd, wedi mynd i'r arfer o wisgo sigar y tu ôl i'w clust. Ar y cyfan, nid yw'r gynulleidfa yn amlwg yn ddeallus iawn; mae'n berffaith hapus i wrando ar ganeuon diflas, jôcs gwirion a sothach rhamantus.

Addasiad o'r erthygl London Music Halls *gan yr adolygydd theatrau o America, F. Anstey,* Harper's New Monthly Magazine, *1891*

Roedd neuaddau cerddoriaeth yn bwysig yn natblygiad adloniant. Yn benodol, roeddent yn cynnig caneuon bachog neu gytganau cofiadwy. Cafodd y nodweddion hyn eu hetifeddu gan fandiau dawns a sioeau cerdd yr 1930au a chyfansoddwyr caneuon pop cynnar yr 1950au a'r 1960au.

Gweithgareddau cymdeithasol a ddarparwyd gan eglwysi a chapeli

Ar ddechrau'r ugeinfed ganrif, roedd llawer o bobl yn mynychu capel neu eglwys yn rheolaidd. O ganlyniad i'r Diwygiad ym mlynyddoedd cynnar y ganrif, yng Nghymru yn benodol, anogwyd llawer mwy o bobl i fynychu addoldai, gan gynyddu cynulleidfaoedd y capeli yn sylweddol.

Dydd Sul oedd y diwrnod addoli, ond byddai eglwysi a chapeli yn trefnu gweithgareddau hamdden drwy gydol yr wythnos a'r flwyddyn. Ymysg y gweithgareddau hyn roedd:

- Corau;
- Bandiau pres;
- Grwpiau drama;
- Eisteddfodau;
- Cymanfaoedd Canu;
- *Penny readings*;
- Timau chwaraeon.

I nifer o bobl, yn enwedig menywod a phlant ac mewn ardaloedd gwledig, gweithgareddau'r eglwys neu'r capel lleol oedd yr unig adloniant rheolaidd ar eu cyfer.

Roedd y gweithgareddau hyn yn bwysig iawn i gadw iaith a diwylliant Cymru yn fyw hefyd. Byddai pobl wrth eu boddau yn cael cyfle i ganu, cyfansoddi, actio a chwarae. Yn 1906 cynhaliwyd bron i 300 o Gymanfaoedd Canu ledled Cymru. Roedd **Cymanfa**

Capel Zoar, Merthyr Tudful
Dydd Iau, Mawrth 20fed, 1930
I ddechrau am 7.30pm

**RHAGLEN
ar gyfer
Cyngerdd Amrywiol**

ARTISTIAID
Soprano:
Miss ELSIE SUDDARY, Llundain
(Gwyl y Tri Chôr a Chyngherddau London and Provincial)

Tenor:
Mr TOM PICKERING, Mus. Bac. Wales
(Cyngherddau London and Provincial)

CYMDEITHAS GORAWL ZOAR
Organydd ac Arweinydd:
Mr D. T. Davies, A.R.C.O., L.R.A.M.
(Organydd ac Arweinydd Capel Zoar)

Elw tuag at Gronfa Capel Zoar

Ganu yn rhan amlwg o fywyd Cymreig drwy gydol y rhan fwyaf o'r ganrif. Roedd yr eglwysi a'r capeli yn cefnogi Eisteddfodau yn frwd hefyd. Roedd yr Eisteddfod â'i gwreiddiau yn ddwfn yn hanes Cymru, ond cafodd ei hadfywio yn y bedwaredd ganrif ar bymtheg, gan ddod yn adloniant i drwch y boblogaeth yng Nghymru. Cynhaliwyd Eisteddfodau Cenedlaethol lle roedd y canu, offerynnau a llenyddiaeth o'r safon uchaf; ond i'r mwyafrif o bobl yn y cymunedau Cymreig, prin yr âi wythnos heibio heb i eglwys, capel neu fudiad lleol arall gynnal eisteddfod leol. Llwyddodd yr eisteddfod i wrthsefyll y rhan fwyaf o bwysau'r ugeinfed ganrif ac mae'n dal i fod yn rhan hanfodol o adloniant nifer o bobl yng Nghymru a thu hwnt hyd heddiw.

Côr y Tabernacl, Llanymddyfri, 1898

Yn aml iawn byddai gan gorau a bandiau pres gysylltiadau ag eglwysi a chapeli, ond y gwir oedd eu bod yn fudiadau mwy cymunedol. Roedd gan nifer o drefi a phentrefi bach eu corau meibion eu hunain a fyddai'n cystadlu'n rheolaidd ac yn cynnal cyngherddau a fynychwyd gan lawer o bobl. Byddai cyflogwyr lleol yn ogystal â lleoedd addoli yn aml yn cefnogi bandiau pres. Yn Ne Cymru, daeth bandiau *Parc and Dare* a *Cory* yn enwog, gan ddiddanu cannoedd o bobl.

Y dafarn a'r institiwt

Ledled Cymru a Lloegr ar ddechrau'r ugeinfed ganrif, byddai gwahanol fudiadau yn gwneud eu gorau glas i gadw gweithwyr allan o'r dafarn ac i ffwrdd o beryglon alcohol. Roedd mwy a mwy o bobl yn gwrthwynebu'r tafarnau am sawl rheswm: gwragedd yn poeni am eu gwrywod yn yfed yn drwm, capelwyr yn poeni am safonau moesol a meistri diwydiannol yn poeni ynghylch absenoldebau o'r gwaith. Yn y bedwaredd ganrif ar bymtheg sefydlwyd y **Mudiad Dirwestol**, a ymgyrchai yn erbyn yfed alcohol. Dyma oedd nod mudiadau eraill megis y *Band of Hope* a'r Rechabiaid hefyd.

FFYNHONNELL CH

Cangen Tyddewi o gymdeithas ddirwestol y Good Templars, *1899*

Fodd bynnag, i nifer o weithwyr roedd ymweliad â'r dafarn neu'r clwb y rhan hanfodol o'u hamser hamdden. Gweithgaredd i'r dynion oedd hwn yn bennaf. Roedd gan y rhan fwyaf o weithwyr eu clwb neu institiwt eu hunain; roedd y rhain yn agored i'r aelodau, a oedd yn gyfrifol am eu hariannu. Yn ogystal ag alcohol a chwmni, byddai'r tafarnau a'r clybiau yn cynnig dewis eang o adloniant. Byddai timau chwaraeon yn eu defnyddio fel canolfan ac roedd gan yr institiwt yn benodol adnoddau megis ystafell snwcer, neuadd gyngerdd a llyfrgell. Roedd y Caban yn cyflawni'r un nod yn ardaloedd chwareli llechi Gogledd Cymru.

FFYNHONNELL D

Nid ffreutur yn unig oedd y Caban. Roedd yn neuadd gyngerdd, yn theatr ac yn bafiliwn eisteddfod! Dros ginio byddai'r chwarelwyr yn diddanu ei gilydd drwy ganu emynau, caneuon gwerin a cherdd dant, adrodd barddoniaeth a darnau o'r Beibl, meimio ac actio. Roedd cwisiau gwybodaeth gyffredinol a chystadlaethau sillafu yn boblogaidd iawn, a chafwyd sawl dadl swnllyd am grefydd a gwleidyddiaeth.

Geraint Jenkins, hanesydd, yn ysgrifennu yn y gwerslyfr, Cymru, Ddoe a Heddiw *(1990)*

FFYNHONNELL DD

Enghraifft o institiwt – Neuadd Goffa Trecelyn (1908)

Gan nad oedd ganddynt eu hadeiladau eu hunain, byddai llawer o'r clybiau rygbi a phêl-droed cynnar wedi eu sefydlu, wedi cyfarfod a hyd yn oed wedi newid cyn gemau yn y dafarn leol. Yr un peth a allai gystadlu â chwaraeon fel gweithgaredd ac adloniant poblogaidd ar y pryd oedd y dafarn. Roedd yna doreth o dafarndai a siopau cwrw i bob pen o'r boblogaeth yn y rhan fwyaf o bentrefi, yn enwedig yn yr ardaloedd diwydiannol, a chyn cyflwyno'r deddfau trwyddedu roeddent ar agor am y rhan helaeth o'r dydd.

Yr hanesydd David Egan yn ysgrifennu yn y gwerslyfr, Y Gymdeithas Lofaol *(1988)*

TASGAU

1. Pa mor ddefnyddiol yw Ffynhonnell A i hanesydd sydd yn astudio'r neuaddau cerddoriaeth poblogaidd ar ddechrau'r ugeinfed ganrif?

2. Defnyddiwch Ffynonellau B ac C a'ch gwybodaeth eich hun i esbonio pam roedd eglwysi a chapeli yn bwysig wrth ddarparu gweithgareddau hamdden i'r bobl.

3. I ba raddau y mae Ffynhonnell E yn cefnogi'r farn mai tafarnau oedd y man mwyaf poblogaidd ar gyfer adloniant ym mlynyddoedd cynnar y ganrif?

EFFAITH Y SINEMA

Poblogrwydd y sinema di-sain

Dyfeisiwyd ffilm – y cyntaf o'r cyfryngau torfol – tua diwedd y bedwaredd ganrif ar bymtheg. Ym mlynyddoedd cynnar yr ugeinfed ganrif, roedd ffilm yn beth newydd a fyddai'n cael ei dangos mewn neuaddau cerddoriaeth a ffeiriau. Byddai William Haggar, a wnaeth dros 30 o ffilmiau, yn eu dangos ar hyd a lled De a Gorllewin Cymru mewn pebyll teithiol o'r enw ***Bioscopes***. Roedd gan bob un ei generadur a'i organ ei hun.

Agorodd y sinema go iawn cyntaf ym Mhrydain yn Balham, Llundain yn 1907. Y Carlton yn Abertawe oedd y sinema pwrpasol cyntaf yng Nghymru. Cafodd ei godi yn 1914 ac erbyn hynny roedd dros 4,000 o sinemâu ym Mhrydain. Yr enw poblogaidd ar y sinemâu oedd y 'Darluniau Byw' neu'r 'Palasau Lluniau' a byddent yn dangos ffilmiau byr, di-sain du a gwyn, gyda phianydd fel arfer yn cyfeilio. Cynigiwyd ***matinées***, sef perfformiadau arbennig i blant ar fore Sadwrn am bris mynediad o 1 geiniog.

Roedd cyfresi dramatig fel *The Perils of Pauline* yn boblogaidd iawn. Weithiau byddai gan y penodau ddiweddglo cyffrous, penagored a fyddai'n sicrhau cynulleidfa ar gyfer y bennod nesaf. Byddai ffilmiau comedi Charlie Chaplin ar ôl 1914 yn tynnu cynulleidfaoedd mawr hefyd. Roedd ffilmiau yn boblogaidd iawn ymysg y bobl ddosbarth gweithiol ac weithiau galwyd y sinema yn 'theatr y dyn tlawd'. Hyd yn oed yn ystod y dyddiau cynnar, roedd rhai yn pryderu ynghylch effeithiau negyddol posibl y 'pictiwrs' ar ymddygiad pobl, yn enwedig pobl ifanc.

Y peth cyntaf dwi'n ei gofio am y sinema ar y sgwâr oedd ei fod fel ffair, gydag organ a phypedau neu beth bynnag oedden nhw. Roedd yno babell fawr. Roedd hi wedi bod yn glawio ac roedd ystyllod o dan draed. Yr unig beth dwi'n ei gofio'n glir – wn i ddim pam – oedd Indiad Coch yn cropian i fyny ffrwd neu nant ac yn rhedeg ar ôl rhywun efo cyllell enfawr yn ei geg. Fedra i ei weld o rwan.

Trevor Davies yn cofio'i ymweliad cyntaf â'r sinema yn saith oed yn 1907. Dywedodd hyn mewn cyfweliad ar gyfer llyfr ar hanes y sinema yng Nghymru

Yn Llys Chwarter Abertawe ddydd Gwener diwethaf, honnwyd i '*penny horribles*' a lluniau biosgop o ladradau ddylanwadu ar ddau lanc wrth iddynt gyflawni nifer o ladradau a dwyn tlysau. Yn ôl Ditectif Ringyll Howard gwelodd y bechgyn luniau biosgop o ladrad a dygasant ddryll a chyllell i'w harfogu eu hunain fel arwr y ffilmiau.

O adroddiad yn y cylchgrawn The Bioscope *(Hydref 1908)*

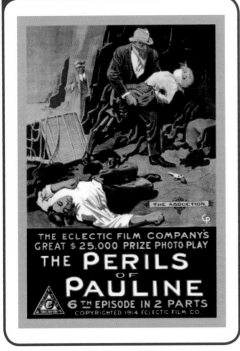

Poster yn hysbysebu'r gyfres ffilmiau ddi-sain, The Perils of Pauline *(1914)*

'Pyllau chwain' gafodd eu codi ar frys oedd nifer o'r sinemâu hyd at 1920. Roedd y seddau yn bren caled, y cynulleidfaoedd yn swnllyd ac ni ellid dibynnu ar y peiriannau taflunio. Er gwaethaf hyn, yn y blynyddoedd yn dilyn 1920 y sinema oedd un o'r mathau mwyaf poblogaidd o adloniant. Roedd y sinema yn cynnig dihangfa rhag realiti llym bywyd gwaith, yn ogystal ag adloniant o ansawdd da i bob cenhedlaeth. Cododd nifer y bobl fyddai'n mynd i'r sinema ym Mhrydain yn arw.

FFYNHONNELL CH

Gan fod sinema'r Parc mewn adeilad sinc, dywedodd un 'deryn y byddai'n gallu mynd i mewn heb dalu pe bai ganddo declyn agor tuniau! Anfantais y sinema sinc oedd ei fod ar drugaredd y tywydd. Roedd hi mor swnllyd pan fyddai'r glaw yn curo yn erbyn y to, ac yn yr haf roedd y lle fel popty.

Emyr Owen yn cofio sinema'r Parc ym Mlaenau Ffestiniog, fel yr oedd yn yr 1920au, mewn adroddiad papur lleol yn yr 1960au cynnar ar ôl i'r sinema gau

FFYNHONNELL D

Dwi'n meddwl iddo gostio 1/9d (8c) i fynd i'r Empire a 2/3d (11c) i eistedd yng ngaleri'r Majestic. Roeddech chi'n teimlo fel brenin. Roedd lolfa gaffi yn y Majestic a phe caech eich gweld yno roedd hynny'n beth mawr.

John Williams o Gaernarfon yn siarad am sinemâu'r dref yn yr 1930au, mewn cyfweliad gyda'i wyres ar gyfer project ysgol yn 1999

Wrth i'r sinema fynd yn fwy a mwy poblogaidd yn ystod yr 1920au, cododd lefel y buddsoddiad hefyd, ac aeth mwy o'r sinemâu yn lleoedd cynnes, moethus. Roedd hyd yn oed eu henwau yn awgrymu moethusrwydd: yr Empire, y Paramount, y Majestic, y Royal. Roedd sŵn yr organ Wurlitzer i'w glywed yn lle'r piano a gwellodd ansawdd y ffilmiau wrth i gwmnïau mawr fel MGM, Fox a Warner Brothers reoli'r diwydiant o'u stiwdios yn Hollywood. Roedd ffilmiau di-sain Charlie Chaplin, gyda'r cymeriad enwog y Trempyn, yn dal i fod yn boblogaidd iawn, yn yr un modd â chastiau Buster Keaton, ffilmiau rhamantus Rudolph Valentino a ffilmiau hanesyddol epig Cecil B. de Mille. Roedd Ivor Novello, a anwyd yng Nghaerdydd, yn un o sêr mawr yr 1920au.

TASGAU

1. Beth mae Ffynonellau A, B ac C yn ei ddweud am sinemâu a ffilmiau di-sain ar yr adeg yma?

2. Disgrifiwch ddatblygiad y sinemâu yn ystod yr 1920au.

3. I ba raddau y mae Ffynhonnell CH yn cefnogi'r farn bod sinemâu cynnar yn aml yn lleoedd anghyfforddus?

4. Defnyddiwch Ffynhonnell D a'ch gwybodaeth eich hun i esbonio pam y daeth sinemâu yn fwy poblogaidd yn ystod yr 1920au.

5. Defnyddiwch y we i ddarganfod sawl sinema oedd yn eich ardal chi yn yr 1920au.

Oes aur mynd i'r sinema

Roedd ffilmiau yn ddi-sain tan 1927 pan glywodd cynulleidfaoedd Al Jolson yn siarad yn *The Jazz Singer*. Rhoddwyd cynnig ar recordio sain ar ffilm cyn hyn, ond hon oedd y ffilm sain gyfan gyntaf. Cafodd ei chynhyrchu gan Warner Brothers gan ddefnyddio'r dechneg *Movietone*. Yn sydyn, penderfynodd y diwydiant ffilm i gyd newid i gynhyrchu ffilmiau sain neu '***talkies***'. Ni fyddai'r diwydiant adloniant yr un peth fyth eto, a newidiodd bywydau pobl yn aruthrol.

Hyd yn oed yn ystod blynyddoedd y dirwasgiad economaidd yn yr 1920au hwyr a'r 1930au, roedd y sinema yn dal i fod yn adloniant poblogaidd a dylanwadol dros ben. Yn yr 1930au byddai hanner poblogaeth Prydain yn mynychu'r sinema o leiaf unwaith yr wythnos. Daeth sêr fel Clark Gable, Errol Flynn a Greta Garbo yn enwog dros y byd i gyd. Roedd yr hen a'r ifanc fel ei gilydd yn hoff o'r sinema. Byddai pobl ifanc yn cyfarfod yno, wrth iddo ddod yn lle poblogaidd i fynd ar ddêt. Parhaodd y matinées ar gyfer plant ar fore Sadwrn pan fyddai rhieni eisiau aros yn y gwely neu wneud rhyw waith o gwmpas y tŷ. Roedd rhai yn dal i bryderu am effaith y sinema ar foesau pobl ifanc.

FFYNHONNELL DD

Yna daeth y ffilmiau sain. Ac roedd hyn yn beth trist i'r rhai hynny oedd yn canu'r piano. Clywais am un dyn o Gwm Tawe a laddodd ei hun! Ond i'r rhan fwyaf ohonom ni, roedd hi'n gyffrous iawn pan ddaeth y talkies.

Peggy Jones o Frynaman, yn cofio dyfodiad y ffilmiau sain mewn cyfweliad radio (1978)

FFYNHONNELL E

O! Cadw fachgenyn o'r *Cinema* ddu:
Mae rhwyd gan y gelyn, dan flodyn, a phlu,
Athrofa drygioni, yw'r *Cinema*'n wir –
Mae'n lladd pon daioni, sy'n codi'n y tir.

Detholiad o gerdd gan y Parchedig Thomas David Evans, Gwernogle, Sir Gaerfyrddin a gyhoeddwyd mewn cylchgrawn capel (1939)

Sinema yng Nghymru

Erbyn 1934 roedd gan Gymru dros 320 o sinemâu. Roedd sawl sinema yn y rhan fwyaf o drefi mawr, gyda dros 20 yng Nghaerdydd. Byddai gwylio ffilmiau cowboi, ffilmiau gangster, ffilmiau cerdd a chartwnau yn ddihangfa i bobl o bob oed. Yn 1935 aeth tyrfaoedd enfawr yng Ngogledd Cymru i weld y ffilm sain cyntaf yn yr iaith Gymraeg, *Y Chwarelwr*. Cynhyrchwyd sawl ffilm am gymoedd glofaol De Cymru yn ystod y cyfnod. Dangosai'r ffilm sentimental o Hollywood, *How Green Was My Valley*, lun ramantus o fywyd mewn cymuned lofaol yn Ne Cymru. Yn y ffilm *Proud Valley*, chwaraeodd Paul Robeson, y canwr a'r actor du o America, y brif ran fel glöwr dewr a gollodd ei fywyd tra'n achub ei gydweithwyr o dan ddaear.

FFYNHONNELL F

Yn gynnar yn yr 1930au, roedd Syr Ifan ab Owen Edwards ym Mhortiwgal pan welodd y ffilm gyntaf yn yr iaith Bortiwgaleg. Dywedodd wrth newyddiadurwr yn 1935, "Os gall Portiwgal wneud hyn, pam na all Cymru?" Yr ysbryd a'r ysgogiad a gynhyrchodd *Y Chwarelwr* a arweiniodd, bron i 50 mlynedd yn ddiweddarach, at sefydlu S4C, y sianel Gymraeg. Owen Edwards, mab Syr Ifan, oedd prif weithredwr cyntaf y sianel.

Barn a fynegwyd ar wefan Archif Sgrin a Sain Cenedlaethol Cymru (2010)

FFYNHONNELL FF

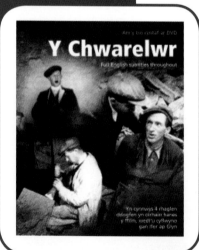

Trwy ganiatâd Llyfrgell Genedlaethol Cymru

Clawr fersiwn a ail-olygwyd o'r ffilm Y Chwarelwr (2000)

Byddai'r sinema yn effeithio'n fawr ar fywydau pobl yn ystod yr 1930au a thu hwnt. Daeth yn rhan bwysig iawn o fywydau'r rhan fwyaf o bobl, yn ddynion, yn fenywod ac yn blant.

Bydden ni i gyd wrth y sinema, yn aros wrth y drws ar doriad gwawr. Yn gwau trwy'n gilydd, yn gwthio, yn treulio'r amser yn bwyta brechdanau bacwn a sherbet, ac yn annog y rheolwyr i agor drwy dorri ffenest neu ddwy a thynnu llun locsyn ar bob poster oedd mewn golwg. Fydden ni ddim yn gwylio'r ffilmiau o gwbl a dweud y gwir. Ac yn bendant doedden ni ddim yn mynd i wrando arnyn nhw. Roedd yr aer yn llawn sgrechian, cymeradwyo, hisian, bŵian a gweiddi, a fyddai'n mynd yn uwch pan fyddai rhywun ar y balconi yn dringo'n ddigon uchel i ddal ei law o flaen y pelydrau o olau o'r blwch taflunio.

Dyn o Swydd Nottingham, a oedd yn ei arddegau yn yr 1930au, yn cofio ei brofiadau mewn fforwm ar wefan y BBC (2007)

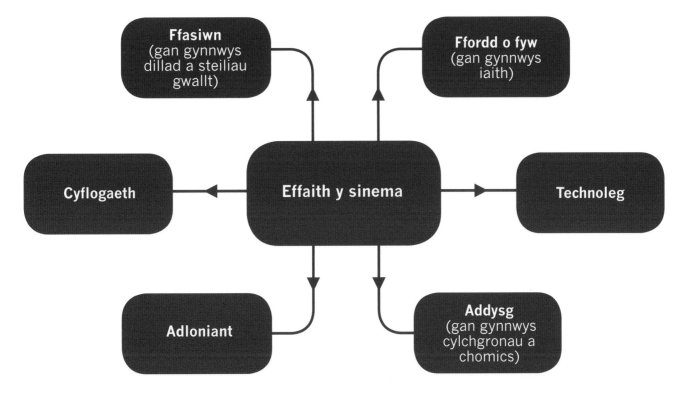

TASGAU

1. Beth mae Ffynhonnell DD yn dweud wrthych am ddyfodiad y ffilmiau sain neu'r *talkies*?

2. Disgrifiwch dwf y sinema yng Nghymru yn yr 1930au.

3. Pam mae Ffynonellau E ac G yn dangos barn wahanol am y sinema yn yr 1930au?

4. Defnyddiwch Ffynhonnell F a'ch gwybodaeth eich hun i esbonio pwysigrwydd y ffilm *Y Chwarelwr*.

5. Gweithiwch mewn grwpiau i ddarganfod mwy am yr effaith a gafodd y sinema ar fywydau pobl yn yr 1930au. Yna defnyddiwch eich ymchwil i ateb y cwestiwn:

   Pam roedd y sinema yn bwysig i fywydau pobl yn yr 1930au?

Sinema yn ystod yr Ail Ryfel Byd

Parhaodd y sinema i effeithio ar fywydau pobl yn ystod yr Ail Ryfel Byd. Erbyn cyhoeddi dechrau'r rhyfel ym mis Medi 1939, y farn gyffredinol oedd y byddai'r canlyniad yn dibynnu'n fawr ar ysbryd y bobl a byddai'r sinema yn chwarae rhan bwysig i'r perwyl hwn.

Caewyd sinemâu Prydain am wythnos ar ddechrau'r rhyfel gan fod y llywodraeth yn poeni ynghylch y drychineb bosibl o fomiau yn disgyn ar sinemâu llawn. Fodd bynnag, buan y sylweddolwyd bod ymweliad â'r sinema yn hanfodol i gynnal ysbryd y bobl ac yn rhoi cyfle iddynt i ddianc ac ymlacio. Roedd y sinema hefyd yn ffordd dda o drosglwyddo gwbodaeth, yn enwedig i'r bobl hynny a oedd yn llai tebygol o ddarllen papurau newydd a thaflenni gwybodaeth. Adran o'r llywodraeth, sef y **Weinyddiaeth Wybodaeth** (*Ministry of Information – MOI*), oedd yn rheoli'r hyn roedd y diwydiant ffilmiau ym Mhrydain yn ei ddangos. Roedd y sgriptiau byddent yn eu cymeradwyo yn dangos dewrder byddinoedd Prydain a phobl gyffredin ac yn gwneud hwyl am ben y gelyn. Ymysg rhai o ffilmiau poblogaidd adeg y rhyfel roedd:

- *The Way to the Stars*, am yr awyrlu;
- *Millions Like Us*, am fywyd ar y Ffrynt Cartref;
- *Henry V*, drama hanesyddol Shakespeare yn dangos Lloegr yn trechu ei gelynion.

Parhaodd stiwdios Hollywood i dywallt allan ffilmiau drud. Byddai pobl yn mwynhau mynd i wylio ffilmiau dihangol fel yr epig hanesyddol, *Gone With the Wind*, a bleidleisiwyd y ffilm fwyaf poblogaidd erioed yn 2009. Gwnaed ffilmiau Americanaidd eraill o safbwynt gwrth-Nazi, gan gynnwys *Mrs Miniver*, *Casablanca* a *The Great Dictator* lle roedd Charlie Chaplin yn gwneud hwyl am ben Adolf Hitler.

Dangoswyd ffilmiau gwybodaeth gyhoeddus mewn sinemâu hefyd. Byddai'r rhain yn ymdrin â phynciau fel y drefn arferol yn achos cyrchoedd awyr a rhagofalon blacowt. Roedd y Weinyddiaeth Wybodaeth yn cymryd gofal i sensora deunyddiau hefyd. Câi ffilmiau newyddion – ffilmiau â sylwebaeth – eu golygu'n ofalus i ddileu unrhyw ffilm a oedd, ym marn y sensoriaid, yn rhy ddiflas, megis difrod gan fomiau.

Yn ystod yr Ail Ryfel Byd, roedd y sinema yn caniatáu i bobl ddianc rhag realiti llym bywyd bob dydd. Yn achos cyrchoedd awyr, byddai sleid yn ymddangos ar y sgrin gyda'r geiriau 'Cyrch awyr ar droed – gadewch y sinema os ydych yn dymuno.' Anaml y byddai pobl yn gadael. Roedd y sinemâu yn adeiladau cadarn ac yn debygol o oroesi unrhyw beth ar wahân i ergyd uniongyrchol.

Cododd nifer y bobl oedd yn mynd i'r sinema yn wythnosol o tua 19 miliwn yn 1939 i dros 30 miliwn yn 1945.

FFYNHONNELL NG

Golygfa allan o'r ffilm boblogaidd, Millions Like Us

TASGAU

1. Esboniwch dri rheswm pam roedd y sinema yn bwysig yn ystod yr Ail Ryfel Byd.
2. Pa mor ddefnyddiol yw Ffynhonnell H i hanesydd sydd yn astudio defnydd y sinema yn ystod yr Ail Ryfel Byd?
3. Darganfyddwch fwy am un o'r ffilmiau poblogaidd a enwir uchod. Esboniwch y plot a pham y byddai'r ffilm wedi ei chymeradwyo yn ystod y rhyfel.

EFFAITH Y RADIO

Sefydlu a datblygiad radio

Math arall o adloniant a effeithiodd yn fawr ar fywydau pobl yn ystod hanner cyntaf yr ugeinfed ganrif oedd y radio.

Dechreuodd y setiau radio cyntaf ymddangos yng nghartrefi pobl yn yr 1920au. Enw arall ar y radio oedd y 'weiarles'. Roedd set falfiau dda yn ddrud, ond o fewn ychydig flynyddoedd roedd masgynhyrchu setiau radio wedi dod â'r gost i lawr at lefel y gallai'r mwyafrif o bobl ei fforddio. Roedd oes newydd yn gwawrio, gan ddod â gwybodaeth ac adloniant i'r bobl yn eu cartrefi eu hunain.

Roedd y llywodraeth y gyndyn i ganiatáu i ddarllediadau radio ledaenu, gan boeni y byddai'n amharu ar y lluoedd arfog, ond roedd digon o alw i beri iddynt ailfeddwl. Sefydlwyd y *British Broadcasting Company* gan y llywodraeth yn 1922. Talwyd amdano drwy gyhoeddi trwyddedau radio yn hytrach na dibynnu ar hysbysebion masnachol fel yn yr Unol Daleithiau. Yn 1927, cafodd ei ail enwi yn *British Broadcasting Corporation* a daeth yn gwmni cyhoeddus, fel y mae hyd heddiw.

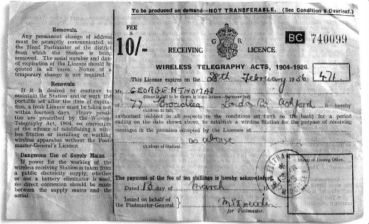

Trwyddmid radio cynnar a gyhoeddwyd yn 1935

Trwy ganiatâd Gwasanaeth Amgueddfeydd a 'Threfadaeth Bwrdeistref Sirol Caerffili

Roedd gan y BBC ddwy rwydwaith, a chynigai ddewis eang o adloniant a gwybodaeth, gan gynnwys dramâu, cerddoriaeth glasurol a newyddion. Ymhen dim ymddangosodd chwaraeon ar yr amserlenni. Buddugoliaeth Dinas Caerdydd dros Arsenal yn 1927 oedd y gêm derfynol gyntaf yng nghwpan yr *FA* i'w darlledu. Byddai'r sylwebwyr pêl-droed yn defnyddio cod rhifau i ddweud wrth y gwrandawyr ar ba ran o'r cae yr oedd y chwarae'n digwydd. Byddai campau eraill yn denu llawer iawn o bobl i wrando ar y radio hefyd, fel gornest focsio pwysau trwm y byd rhwng y Cymro Tommy Farr a Joe Louis yn 1937. Daeth gwasanaeth cenedlaethol y BBC yn brif ffynhonnell adloniant i nifer o bobl yng Nghymru a Lloegr.

Ysgrifennaf i ddweud gymaint y mae'r weiarles yn ei olygu i mi a miloedd o rai tebyg. Dyma ein carped hud. Ers talwm, byddwn yn cael wythnos yn Rhyl, a dyna'r holl deithio y byddwn yn ei wneud heb fynd ar dram. Nawr gallaf glywed y Ras Gychod a'r *Derby* a'r cadwyni'n cael eu newid ar Bont Menai. Gallaf glywed pêl-droed ar brynhawn Sadwrn a thrafodaethau gan enwogion sydd wedi teithio ac sy'n gallu dweud wrthym am wahanol leoedd.

Person o Ogledd Cymru, mewn llythyr a gyhoeddwyd yng nghylchgrawn y Radio Times *yn 1928*

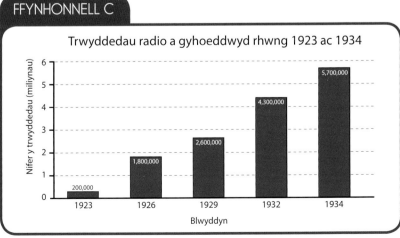

Trwyddedau radio a gyhoeddwyd rhwng 1923 ac 1934

- 1923: 200,000
- 1926: 1,800,000
- 1929: 2,600,000
- 1932: 4,300,000
- 1934: 5,700,000

Nifer y trwyddedau (miliynau) / Blwyddyn

Ffigurau swyddogol yn dangos niferoedd y trwyddedau radio, o lawlyfrau'r BBC

Cynyddodd nifer y trwyddedau radio a gyhoeddwyd yn gyson drwy'r 1920au ac erbyn 1935 roedd gan hanner y cartrefi yng Nghymru drwydded radio. Erbyn hynny, roedd y BBC yn wynebu cystadleuaeth oddi wrth orsafoedd radio yn Ewrop, megis Radio Normandie a Radio Luxembourg.

Recordiwyd nifer o ddigwyddiadau hanesyddol ar y radio i'w cadw am byth. Un o'r digwyddiadau hyn oedd cyhoeddi dechrau'r rhyfel yn erbyn yn Almaen yn 1939. Dyma'r tro cyntaf i achlysur mor bwysig gael ei chyfleu i'r genedl dros y radio. Dywedodd Prif Weinidog Chamberlain wrth y gwrandawyr "byddwn yn ymladd yn erbyn pethau milain."

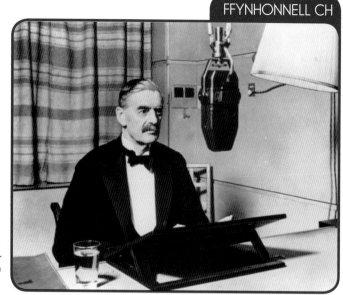

Neville Chamberlain, Prif Weinidog Prydain, yn cyhoeddi dechrau'r rhyfel yn erbyn yr Almaen ar y radio yn 1939

Dechreuad y teledu

Roedd y teledu yn ei fabandod rhwng y rhyfeloedd, ac yn eithaf dibwys ar yr adeg yma. Un o nifer o arloeswyr y teledu oedd y peiriannydd o'r Alban John Logie Baird, a oedd yn gyfrifol am y darllediadau arbrofol rheolaidd cyntaf a hefyd am ddarlledu ar draws yr Iwerydd yn 1928.

Dechreuodd darllediadau teledu cyntaf y BBC yn 1936, gan gyrraedd ychydig filoedd o bobl a oedd yn byw o fewn 40-100 milltir o drosglwyddydd Alexandra Palace yn Llundain. Gallai teledu a chanddo sgrin du a gwyn 25 × 20 cm gostio hyd at £100, yr un pris â char bach. Daeth y darllediadau, a oedd yn cynnwys dramâu a ffilmiau newyddion, i ben yn 1939 pan ddechreuodd y rhyfel, gan ail-ddechrau yn 1946.

TASGAU

1. Beth mae Ffynhonnell A yn ei ddangos i chi am y radio yn yr 1930au?

2. Defnyddiwch Ffynhonnell B a'ch gwybodaeth eich hun i esbonio pam roedd y radio yn adloniant poblogaidd.

3. Pa mor ddefnyddiol yw Ffynhonnell C wrth geisio darganfod pa mor boblogaidd oedd y radio yn yr 1930au?

4. Defnyddiwch y We i wrando ar araith Chamberlain yn 1939. Sut ydych chi'n meddwl y byddai pobl wedi teimlo wrth wrando ar y darllediad hwn?

5. Disgrifiwch flynyddoedd cynnar y teledu.

Radio yn ystod yr Ail Ryfel Byd

Fel yn achos y sinema, byddai'r llywodraeth yn defnyddio'r radio i reoli newyddion a gwybodaeth yn ystod y rhyfel. Y Weinyddiaeth Wybodaeth oedd yn rheoli'r radio, ac roeddent yn sylweddoli bod ganddo ran allweddol i'w chwarae wrth gynnal ysbryd y bobl.

Roedd y weiarles yn bwysig iawn; y weiarles roedden ni'n ei alw bryd hynny, nid y radio. Winston Churchill oedd ein harwr ar y pryd. Fyddai neb yn colli un o ddarllediadau Churchill. Roedd e'n ysbrydoli pobl ac yn rhoi anogaeth iddyn nhw. Bydden ni yn y parc ar nos Sul a thua hanner awr wedi wyth byddai pawb yn gadael. Byddai pobl yn rhedeg adre ac yn edrych ar ei gilydd gan ddweud, "Brysiwch! Byddwch chi'n colli Churchill. Mae e ar y radio am naw." Byddai pawb yn sgrialu allan o'r parc ac o hynny ymlaen bydden nhw ynghlwm wrth y weiarles.

Dougie Milburn yn cofio ei fywyd yn ystod yr Ail Ryfel Byd mewn darllediad radio lleol (2009)

Sêr y sioe radio It's That Man Again *yn perfformio yn stiwdio'r BBC ym Mangor, 1942*

Dechreuodd y BBC rwydwaith newydd yn 1940 o'r enw *The Forces Programme*, a oedd yn canolbwyntio ar sioeau adloniant, cerddoriaeth ddawns a darlithoedd. Roedd wedi ei anelu at filwyr, ond roedd yn boblogaidd iawn ymysg y bobl gyffredin hefyd. Symudwyd rhaglen Amrywiaeth y BBC i Fangor yn 1940 er mwyn osgoi'r bomiau. Un o'r rhaglenni mwyaf poblogaidd oedd *ITMA* (*It's That Man Again*) gyda'r comedïwr Tommy Handley.

Roedd adrodd y newyddion yn bwysig iawn. Byddai pobl yn dibynnu ar y radio am y newyddion, a châi'r darllediadau eu rheoli'n llym. Gwnaed yn siŵr bod methiannau milwrol megis Dunkirk yn swnio'n llai difrifol nag yr oeddent mewn gwirionedd, er mwyn cynnal ysbryd y bobl. Fodd bynnag, dim ond straeon roedd y BBC yn credu eu bod yn wir fyddai'n cael eu darlledu, gan fod pobl yn dibynnu ar y radio i gael y newyddion diweddaraf.

Roedd darllen y newyddion yn gyfrifoldeb enfawr. Ein gwaith ni oedd meithrin ysbryd o ddewrder yn y miliynau o wrandawyr, hyd yn oed yn y cyfnodau tywyllaf. Ar adegau, byddai cynnwys y bwletinau yn gwneud hyn yn anodd iawn. Bydden ni'n defnyddio iaith oedd wedi ei ddethol yn ofalus iawn:

"Mae ein milwyr wedi symud yn ôl i safleoedd a baratowyd yn ofalus"

"Mae pymtheg o'n hawyrennau wedi mynd oddi ar y llwybr"

"Yn ôl adroddiadau gan yr Almaen, maent wedi symud ymlaen ar ffrynt Rwsia"

"Roedd rhai o awyrennau'r gelyn dros y wlad hon neithiwr a chafwyd adroddiadau am ychydig ddifrod a rhai anafiadau"

Bruce Belfrage, darllenydd newyddion gyda'r BBC yn ystod y rhyfel, wedi ei ddyfynnu yn y llyfr, Reporting in the twentieth century *gan Paul Terry (2002)*

TASGAU

1. Pa mor ddefnyddiol yw Ffynhonnell D i hanesydd sydd yn astudio poblogrwydd y radio yn ystod yr Ail Ryfel Byd?

2. Beth mae Ffynhonnell DD yn dweud wrthych am y radio yn ystod yr Ail Ryfel Byd?

3. Edrychwch ar Ffynhonnell E. Mae'n cynnwys iaith ddethol a ddefnyddiwyd gan y darllenwyr newyddion. Beth ydych chi'n meddwl oedd wedi digwydd go iawn yn yr achosion hyn?

4. Chwiliwch am wefan sydd â recordiadau o ddarllediadau enwog o'r Ail Ryfel Byd. Gwrandewch ar dri darllediad radio o'r rhyfel. Ceisiwch werthuso pa mor effeithiol oedden nhw.

5. Ar ôl astudio'r sinema a'r radio yn y bennod hon, pa un ydych chi'n meddwl oedd yr adloniant pwysicaf yn y cyfnod hyd at 1945?

Ymarfer ar gyfer yr arholiad

Mae'r adran hon yn cynnig arweiniad ar sut i ateb cwestwn 1(ch) yn Unedau 1 a 2. Mae angen dadansoddi a gwerthuso defnydd ffynhonnell, ac mae'n werth 6 marc.

Cwestiwn 1(ch) – dadansoddi a dehongli defnydd ffynhonnell

Pa mor ddefnyddiol yw Ffynhonnell A i hanesydd sydd yn astudio poblogrwydd y sinema yn yr 1930au?
[Eglurwch eich ateb drwy ddefnyddio'r ffynhonnell a'ch gwybodaeth eich hun.]   [6 marc]

FFYNHONNELL A

Yna am hanner awr wedi saith, byddai'r goleuadau i gyd yn diffodd. Ond cyn iddyn nhw ddiffodd, roedd tipyn o hwyl i'w gael. Petai bechgyn yn eistedd yn y sedd gefn, ac roedden nhw'n ffansïo rhai o'r merched, beth ydych chi'n meddwl bydden nhw'n taflu atyn nhw? Nid rhosynnau. Cnau mwnci! Petai rhywun yn taflu cnau mwnci atoch chi, o leiaf roeddech chi'n gwybod bod rhywun yn eich ffansïo chi.

Hilda Richards yn cofio ymweld â'r sinema yn Aberdaugleddau yn 1934 pan oedd hi'n 15 oed. Cafodd Mrs Richards ei chyfweld gan grŵp o ddisgyblion hanes yn 1992

Cyngor ar sut i ateb

Yn y math hwn o gwestiwn bydd angen dadansoddi a gwerthuso ffynhonnell gynradd fel arfer.

● Yn eich ateb bydd angen i chi **werthuso pa mor ddefnyddiol** yw'r ffynhonnell gynradd hon yn nhermau ei chynnwys, ei thardd a'i phwrpas. Mae rhai ysgolion yn gweld bod defnyddio dulliau arbennig i gofio yn gymorth wrth geisio llunio atebion. Un ffordd o wneud hyn yw drwy edrych ar dair agwedd ar y ffynhonnell dan sylw:

CYNNWYS	TARDD	PWRPAS
Beth mae'r ffynhonnell yn ei ddweud?	Pwy ddywedodd hyn? Pryd cafodd hyn ei ddweud?	Pam cafodd hyn ei ddweud? I bwy y cafodd hyn ei ddweud a pham? A yw'n unochrog?

● Dylech anelu at ysgrifennu **dwy neu dair brawddeg** am gynnwys y ffynhonnell, gan ysgrifennu'r wybodaeth yn eich geiriau eich hun a'i chefnogi gyda'ch gwybodaeth eich hun am y pwnc.

● Yna dylech roi **sylwadau ar awdur** y ffynhonnell, gan nodi pryd y cafodd ei hysgrifennu ac o dan ba amodau.

● Dylech ystyried **pam** y cafodd y ffynhonnell ei hysgrifennu ac a fydd hyn yn ei gwneud yn **unochrog**. Cofiwch y gall ffynhonnell unochrog ddal i fod yn ddefnyddiol i hanesydd felly peidiwch â'i diystyrru.

● Er mwyn ennill marciau llawn bydd rhaid cynnwys **sylwadau rhesymegol** ar bob un o'r tair elfen. Os ydych yn ysgrifennu am gynnwys y ffynhonnell yn unig, peidiwch â disgwyl mwy na hanner marciau.

Ymateb ymgeisydd un

Daeth y ffynhonnell yma o fenyw o'r enw Hilda Richards. Roedd hi'n 15 yn 1934. Mae hi'n dweud bod bechgyn oedd yn ffansïo merched yn taflu cnau atyn nhw. Mae hi hefyd yn dweud bod pobl yn cael llawer o hwyl yn y sinema. Mae'r ffynhonnell yma'n ddefnyddiol iawn i hanesydd, gan fod Hilda Richards yno ar y pryd ac yn gwybod sut oedd pethau bryd hynny.

> Aralleirio'r priodoliad heb gynnig llawer mwy

> Dechrau trafod y cynnwys ond does dim llawer o ddablygiad. Nid yw'n defnyddio ei wybodaeth ei hun

> Diffyg cefnogaeth i'r sylw

Sylwadau'r arholwr

Mae'r ymgeisydd hwn wedi ceisio gwerthuso mewn dwy ffordd. Mae'n cyfeirio at y cynnwys yn ogystal ag awdur y ffynhonnell. Fodd bynnag, mae'n aralleirio'r cynnwys ac nid yw wedi gwneud llawer o ymdrech i ddatblygu'r farn a gynigir gan yr awdur. Yn yr un modd, mae'n cyfeirio at yr awdur drwy aralleirio'r priodoliad a roddir. Ni wna unrhyw ymdrech i drafod atgof a roddwyd i grŵp o ddisgyblion hanes. Mae'n ceisio ystyried defnydd y ffynhonnell, ond mae'n ymgais or-syml.

Mae'r ateb yn cyrraedd canol y lefel ac yn sgorio 3 allan o 6.

Ymateb ymgeisydd dau

Mae Ffynhonnell A yn ddefnyddiol iawn i hanesydd, gan mai atgof menyw oedd â phrofiad bersonol o'r sinema yn yr 1930au ydyw. Mae'n ymddagos bod y ffynhonnell yn nodweddiadol o brofiad llawer o bobl ifanc ar yr adeg yma. Mae Mrs Richards yn cofio'r hwyl o ymweld â'r sinema, sydd yn bwysig yn arbennig gan fod y Dirwasigad yn ei anterth yn ne Cymru bryd hynny.

Mae hi hefyd yn profi nad rhyfeddu at dechnoleg newydd y ffilmiau sain oedd prif reswm y bobl ifanc dros fynd i'r sinema ar yr adeg yma, ond i gyfarfod pobl a chael dêt.

Gwnaeth y sylwadau hyn yn 1992 i grŵp o fyfyrwyr hanes a oedd, efallai, yn astudio bywyd yn ystod y Dirwasgiad. Mae'n debygol iawn bod ei sylwadau yn gywir gan eu bod yn cadarnhau nifer o ddadleuon adnabyddus am boblogrwydd y sinema ar yr adeg yma. Byddai haneswyr cymdeithasegol yn gweld ei hatgofion yn ddefnyddiol ac yn ddigri ond hefyd yn sylweddoli efallai bod ei phrofiad yn unigryw iddi hi a'i ffrindiau yn ei thref. Byddai gan bobl eraill resymau gwahanol dros boblogrwydd y sinema.

> Cyfeirio at yr awdur ac yn rhoi ychydig o gyd-destun

> Nid yw'n aralleirio'r cynnwys, ond mae'n ei ddefnyddio i ddangos gwybodaeth ehangach o'r pwnc

> Cyfeirio at bwrpas y ffynhonnell a chwestiynu ei defnydd fel darn unigol o atgof

Mae'r ymgeisydd hwn yn dangos dealltwriaeth o'r radd uchaf a gall werthuso'n dda. Mae'n amlwg yn deall cynnwys y ffynhonnell ac yn ei ddefnyddio i osod y ffynhonnell yng nghyd-destun y cyfnod. Ceir cyfeiriadau at y Dirwasgiad ac i le adloniant ar yr adeg yma. Mae'n enwi'r awdur, ac yn cyfeirio at gof unigolyn, ac yn nodi na fyddai hyn yn effeithio ar ba mor ddefnyddiol ydyw, ond bod angen ystyried y ddau beth ynghyd â barn eraill.

Mae'r ateb yn rhoi gwerthusiad llawn ac mae'n cyrredd y lefel uchaf: 6 marc allan o 6.

Rhowch gynnig arni

> Bob dydd byddai radio'r BBC yn cynnig amrywiaeth o raglenni – drama, chwaraeon, cerddoriaeth ysgafn a chlasurol, newyddion, crefydd, trafodaethau, cyfweliadau, dadleuon, comedi. Golygai hyn y gellid boddhau chwaeth cynifer o bobl â phosib ac, o bryd i'w gilydd, gellid targedu adrannau penodol o'r gynulleidfa: menywod, plant, pobl fusnes, ffermwyr, milwyr ac ati.

Yr awdur a'r darlithydd Andrew Crisell, yn ysgrifennu yn y llyfr An Introductory History of British Broadcasting *(1997)*

Cwestiwn

Pa mor ddefnyddiol fyddai'r ffynhonnell hon i hanesydd sydd yn asudio apêl radio'r BBC yn yr 1930au?

[Eglurwch eich ateb drwy ddefnyddio'r ffynhonnell a'ch gwybodaeth eich hun.]   [6 marc]

BETH OEDD Y PRIF DDATBLYGIADAU WNAETH EFFEITHIO AR ADLONIANT POBLOGAIDD YNG NGHYMRU A LLOEGR YN YR 1950au A'R 1960au?

Yn ystod y degawdau ar ôl y cyfnod o ddogni wedi'r Ail Ryfel Byd gwelwyd newidiadau enfawr yn y dulliau o greu adloniant ar gyfer pobl, a datblygiad mawr mewn dau o'r dulliau'n arbennig – dau sydd wedi para'n ddylanwadol iawn hyd y dydd heddiw – sef teledu a cherddoriaeth bop. Roedd nifer sylweddol o bobl yn dal i fynd i'r sinema, ond tyfu wnâi'r gystadleuaeth o du'r teledu. Para'n gryf hefyd wnaeth gwrando ar y radio, ac roedd y diwydiant radio yn gallu manteisio ar y dechnoleg newydd er mwyn ymddangos ar ei newydd wedd yn ystod y 1960au. Yn debyg i agweddau eraill ar fywyd, bu'r datblygiadau a gafwyd yn ystod yr 1950au a'r 1960au yn ddylanwad amlwg ar adloniant poblogaidd hyd heddiw.

TELEDU

Twf teledu yn ystod yr 1950au

Yn 1946 roedd 15,000 o drwyddedau cyfun radio a theledu yng ngwledydd Prydain. Roedd argaeledd teledu'n cynyddu o dipyn i beth ar draws Prydain gan gyrraedd y rhan fwyaf o ardaloedd Cymru, gorllewin Lloegr a'r Alban yn gynnar yn yr 1950au. Yn Ne

Cymru, agorwyd gorsaf drosglwyddo gyntaf y BBC ym mhentref Gwenfô yn 1952. Darlledwyd y rhaglen deledu gyntaf yn yr iaith Gymraeg yn yr un flwyddyn. Yr adeg yma y BBC oedd â'r unig sianel deledu. I nifer o bobl roedd cael teledu'n dal yn fusnes drud, a phrofiad y mwyafrif o wylio teledu yn yr 1950au oedd gwylio yng nghartref ffrind neu gymydog.

Mae'r rhan fwyaf o haneswyr yn gytûn mai adeg coroni Brenhines Elisabeth yr Ail yn 1953 oedd y pryd y dechreuodd y teledu gymryd lle'r radio fel prif gyfrwng adloniant a chyfathrebu Prydain. Gwyliodd dros hanner y boblogaeth y digwyddiad hwnnw.

Roedd Martin yn ffidlan o gwmpas gyda switshys y teledu. Yna, dechreuodd y rhaglen a daliodd Anne ei hanadl o weld wyneb dyn yn ymddangos yn sydyn ar sgrin olau'r set. "Rwy'n gallu ei weld *a'i* glywed," sibrydodd wrth Julian. Clywodd Mr Curton hi a chwerthin. "Ond dydy dy gi ddim yn gallu ei arogli, neu fe fyddai e ar ei ôl!" Roedd gwylio'r rhaglen deledu yn dipyn o hwyl.

Darn allan o'r llyfr antur i blant Five on Kirrin Island Again *gan Enid Blyton, 1947*

67

Roedd y coroni i ddigwydd ar yr ail o Fehefin, felly aeth Dad i logi set deledu. Yn sydyn, ni oedd y bobol fwya' poblogaidd yn y stryd. Dim ond byngalo bychan oedd ganddon ni ac roedd y set yn y stafell fwyta fechan. Aeth y bwrdd i'r gornel a'r cadeiriau fan hyn fan draw. Daeth rhai pobl â'u cadeiriau eu hunain. Gwasgwyd ffrindiau, cymdogion a hyd yn oed y ficer i mewn ac fe ddaethon nhw i gyd â bwyd i ginio.

Mrs P Gerrish yn ymateb i apêl radio am atgofion o dyfu i fyny yn yr 1950au, 1990

Teulu'n gwylio'r teledu yn yr 1950au. Mae'r rhieni'n gwylio'r teledu gyda'r plant. Mae'r tad wedi meddiannu'r gadair tra bod ei wraig a'r plant yn gorfod eistedd ar y fraich neu ar stôl

Teledu masnachol

Yn 1955, penderfynodd y llywodraeth ganiatáu cyflwyno **teledu masnachol**, gan ddwyn monopoli'r BBC i ben. Roedd teledu masnachol i gael ei ariannu'n bennaf gan hysbysebion. Sefydlwyd teledu annibynnol, a ddaeth i gael ei adnabod fel ITV, gyda chwmnïau rhanbarthol ar wahân a oedd yn gorfod ennill y fasnachfraint i ddarlledu yn eu rhanbarth. Yn Llundain, Canolbarth Lloegr, a De Lloegr y cafwyd darllediadau cyntaf ITV. Yr hysbyseb cyntaf ar deledu yng ngwledydd Prydain oedd un past dannedd Gibbs SR.

Cafodd Cymru ei theledu masnachol ei hun yn 1958 yn cael ei redeg gan gwmni TWW (*Television Wales and the West*), ac yna cwmni Teledu Cymru (WWN - *Wales West and North*) yn 1962. Cymerwyd Teledu Cymru drosodd gan TWW yn 1963, cyn colli'r fasnachfraint i gwmni Teledu Harlech (HTV) yn 1968.

I ddechrau, roedd yn rhaid i bobl brynu addasydd arbennig er mwyn derbyn ITV. Oherwydd costau uchel sefydlu'r gwasanaeth a pharatoi rhaglenni, colli arian wnaeth y cwmnïau annibynnol i ddechrau. Roedd penaethiaid ITV yn poeni hefyd na fyddai eu rhaglenni'n ddigon poblogaidd gyda'r cyhoedd, oherwydd bod llawer o bobl wedi dod i arfer â rhaglenni'r BBC.

Felly, roedd llawer o'r sianeli ITV cynnar yn debyg i raglenni gorsaf y BBC heblaw am yr hysbysebion. Ond, fel mae Ffynhonnell CH yn dangos, newidiodd yr agweddau hyn yn fuan iawn. Tyfu wnaeth poblogrwydd ITV yn gyflym iawn ac, erbyn 1958, roedd yn honni bod â 79% o'r gwylwyr hynny oedd â dewis o ddwy sianel. Yn 1957, disgrifiodd Roy Thomson, cyfarwyddwr Teledu'r Alban (*Scottish TV*), deledu masnachol fel 'trwydded i argraffu eich arian eich hun'.

Dewch i ni wynebu'r peth – unwaith ac am byth. Mae'r cyhoedd yn hoffi merched, reslo, sioeau cerdd sionc, cwisiau, a dramâu am fywyd go iawn. Yr hyn roesom ni iddyn nhw oedd Cerddorfa'r Hallé, Clwb y Wasg Dramor, ac ymweliadau â'r Orsaf Dân leol. Wel, rydyn ni wedi dysgu'n gwers. O hyn allan, beth bynnag fydd y cyhoedd ei eisiau, dyna fydd y cyhoedd yn ei gael.

Rheolwr rhaglenni i gwmni Associated Rediffusion a oedd yn rhedeg sianel ITV ar gyfer Llundain, yn egluro'r newid ym mholisi'r cwmni, 1959

Wel, fe allech chi ddweud nad oedd [ITV] yn cael ei ystyried yn beth da yn ein tŷ ni. Roeddwn i'n meddwl ei fod yn wastraff amser llwyr a doeddwn i ddim yn ei hoffi. Roedd gormod o adloniant rhad a dim digon o addysg mewn gwirionedd. Doeddwn i ddim am i'r bechgyn ddod i arfer â'i wylio felly roeddwn i'n arfer ei wahardd.

Menyw o swydd Gaerlŷr yn cofio'i hymateb cynnar i deledu masnachol ym mlynyddoedd olaf yr 1950au

TASGAU

1. Pa mor ddefnyddiol yw Ffynhonnell A i hanesydd sy'n astudio teledu'r 1950au?

2. Defnyddiwch Ffynhonnell B a'ch gwybodaeth eich hun i egluro pam roedd llawer o bobl yn awyddus i brynu set deledu yn ystod yr 1950au.

3. Beth mae Ffynhonnell C yn ei ddangos i chi am fywyd teuluol yn yr 1950au?

4. Disgrifiwch dwf teledu masnachol yn yr 1950au.

5. Edrychwch ar Ffynonellau CH a D. Pam oedd gan y bobl hyn agweddau gwahanol i'w gilydd tuag at deledu masnachol?

DATBLYGIAD AC EFFAITH Y TELEDU

FFYNHONNELL A

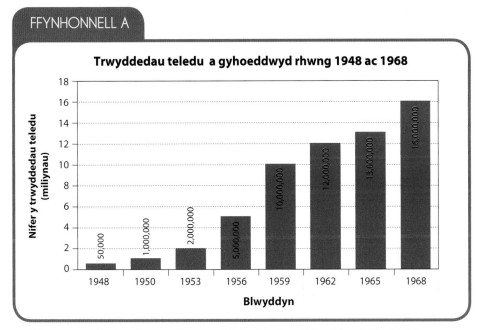

Trwyddedau teledu a gyhoeddwyd rhwng 1948 ac 1968

Ffigurau swyddogol yn dangos nifer y trwyddedau teledu ym Mhrydain, 1948 – 1968

Erbyn 1966 roedd teledu mewn 85% o gartrefi. Y flwyddyn honno, pris set deledu ar gyfartaledd oedd oddeutu £70, a'r gyflog oedd tua £12 yr wythnos ar gyfartaledd. Roedd teledu'n dal yn beth eithaf drud i'w brynu. Byddai'r rhan fwyaf o bobl naill ai'n prynu teledu drwy hurbwrcas, neu'n llogi oddi wrth gwmnïau oedd â'u siopau arddangos ar bob stryd fawr. Yr adeg hon, roedd rhaglenni teledu yn dal i gael eu dangos mewn du a gwyn. Gwelwyd teledu lliw am y tro cyntaf ar BBC2 yn 1967.

Digwyddiadau teledu o bwys yn ystod yr 1960au

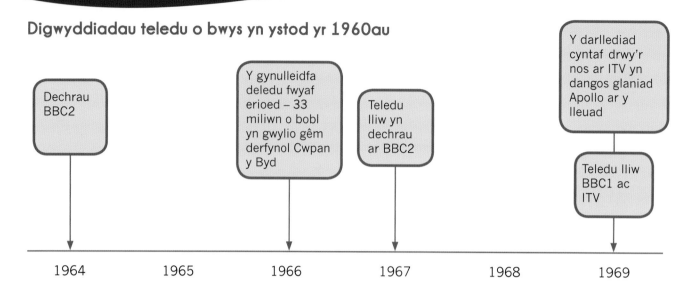

Dechrau BBC2

Y gynulleidfa deledu fwyaf erioed – 33 miliwn o bobl yn gwylio gêm derfynol Cwpan y Byd

Teledu lliw yn dechrau ar BBC2

Y darllediad cyntaf drwy'r nos ar ITV yn dangos glaniad Apollo ar y lleuad

Teledu lliw BBC1 ac ITV

| 1964 | 1965 | 1966 | 1967 | 1968 | 1969 |

Yn ystod yr 1960au yn fwyaf arbennig, cafwyd cynnydd enfawr yn effaith teledu ar fywydau pobl. Roedd amrywiaeth cynyddol o raglenni yn cael eu cynhyrchu er mwyn bod at ddant pawb. Bu llawer o'r rhain yn ddylanwadol iawn gan helpu i lunio rhaglenni teledu'r dyfodol:

- **Comedïau sefyllfa** fel *Steptoe and Son* a *Hancock's Half Hour* (roedd y rhaglen hon yn llwyddiant aruthrol ar y radio yn y 50au a chafodd ei throi'n sioe deledu lwyddiannus);
- **Dramâu heddlu** fel *Dixon of Dock Green* a *Z Cars*;
- **Dychan** fel *That Was The Week That Was* a *Monty Python's Flying Circus*;
- **Ffuglen wyddonol** fel *Doctor Who* a *Stingray* (sioe gartŵn, a'r rhaglen gyntaf ar ITV i gael ei ffilmio mewn lliw);
- **Chwaraeon** fel *Grandstand* a *World of Sport*;

- **Operâu sebon** fel *Coronation Street* ac *Emergency Ward 10* (roedd rhain yn seiliedig ar syniad a oedd eisoes wedi'i ddatblygu gan sioeau radio fel *The Archers*);
- **Sioeau i blant** fel *Blue Peter* a *Crackerjack*;
- **Sioeau cerddoriaeth bop** fel *Juke Box Jury* a *Disc a Dawn*;
- **Rhaglenni newyddion** ddaeth â digwyddiadau hanesyddol i gartrefi pobl, fel Argyfwng Taflegrau Ciwba a glaniad Apollo ar y lleuad.

FFYNHONNELL B

Rhaglenni teledu dydd Sadwrn, Medi'r 12[fed], 1964			
BBC		**TWW (ITV)**	
1pm	Grandstand		
5.15	The Tele Goons	5.15	Lassie
5.30	Dr Who	5.45	The News
5.55	Juke Box Jury	5.50	Lucky Stars Summer Spin
6.20	The News		
6.30	Hob y Deri Dando	6.35	Sugarfoot
6.55	Rugby Special		
7.20	Dr Finlay's Casebook	7.25	Opportunity Knocks
8.10	Club Variety Night	8.10	Film
8.55	Perry Mason	9.20	The News
9.45	Diary of a Young Man	9.35	Sergeant Cork – Victorian Detective
10.30	The News		
10.45	The Third Man	11.05	Crusade in Europe
11.10	Weather	12am	Close
11.15	Close		

Tony Hancock, un o sêr mwyaf poblogaidd y radio a'r teledu yn ystod yr 1950au a blynyddoedd cynnar yr 1960au

Clawr blaen cylchgrawn y Radio Times, *1964*

FFYNHONNELL D

Rwyf i o'r farn mai'r newid pennaf ym mywydau plant yn ystod y ganrif hon, heb os, oedd y teledu. Cyn hynny, byddai plant yn treulio cymaint mwy o'u hamser allan yn chwarae ac yn chwilota, yn enwedig yn ystod yr haf. Ond newidiwyd ein bywydau gan y teledu – roedd yn creu adloniant inni drwy wneud dim ond troi switsh. Rwy'n credu hefyd iddo olygu ein bod yn darganfod llai o bethau drosom ein hunain nag y byddai'n rhieni yn arfer ei wneud.

Gill McAleer, a anwyd yn 1954, yn cael ei holi gan deledu'r BBC mewn rhaglen ddogfen ar blentyndod yn yr ugeinfed ganrif

TASGAU

1. Pa mor ddefnyddiol yw Ffynhonnell A i hanesydd sy'n astudio adloniant yn ystod yr 1950au a'r 1960au?

2. Chwiliwch am fwy o wybodaeth ynghylch y digwyddiadau pwysig ar y llinell amser. Pa rai o'r rhain fyddech chi'n tybio oedd fwyaf arwyddocaol yn hanes teledu?

3. Ymchwiliwch i un o'r sioeau teledu a enwyd. Esboniwch pam roedd y sioe'n boblogaidd a pham mae wedi dylanwadu ar ddatblygiad rhaglenni teledu.

4. Edrychwch ar Ffynhonnell B. Mae pwnc rhai o'r rhaglenni hyn yn eglur, ond nid yw rhai o'r lleill mor eglur. Ceisiwch ddod o hyd i bwnc y rhaglenni hyn. Faint o'r math hwn o raglen sy'n cael eu dangos heddiw?

5. I ba raddau mae Ffynhonnell D yn cefnogi'r farn mai'r teledu oedd y newid pennaf ym myd adloniant yr ugeinfed ganrif?

SINEMA

Roedd y sinema – un o brif gyfryngau adloniant yr 1930au a blynyddoedd yr Ail Ryfel Byd – yn para'n boblogaidd iawn yn ystod yr 1950au. Ond, erbyn yr 1960au, cafodd ei effeithio'n fawr iawn gan ddatblygiad cynyddol y teledu fel dull o ddifyrru trwch y boblogaeth.

Poblogrwydd parhaol yn ystod yr 1950au

Yn ystod yr 1950au, roedd y ffilmiau mawr a gynhyrchwyd yn Hollywood yn para'n boblogaidd iawn. Daeth sêr fel Marilyn Monroe, John Wayne, Humphrey Bogart a Lauren Bacall yn adnabyddus iawn.

Roedd y sinema'n para'n ddull adloniant gwirioneddol i lawer o blant hefyd yn ystod yr 1950au. Doedd y teledu ddim ond megis dechrau, a byddai'n rhaid ei wylio gyda gweddill y teulu. Yn y sinema byddech gyda'ch ffrindiau a byddai'r lluniau mewn lliw llachar – *glorious Technicolor*. Roedd llawer o blant yn mynd i'r sinema leol ar foreau Sadwrn i'r *matinée*.

Y Lone Ranger, *arwr poblogaidd y sinema yn ystod y 1950au (a'r teledu'n ddiweddarach)*

Y dirywiad yn y nifer yn mynychu'r sinema

O ddiwedd yr 1950au ymlaen, lleihau'n gyflym wnaeth poblogrwydd y sinema. Roedd sawl rheswm am hyn, gan gynnwys:

- Cynnydd ym mhris tocynnau wrth i'r llywodraeth gynyddu Treth Adloniant;
- Ychydig arian a defnyddiau oedd ar gael i drwsio neu ailadeiladu sinemâu felly aethant i edrych yn llwm a di-raen;
- Roedd y teledu'n dal i dyfu. Yn 1945 dim ond 15,000 o setiau teledu oedd yng ngwledydd Prydain. Erbyn 1961, roedd y nifer wedi cynyddu i 11 miliwn.

Gorfodwyd llawer o sinemâu i gau a chael eu cnocio i lawr. Cafodd eraill eu troi'n adeiladau at ddefnydd gwahanol: siopau, clybiau nos, disgo neu neuaddau bingo. Ar un adeg, roedd pedair sinema yn Abertyleri ond dim ond un oedd ar ôl erbyn 1964. Ceisiodd rhai sinemâu ddefnyddio gimics i gadw'u cynulleidfa, fel *Smell-o-vision* a 3D, ond diflasu ar y newydd-deb wnaeth pobl yn fuan. Weithiau, byddai ffilmiau enfawr yn dal i ddenu'r tyrfaoedd, fel ffilmiau James Bond, a ffilmiau am grwpiau pop fel y *Beatles*. Ond, yn gyffredinol, syrthio'n is ac yn is wnaeth y niferoedd wrth i bobl aros gartref.

FFYNHONNELL DD

Y Granada *yn Lambeth yn 1963. Agorodd y sinema fawr hon yn 1932. Erbyn 1955, roedd nifer y seddau wedi gostwng ac erbyn 1961 roedd y sinema wedi cau. Erbyn 1962, roedd yr adeilad yn cael ei redeg fel Granada Bingo gyda reslo ar y Sadyrnau a bingo bob nos*

Argynhyrchwyd drwy ganiatâd Bwrdeistref Lambeth, Llundain, yr Adran Archifau

FFYNHONNELL E

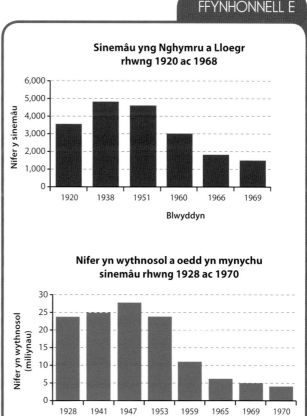

Sinemâu yng Nghymru a Lloegr rhwng 1920 ac 1968

Nifer y sinemâu / *Blwyddyn*

Nifer yn wythnosol a oedd yn mynychu sinemâu rhwng 1928 ac 1970

Nifer yn wythnosol (miliynau) / *Blwyddyn*

1. Esboniwch pam roedd y sinema'n boblogaidd ymysg pobl ifanc yn ystod yr 1950au.

2. Esboniwch pam roedd llai o bobl yn mynd i'r sinema erbyn yr 1960au.

3. I ba raddau mae Ffynhonnell CH yn cefnogi'r farn mai'r teledu oedd yn gyfrifol am ddirywiad y sinema?

4. Defnyddiwch Ffynhonnell DD a'ch gwybodaeth eich hun i egluro beth ddigwyddodd i lawer o sinemâu yng Nghymru a Lloegr yn ystod yr 1960au.

5. Ymchwiliwch i'r hyn oedd wedi digwydd i sinemâu yn eich ardal chi erbyn yr 1960au.

EFFAITH GYNYDDOL CERDDORIAETH BOP

Hyd at yr 1950au, er bod **peiriant chwarae recordiau** i'w weld mewn nifer o gartrefi, byddai'r rhan fwyaf o bobl oedd am wrando ar gerddoriaeth yn fwy tebygol o droi'r radio ymlaen na rhoi record ar beiriant. Roedd recordiau'n torri'n rhwydd ac yn hawdd eu crafu, ac roedd y radio'n rhatach. O'r 1950au ymlaen serch hynny, dechreuodd mwy a mwy o bobl brynu recordiau. Byddai pobl ifanc yn arbennig yn prynu record sengl i'w chwarae gartref neu'n rhoi arian yn y **jiwcbocs** mewn bariau coffi neu dafarnau.

Dros yr hanner can mlynedd nesaf, daeth cerddoriaeth bop yn rhan ganolog o fywyd llawer o bobl. Ymhlith pobl ifanc, gellid dadlau bod dylanwad cerddoriaeth bop yn drech na dylanwad y teledu.

Datblygiad arddulliau cerddorol

Y 1950au: roc a rôl

Ar ôl yr Ail Ryfel Byd, y prif ddylanwadau ar gerddoriaeth bop oedd lleisiau crwnwyr fel Frank Sinatra a Bing Crosby, a'r bandiau mawr a ysbrydolwyd gan yr arweinydd o UDA, Glenn Miller, a gollwyd yn ystod y rhyfel. Roedd rhain i'w clywed ar y radio ym mhob cartref ond gallai pobl fwynhau sioeau byw hefyd, a hynny'n gynyddol. Yn 1951 roedd 450 o neuaddau dawns fel rhai'r cadwyni mawr Mecca a Locarno, yn ogystal â miloedd o neuaddau cyhoeddus a neuaddau dawns llai o faint. Mannau i oedolion oedd y rhain, yn hytrach nag i bobl ifanc yn eu harddegau, a byddai dawnsio i gerddoriaeth fyw y bandiau mawr a'u cantorion yn nodwedd o'r adloniant.

Yng nghanol yr 1950au daeth math newydd o gerddoriaeth bop o America. Roedd **roc a rôl** yn seiliedig ar gerddoriaeth y bobl groenddu, y *rhythm & blues*, ond yn cael ei berfformio ran amla' gan artistiaid gwynion. I ieuenctid gwledydd Prydain roedd cyffro

ym miwsig egnïol Bill Haley ac Elvis Presley gyda'i gitâr, bas, drymiau, a phiano bob hyn a hyn. Miwsig i bobl ifanc oedd hwn, nid miwsig i'r rhieni. Roedd llawer o sylwebwyr o'r farn mai rhywbeth dros dro oedd y miwsig hwn, ond byddai eu proffwydoliaeth yn profi'n gwbl anghywir.

Erbyn diwedd yr 1950au roedd o leiaf 300 o grwpiau roc a rôl yn Lerpwl yn unig. Roedd gwledydd Prydain wedi datblygu eu harddull gerddorol eu hunain hyd yn oed, sef sgiffl, a ysbrydolwyd gan recordiau Lonnie Donegan. Roedd pobl hŷn o'r farn bod y grwpiau **sgiffl** syml, cartrefol, yn llawer mwy iachus na'r arddull roc a rôl aflafar.

I unrhyw un wnaeth dyfu i fyny yn yr 1950au, neu unrhyw un sy'n gyfarwydd â miwsig y cyfnod, gall y term 'sgiffl' ddenu ochenaid hiraethus. Ymhell cyn miwsig pync, dyma oedd y miwsig cynta' o'ch gwaith eich hun: dysgu tri chord ar y gitâr, dod o hyd i lyfr caneuon gwerin o'r America, a dyna ni. Dyma, i bob pwrpas, oedd cerddoriaeth roc gynta' Prydain, cyn dylanwad hollbresennol y gitâr drydan a'r cit drymiau. Wrth edrych yn ôl, mae'n ymddangos yn ddiniwed iawn, ond ar y pryd dyma oedd sain gwrthryfel go iawn yr arddegau.

O wefan yn canolbwyntio ar hanes cerddoriaeth bop, 2009

Canwr newydd o America yw'r llanc o daleithiau'r de, Mr Elvis Presley, yn ddim ond un ar hugain oed, sy'n cyfuno arddull yr hillbilly o wylofain ag ystumiau corfforol. Mae ei recordiau fel *Heartbreak Hotel* a *Hound Dog* wedi gwerthu o gwmpas 10 miliwn o gopïau a, beth bynnag yw ei apêl, mae Mr Presley wedi dod yn chwiw genedlaethol.

O erthygl ym mhapur newydd y Times, Medi 1956

Os ydych chi'n gwerthfawrogi canu da, dydw i ddim yn meddwl y byddwch chi'n gallu gwrando ar y ddisg hon ar ei hyd.

Beirniad yn adolygu record Elvis Presley Heartbreak Hotel *yng nghylchgrawn y* New Musical Express, *Chwefror 1956*

Roedd *Bill Haley and his Comets* wedi perfformio yng Nghaerdydd yn 1957. Fe gawson nhw eu condemnio gan awdurdodau'r ddinas a oedd wedi arswydo o glywed bod y gynulleidfa yn dawnsio yn yr eiliau. Yng Nghymru, roedd Parti Sgiffl Llandygái yn boblogaidd, er syndod i'r sawl a gredai mai'r pen draw i gerddoriaeth Cymru oedd emynau a chanu'r delyn.

Yr hanesydd John Davies yn ysgrifennu yn y gyfrol Hanes Cymru, *1990*

Yr 1960au: y Chwedegau Afieithus

Ar ddechrau'r 1960au, perfformwyr poblogaidd yr 1950au oedd yn dal ar y blaen; ond roedd un grŵp o Loegr ar fin newid delwedd cerddoriaeth bop yn llwyr.

Roedd y grŵp o Lerpwl, y Beatles, wedi cymryd at arddull newydd roc a rôl gan ddatblygu sain gyffrous yn seiliedig ar ganu harmoni, dwy gitâr, ac adran bwerus gitâr fas a drymiau. Roedden nhw hefyd yn llanciau hyderus o'r dosbarth gweithiol, gyda sbarc, gwir dalent fel cyfansoddwyr caneuon, a hiwmor bachog. Wedi i'w sengl gyntaf, *Love Me Do*, gyrraedd rhif 17 yn siartiau Prydain yn 1962, fe aethon nhw yn eu blaenau i fod yn llwyddiannus iawn yn y siartiau ym Mhrydain ac yn UDA; nhw oedd y grŵp cyntaf o Loegr i wneud eu marc yn America.

Dylanwadodd y Beatles ar filoedd o grwpiau tebyg, a daeth grwpiau eraill o Brydain yn llwyddiannus iawn ac yn ddylanwadol eu hunain, gan gynnwys y Rolling Stones, yr Hollies, The Who, a'r Kinks. Cafodd y bandiau hyn ddylanwad enfawr ar bobl ifanc ar hyd a lled y byd.

Ar ynysoedd Prydain, roedd fel pe bai sêr lleol ym mhobman. Yn Abertawe, y sêr oedd y Jets a'r Bystanders; ac roedd gan gymoedd De Cymru eu Human Beans a'u Tommy Scott and the Senators (yn nes ymlaen, newidiodd Tommy Scott ei enw i Tom Jones). Ym mlynyddoedd olaf y ddegawd sefydlwyd label Sain yng Nghaerdydd gan Dafydd Iwan a Huw Jones, gan roi cyfle i nifer o artistiaid Cymraeg ddod i'r amlwg. Tyfodd Cwmni Sain yn brif gwmni recordio Cymru.

Yr heddlu'n dal haid o ffans yn ôl wrth i grŵp y Beatles gyrraedd gwesty yn Llundain yn 1964

Yn syth wedi i ni fynd drwy'r drws roedd yr awyrgylch yn drydanol. Pan ddaeth y Beatles ymlaen ffrwydrodd y lle gyda sgrechiadau merched yn gwneud y fath sŵn na fyddwn i byth wedi gallu'i ddychmygu – dim ond jyst clywed y miwsig wnaethon ni! Roedd y Beatles yn wirioneddol ddoniol a'r miwsig roedden ni'n gallu ei glywed yn ffantastig. Cyn bo hir roeddwn i'n sgrechian hefyd. Roedd Mam – a Dad yn enwedig – yn methu'n lân â gwneud synnwyr o'r peth am gryn dipyn o amser wedyn, ond fe ddaeth fy chwaer a minne allan o'r lle gyda'n clustiau'n canu, ein calonnau'n curo'n wyllt, ac mewn cynnwrf o fath nad oedden ni erioed wedi'i brofi o'r blaen.

Jean Quinn, a gafodd fynd gyda'i rhieni i un o gyngherddau'r Beatles ar y Pier yn Llandudno yn 1963. Roedd hi'n cofio'r achlysur mewn e-bost at ei mab a oedd yn gwneud gwaith ymchwil i'r 1960au

Wnaeth y gerddoriaeth ddim gymaint o argraff ar bobl hŷn, yn enwedig ar ôl i'r Beatles dderbyn anrhydedd MBE yn 1965 am eu cyfraniad i allforion gwledydd Prydain.

Yn ystod y ddegawd, datblygodd amryw o wahanol arddulliau cerddorol eraill. Yn ogystal â'r grwpiau â churiad cyffrous (y *beat groups*), daeth cerddoriaeth syrffio Califfornia i'r amlwg gyda gwaith y Beach Boys. Label recordio Motown a cherddoriaeth *soul* wnaeth sêr o artistiaid fel y Supremes ac Aretha Franklin. Ar y blaen yn natblygiad cerddoriaeth ag arddull werinol roedd Bob Dylan, a'r canwr o'r Alban, Donovan. Yn nes ymlaen yn y ddegawd, gwelwyd datblygiad cerddoriaeth seicedelig arfordir gorllewinol America, gyda bandiau fel The Grateful Dead a Jefferson Airplane.

FFYNHONNELL E

Does dim urddas ar ôl yn y peth bellach. Ar un adeg, rown i'n falch iawn o fy OBE, ond ddim 'nawr. Rwy'n credu bod yr amser wedi dod i brotestio'n gryf yn erbyn y grwpiau pop 'ma ac rwy'n gobeithio, drwy anfon fy medal yn ei ôl y bydda i'n gallu gwneud i rywun dalu sylw.

Y Capten David Evans, yn egluro wrth newyddiadurwr pam roedd wedi dychwelyd ei OBE yn brotest yn erbyn yr anrhydedd a roddwyd i'r Beatles, 1965

FFYNHONNELL F

Mae pobl ifanc yn eu harddegau yn treulio'r rhan fwya' o'u hamser yn gwrando ar gerddoriaeth bop, a'r cyfrwng hwn o fynegi eu hunain sy'n gweddu orau i ddathlu ein 21 mlynedd. Rhywbeth newydd yw hyn i'r eglwys yng Nghorris a gobeithio na fydd plwyfolion hŷn yn ffurfio barn cyn cael profiad o'r gwasanaeth.

Y Parch. Glyn Morgan o Eglwys y Drindod Sanctaidd, Corris, yn egluro pam roedd wedi gwahodd y Xenons, grŵp pop o Aberystwyth, i chwarae mewn gwasanaeth arbennig yn ei eglwys, Medi 1964

TASGAU

1. Yn eich barn chi, pam oedd gan awduron Ffynonellau B ac C agweddau gwahanol tuag at Elvis Presley?

2. I ba raddau mae Ffynhonnell D yn cefnogi'r farn y gallai cerddoriaeth bop arwain at drafferthion?

3. Edrychwch ar Ffynonellau E ac F. Pam mae ganddyn nhw farn wahanol ar ddylanwad cerddoriaeth bop?

4. Lluniwch restr o 10 record o'r 1960au i'w chwarae mewn disgo yn eich ysgol chi.

5. Dewiswch brif act o fyd cerddoriaeth bop yn yr 1950au neu'r 1960au ac eglurwch eu pwysigrwydd.

Dylanwad cerddoriaeth bop yn yr 1960au

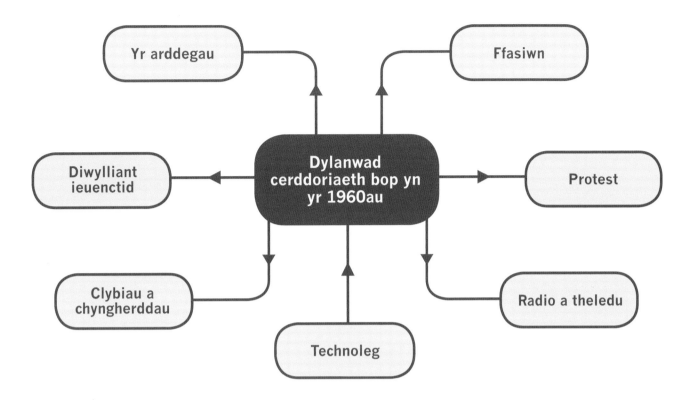

- Yr arddegau
- Ffasiwn
- Diwylliant ieuenctid
- **Dylanwad cerddoriaeth bop yn yr 1960au**
- Protest
- Clybiau a chyngherddau
- Technoleg
- Radio a theledu

Pobl yn eu harddegau yn dod i'r amlwg

Erbyn 1964 roedd 6 miliwn o bobl ifanc yn eu harddegau yng ngwledydd Prydain, yn gwario £1.5 biliwn y flwyddyn. Ar sail cerddoriaeth bop tyfodd llawer o fusnesau eraill, oll yn eu hannog i wario eu harian. Gwerthwyd dros 100 miliwn o recordiau yn 1964. Gallai nwyddau eraill amrywio o gylchgronau, lamplenni, posteri, diodydd, bathodynnau, teganau, lipstics a hyd yn oed duniau o 'anadl y Beatles'. Roedd y cyfryngau wedi dechrau ysgrifennu am 'y bwlch oedran' rhwng arddegwyr a'u perthnasau hŷn. Yn sicr, roedd cerddoriaeth bop wedi cyfrannu tuag at greu'r bwlch hwn.

FFYNHONNELL A

Posteri yn hysbysebu nwyddau Beatles

FFYNHONNELL B

People try to put us d-down
Just because we get around
Things they do look awful c-cold
Hope I die before I get old

*Geiriau agoriadol y gân
My Generation gan
The Who, 1964*

Ffasiwn

Yn union fel sêr byd y ffilmiau yn yr 1930au, roedd sêr y byd pop yn fawr eu dylanwad ar y newidiadau ym myd ffasiwn. Byddai pobl ifanc yn heidio i wisgo dillad tebyg i rai eu harwyr, fel y siaced ledr, y sgert fini, y *parka* a'r crysau blodeuog. Roedd steil gwalltiau dynion yn amrywio o'r *mop-top* i wallt hir neu Affro, a steiliau'r cwch gwenyn a'r *pageboy* yn ffasiynol i ferched.

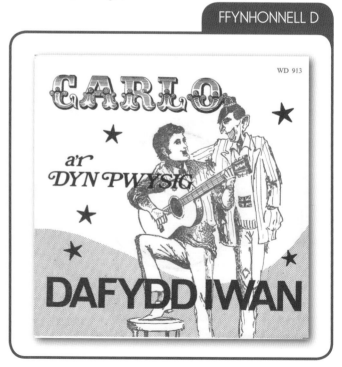

FFYNHONNELL C

Fasiwn nodweddiadol yr 1960au, 1967

FFYNHONNELL CH

Anghofiwch am y mods a'r rocyrs. Anghofiwch am wallgofrwydd pobl ifanc yr ymylon yn llowcio tabledi a mynd heb ymolchi, y bîtnics anniben a'r diogwns gwalltog. Am bob un o'r rhain, y gwir yw bod deg o bobl ifanc normal, barchus, ym Mhrydain. Dydyn nhw ddim yn cymryd cyffuriau. Dydyn nhw ddim yn meddwi. Ond maen nhw'n byw bywydau cyffrous ar ras wyllt gan ddrysu eu mamau a'u tadau yn llwyr. Beth bynnag yw'r gweithgaredd, boed yn ddawnsio hyd doriad gwawr neu fowlio deg, fe fyddan nhw'n mynd o gwmpas eu pethau gydag asbri ac egni enfawr.

Arthur Helliwell, newyddiadurwr yn ysgrifennu ym mhapur newydd y Sunday People, Medi 1966

Diwylliant ieuenctid

Doedd pobl ifanc yn yr 1960au ddim i gyd yn gwisgo ac yn meddwl yn yr un ffordd. Datblygodd gwahanol ddiwylliannau, pob un ohonyn nhw â'u dillad, ymddygiad a cherddoriaeth eu hunain. Roedd rhain yn cynnwys y Mods, y Rocyrs ac, yn nes ymlaen, yr hipis. Byddai'r wasg wrth ei bodd yn rhoi lle amlwg i'r grwpiau gwahanol a'u nodweddion, gan gynnwys gangiau'n ymladd ar lan y môr, a phobl ifanc wyllt yn cymryd cyffuriau a mynd o gwmpas yn noethlymun mewn gwyliau pop. Ond y lleiafrif oedd rhain. Doedd y rhan fwyaf o bobl ifanc ddim yn gwneud mwy na mwynhau eu recordiau a bod yn dân ar groen eu rhieni o bryd i'w gilydd.

Protest

O'r dechrau'n deg roedd roc a rôl yn cael ei ystyried yn ffurf ar wrthryfel. Yn ystod yr 1960au, cryfhau wnaeth y ddolen gyswllt rhwng cerddoriaeth bop a phrotestio gwleidyddol. Roedd cantorion Americanaidd fel Bob Dylan a Joan Baez yn protestio yn erbyn arfau niwclear a'r Rhyfel yn Fietnam. Cyfansoddodd Sam Cook y gân a ddaeth yn anthem i fudiad Hawliau Sifil UDA, *A Change is Gonna Come*, a chlywyd y gân unwaith yn rhagor yn 2008 fel anthem ymgyrchu Barrack Obama. Er mai Americanwyr oedd y rhan fwyaf o'r cantorion protest roedd eu dylanwad ar bobl ifanc gwledydd Prydain yn enfawr, gan eu cyflwyno i lawer o faterion gwleidyddol drwy gyfrwng caneuon protest. Yng Nghymru, cafodd cantorion fel Dafydd Iwan a Huw Jones eu hysbrydoli gan bynciau llosg gwleidyddol fel y frwydr yn erbyn boddi Tryweryn, ac arwisgo'r Tywysog Charles yn ystod blynyddoedd olaf yr 1960au.

FFYNHONNELL D

Clawr y sengl Carlo *gan Dafydd Iwan, a ryddhawyd ar label cwmni recordio Sain yn 1969. Protest oedd y gân yn erbyn arwisgo'r Tywysog Charles*

Clybiau a chyngherddau

Cafodd gwyliau roc anferth eu cynnal, fel yr un yn Woodstock yn nhalaith Efrog Newydd, a ddenodd dros 500,00 o gynulleidfa frwd. Yn Lloegr rhwng 1968 ac 1970 cynhaliwyd gwyliau awyr agored mawr ar Ynys Wyth, ac yn Hyde Park yn Llundain. Mewn mannau eraill, dechreuodd llawer iawn mwy o bobl fynychu theatrau a chlybiau'n rheolaidd er mwyn gweld bandiau a chantorion yn perfformio'n fyw. Tua diwedd y ddegawd, daeth y disgo yn fwy poblogaidd, lle roedd pobl yn dawnsio ac yn gwrando ar fiwsig ar recordiau'n cael eu chwarae gan droellwyr (*disc jockeys*).

Mae'r garfan deithiol hon o ddilynwyr pop yn barod i ddioddef pob math o ddiffyg cysur er mwyn eu cerddoriaeth. Fel cenhedlaeth sydd â'r enw o fod yn 'annisgybledig' maen nhw'n sobor o drefnus ynghylch sefyll mewn ciw. Maen nhw'n ciwio i fynd i mewn i'r dafarn yn y pentre, ac wrth y tapiau dŵr oer, ac i fynd i'r toiledau. Ar y maes, rydych chi'n hawlio eich darn bach o dir dim ond drwy agor eich sach gysgu a'i gadael yn y fan a'r lle. Does neb yn gwadu eich hawl. Wrth i'r noson oeri mae'r arweinydd yn smalio o'r llwyfan bod dau mewn sach gysgu'n debyg o fod yn fwy cynnes nag un. Does braidd neb yn chwerthin. Mae pawb yn gwybod bod hyn yn ffaith.

Dave Wilsworth, mewn adroddiad ar newyddion ITV o ŵyl Ynys Wyth, 31 Awst 1969

Chwaraewyd rhan flaenllaw gan y *Dansette* yn ffurfiant cenhedlaeth newydd y 50au a'r 60au a elwid 'yr arddegwyr'. Bellach, nid dim ond lle i gysgu oedd yr ystafell wely: yn y rhan fwya' o gartrefi, dyma oedd y lle i gerddoriaeth bop. Lawr grisiau oedd y lle i rieni wylio'r teledu ac i fyny grisiau oedd y lle i chwarae recordiau! I'r arddegwyr, roedd hyn nid yn unig yn angenrheidiol ond hefyd yn ffordd o fyw.

Teyrnged i'r peiriant chwarae recordiau a elwid y Dansette, wedi'i chofnodi ar wefan a sefydlwyd er cof am y ddyfais, 2009

Technoleg

Roedd technoleg a cherddoriaeth bop yn bartneriaid perffaith. Yn ystod yr 1950au roedd recordiau '45' mwy ysgafn wedi disodli'r recordiau sengl '78 rpm' trwm a bregus. Yn ystod y 1960au, dechreuodd grwpiau ddatblygu eu syniadau ar recordiau hir *LP* i greu albwm. Aeth cwmnïau ati i ddatblygu peiriannau chwarae recordiau trydan, gan ddisodli'r gramoffon oedd angen ei weindio. Yn ystod y cyfnod hwn, datblygwyd y set radio dransistor, a oedd yn ysgafn, yn rhad ac yn gallu gweithio gyda batri. Dyma oedd y ddyfais berffaith ar gyfer gwrando ar gerddoriaeth bop: gallai pobl gario'r set radio o gwmpas y cartref, i'r car, i'r gwaith neu i lawr i'r traeth.

Y cyfryngau

Yn wahanol i'r sinema, roedd y radio ymhell iawn o fod yn marw allan yn ystod yr 1950au a'r 1960au. Dangosodd ei amlochredd drwy addasu i gydfynd â'r newid yn chwaeth y gynulleidfa, a dod o hyd i gynulleidfa newydd. Cyflwynwyd sianeli radio newydd gan y BBC yn ystod yr 1950au, gan gynnwys y *Light Programme* ar gyfer rhaglenni nodwedd â mwy o adloniant a'r *Third Programme* ar gyfer deunydd mwy dwys. Serch hynny, roedd y twf ym mhoblogrwydd cerddoriaeth bop yn mynd i arwain at fwy fyth o newid. Roedd galw am orsaf arbennig ar gyfer cerddoriaeth bop. I ateb y gofyn roedd sianeli'n darlledu o Ewrop a hefyd cafwyd y gorsafoedd radio herwrol (*pirate radio stations*) a fyddai'n osgoi'r gyfraith ar amleddau radio drwy ddarlledu ar longau'n hwylio oddi ar arfordir Lloegr. Y mwyaf adnabyddus o'r rhain oedd Radio Caroline. Yn 1967, cafwyd ymateb gan y llywodraeth i alwad y gwrandawyr a rhoddwyd caniatâd i'r BBC sefydlu sianel ar gyfer cerddoriaeth bop, sef Radio 1.

Ffotograff cyhoeddusrwydd o Tony Blackburn, troellwr (DJ) cyntaf amser brecwast y BBC ar Radio 1 yn 1967

Roedd y teledu eisoes wedi ymateb i ddylanwad cerddoriaeth bop. Gwnaed Cathy McGowan yn seren gan ITV pan gyflwynodd y rhaglen *Ready Steady Go* ac, yn 1964, dyma'r BBC yn ymateb drwy sefydlu'r rhaglen hirhoedlog *Top of the Pops*, a oedd yn rhoi llwyfan i recordiau llwyddiannus a grwpiau mwyaf poblogaidd y siartiau.

Hefyd, roedd papurau a chylchgronau am gerddoriaeth – fel *Melody Maker, Sounds* a *New Musical Express* – yn dylanwadu ar bobl ifanc ac yn adlewyrchu eu chwaeth gerddorol a'u hoff ffasiynau.

Roedd Cathy yn un o gwsmeriaid cyntaf Biba. Byddai'r merched i gyd yn dynwared gwallt hir Cathy gyda'i *fringe* dros ei llygaid, a chyn hir roedd eu hwynebau bach i gyd yn drwch o baent, yn union fel eu harwres.

Barbara Hulanicki, sylfaenydd siop ffasiwn ddylanwadol yr 1960au, Biba, yn cofio dylanwad Cathy McGowan, cyflwynwraig gerddoriaeth bop, ar ferched ifanc yng nghanol yr 1960au

TASGAU

1. Defnyddiwch Ffynonellau A a B i egluro sut roedd cerddoriaeth bop yn dylanwadu ar arddegwyr.

2. Edrychwch ar Ffynhonnell CH. I ba raddau mae'r ffynhonnell hon yn cefnogi'r farn fod pobl ifanc i gyd yn creu trwbl yn yr 1960au?

3. Defnyddiwch glipiau oddi ar wefan i edrych ar 5 cân brotest enwog. Pa un ydych chi'n tybio sydd fwyaf effeithiol?

4. Darllenwch Ffynhonnell DD. Pam fyddai pobl ifanc yn dioddef amodau mor wael mewn gŵyl bop?

5. Defnyddiwch Ffynhonnell E a'ch gwybodaeth eich hun i egluro sut y gwnaeth cerddoriaeth bop ddylanwadu ar dechnoleg yn ystod yr 1950au a'r 1960au.

6. Ar ôl astudio cerddoriaeth bop a'r teledu yn y bennod hon, pa un ydych chi'n gredu oedd y ffurf fwyaf dylanwadol ar adloniant yn ystod yr 1950au a'r 1960au? Eglurwch eich ateb.

Mae'r adran hon yn cynnig arweiniad ar sut i ateb Cwestiwn 1(d) yn Unedau 1 a 2. Mae angen dehongli hanesyddol drwy gyfrwng dadansoddi, gwerthuso a chroes-gyfeirio dwy ffynhonnell.

Cwestiwn 1(d) – esbonio gwahaniaethau mewn dehongliadau

Pam mae Ffynonellau A a B yn mynegi barn wahanol am ddiwylliant ieuenctid yn ystod yr 1960au?
[Yn eich ateb, dylech gyfeirio at gynnwys y ffynonellau ac at eu hawduron.] [8 marc]

Mae'r ffynonellau hyn yn dweud pethau gwahanol am y drafferth oedd yn gysylltiedig â diwylliant ieuenctid yn yr 1960au. Maen nhw'n sôn am ddigwyddiad yn Clacton yn 1964.

FFYNHONNELL A	FFYNHONNELL B

Tudalen flaen papur newydd y Daily Mirror, Mawrth 1964

Yn y papurau newydd cafwyd mythau lu am benwythnos Clacton. Roedd y papurau'n sôn am 'gangiau' – gair llawer rhy gryf i ddisgrifio'r grwpiau bychain o ffrindiau oedd wedi dod am dro i lan y môr. Roedd y papurau'n rhoi'r argraff eu bod i gyd wedi dod o Lundain ar feiciau modur neu sgwteri, ond mewn gwirionedd nid pobl o Lundain oedd y rhan fwya' ohonyn nhw ac roedden nhw wedi teithio ar y trên neu'r bws. Hefyd pwysleisiodd y papurau y difrod a'r trais ond roedd cymaint a ddigwyddodd o'r ddau yn weddol normal ar Wyliau Banc. Roedd trigolion Clacton yn fwy dig am sŵn y beiciau'n cael eu gyrru ar ras o gwmpas y dre.

Y cymdeithasegydd S. Cohen, yn ysgrifennu mewn cyfrol am hanes y mods a'r rocyrs, Folk devils and moral panics: the creation of mods and rockers, *1972*

Cyngor ar sut i ateb

Mae angen i chi gyfeirio at gynnwys y ddwy ffynhonnell, gwneud hyn yn berthnasol i'ch gwybodaeth eich hun o'r cyfnod hwn, ac ystyried y priodoliadau. Bydd hyn yn ei gwneud yn ofynnol i chi gynnal gwerthusiad manwl o'r ddwy ffynhonnell.

● Rhaid i chi ddarllen drwy'r ddwy ffynhonnell yn ofalus, gan **danlinellu** neu **amlygu'r** manylion mwyaf pwysig. Gallwch hefyd sgriblan rhai **nodiadau ar ymyl y ddalen** o gwmpas y ffynhonnell am y modd mae'n cyfateb i'ch gwybodaeth chi am y cyfnod hwn:
  • A yw'n cadarnhau'r hyn rydych chi'n ei wybod eisoes?
  • A yw'n cyfeirio at ran o'r ateb yn unig, ac a oes rhai pwyntiau pwysig yn eisiau?
  • A yw'n cytuno ynteu'n anghytuno â'r hyn sy'n cael ei ddweud yn y ffynhonnell arall?
● Bydd hyn yn eich galluogi i **gymharu** a **chyferbynnu'r** ddwy ffynhonnell o ran gwerth eu cynnwys.
● Nawr, rhaid i chi ystyried **o ble daeth** y naill ffynhonnell a'r llall, gan nodi pwy yw'r awduron a phryd y gwnaed eu sylwadau.
  E.e. Pa un yw'r dehongliad?

- Dylech wedyn ystyried **diben** y naill ffynhonnell a'r llall, gan nodi'r **amgylchiadau** adeg eu hysgrifennu. E.e. A gafodd y ffynhonnell ei hysgrifennu gan hanesydd modern ynteu gan unigolyn cyfoes? A yw'r awdur yn arddangos tuedd ac os felly, pam?

- Er mwyn ennill y marciau llawn rhaid i chi gynhyrchu **ateb cytbwys** gyda **chefnogaeth dda** o'r ffynonellau ac o'ch gwybodaeth eich hun, ynghyd ag **ystyriaeth fanwl o briodoliad** y ffynonellau.

Ymateb ymgeisydd un

Mae Ffynhonnell A yn dod o'r 'Daily Mirror'. Mae'n dweud bod pethau gwyllt yn goresgyn glan môr a 97 wedi'u harestio. Nid yw'n hoffi diwylliant ieuenctid yr 1960au oherwydd ei fod wedi achosi trafferth ar lan y môr a difetha gwyliau pobl wedi'r amser caled y bydden nhw'n ei dreulio yn y gwaith. Mae Ffynhonnell B wedi'i sgrifennu gan S. Cohen sy'n hanesydd sy'n sgrifennu am y mods a'r rocyrs. Rhain oedd y bobol wnaeth ddechrau'r trwbwl ar lan y môr. Dywed S. Cohen fod yna gangiau a beiciau modur ond ddim cymaint ag oedd pobol yn feddwl. Mae e'n dweud bod trigolion Clacton yn fwy dig am y sŵn roedd y gyrrwyr beiciau modur yn ei wneud wrth iddyn nhw rasio o gwmpas y dre.

> Mae'n copïo neu'n aralleirio deunydd o'r ddwy ffynhonnell

> Gwybodaeth ei hun yn cael ei awgrymu ryw ychydig

> Dim ymdrech wirioneddol i ateb y cwestiwn a osodwyd

Sylwadau'r arholwrt

Ateb gwan yw hwn. Nid yw'r ymgeisydd yn gwneud ymdrech amlwg i fynd i'r afael â'r cwestiwn a osodwyd ynghylch y rheswm pam y gall fod yna wahaniaeth yn y safbwyntiau am ddiwylliant ieuenctid. Mae'r ymgeisydd yn dibynnu'n bennaf ar gopïo neu aralleirio'r ffynonellau a gyflwynwyd. Fel rheol, ateb lefel 1 fyddai hwn, ond mae yna awgrym o ddealltwriaeth ehangach, yn enwedig yn yr ail frawddeg.

Mae'r ateb yn cyrraedd lefel 2 ac yn cael 3 marc.

Ymateb ymgeisydd dau

Mae'r ffynonellau'n cyflwyno safbwyntiau gwahanol iawn ynghylch y drafferth a achoswyd gan ddiwylliant ieuenctid yn ystod yr 1960au. Yn 1964, ar ddydd Llun Gŵyl y Banc, gwelwyd cyfres o ysgarmesoedd mewn trefi glan môr rhwng dau grŵp o bobl ifanc yn eu harddegau – y 'Mods' a'r 'Rockers'.

Mae Ffynhonnell A yn dangos tudalen flaen papur newydd y 'Daily Mirror', gafodd ei gyhoeddi adeg y Pasg 1964. Mae pennawd y papur yn dweud fod 97 o bobl wedi'u harestio ac mai nhw oedd y 'pethau gwyllt' oedd yn ymddwyn fel anifeiliaid. Mae yna ffotograff o grŵp o bobl ifanc yn cael eu harestio gan aelod o'r heddlu gyda chi mawr ffyrnig yr olwg. Fe fyddwn i'n disgwyl i bapur fel y 'Daily Mirror' fod yn gywir gydag adroddiadau newyddion gwir. Byddai newyddiadurwr yn y fan a'r lle ac, yn bendant, roedd ganddyn nhw ffotograffydd i gadw cofnod o'r digwyddiad. Wedi dweud hyn, mae adroddiadau tudalen flaen papurau newydd yn aml yn anghywir ac yn gallu gorddweud pethau oherwydd bod hynny'n gwerthu mwy o bapurau i'r cyhoedd.

Mae safbwynt Ffynhonnell B yn wahanol i Ffynhonnell A.

> Mae'n ystyried y cynnwys a'r safbwynt a fynegwyd yn Ffynhonnell A

Mae'n dod o lyfr am y 'Mods' a'r 'Rockers'. Grwpiau oedd y rhain oedd i fod wrthi'n ymladd yn Clacton yn 1964. Mae Ffynhonnell B yn dweud nad oedd y drafferth yn Clacton mor wael â'r hyn gafodd ei adrodd yn y papurau newydd. Hanesydd yw'r awdur, S. Cohen, ac fe fyddai wedi cynnal gwaith ymchwil trylwyr i'r pwnc, ac mae'n debyg y byddai'r wybodaeth yn gytbwys a gwybodus. Byddai wedi cael cyfle i ymgynghori ag amryw dystiolaethau ac o ganlyniad byddai wedi cynhyrchu adroddiad cytbwys. Oherwydd i'r llyfr hwn gael ei gyhoeddi yn 1972, mae'n debyg fod yr awdur wedi cael cyfle i siarad â phobl cysylltiedig â'r digwyddiadau, sef 'Mods' a Rocyrs a phobl a oedd yn byw yn Clacton. Mae Ffynhonnell B yn adrodd stori wahanol iawn i'r hyn a geir yn Ffynhonnell A.

Mae'r ddwy ffynhonnell yn dweud pethau gwrthgyferbyniol ynghylch y drafferth a achoswyd gan ddiwylliant ieuenctid oherwydd natur y cynulleidfaoedd a oedd i ddarllen y ffynonellau. Cynhyrchwyd Ffynhonnell A er mwyn creu effaith ar gyfer y darllenwyr. Mae'n enghraifft o bapur newydd yn creu cynnwrf er mwyn gwneud i bethau ymddangos yn fwy pwysig. Mae Ffynhonnell B wedi'i hysgrifennu gan berson oedd â diddordeb yn y pwnc, mae'n amlwg, ac rwy'n credu mai dyma'r safbwynt sydd debycaf o fod yn gywir.

> Mae'n ystyried y cynnwys a'r safbwynt a fynegwyd yn Ffynhonnell B

> Mae'n cymharu'r ddau safbwynt ac yn cynnig rheswm dros y gwahaniaethau. Mae'n cynnig barn, er nad oes angen hynny mewn gwirionedd

Rhowch gynnig arni

Pam mae safbwyntiau gwahanol gan Ffynonellau C ac CH tuag at grwpiau pop yn ystod yr 1960au?

[Yn eich ateb dylech gyfeirio at gynnwys y ffynonellau ac at eu hawduron.]   [8 marc]

FFYNHONNELL C

Yn syth wedi i ni fynd drwy'r drws roedd yr awyrgylch yn drydanol. Pan ddaeth y Beatles ymlaen ffrwydrodd y lle gyda sgrechiadau merched yn gwneud y fath sŵn na fyddwn i byth wedi gallu'i ddychmygu – dim ond jyst clywed y miwsig wnaethon ni! Roedd y Beatles yn wirioneddol ddoniol a'r miwsig roedden ni'n gallu ei glywed yn ffantastig. Cyn bo hir roeddwn i'n sgrechian hefyd. Roedd Mam – a Dad yn enwedig – yn methu'n lân â gwneud synnwyr o'r peth am gryn dipyn o amser wedyn, ond fe ddaeth fy chwaer a minne allan o'r lle gyda'n clustiau'n canu, ein calonnau'n curo'n wyllt, ac mewn cynnwrf o fath nad oedden ni erioed wedi'i brofi o'r blaen.

Jean Quinn, yn cofio cyngerdd y Beatles ar y Pier yn Llandudno yn 1963. Roedd yn cael ei chyfweld yn 2009 ar gyfer project ymchwil i'r 1960au

Does dim urddas ar ôl yn y peth bellach. Ar un adeg, rown i'n falch iawn o fy OBE, ond ddim 'nawr. Rwy'n credu bod yr amser wedi dod i brotestio'n gryf yn erbyn y grwpiau pop 'ma ac rwy'n gobeithio, drwy anfon fy medal yn ei ôl y bydda i'n gallu gwneud i rywun dalu sylw.

Y Capten David Evans, yn egluro wrth newyddiadurwr pam roedd wedi dychwelyd ei
OBE yn brotest yn erbyn yr anrhydedd ar roddwyd i'r Beatles, 1965

SUT MAE ADLONIANT TORFOL YNG NGHYMRU A LLOEGR WEDI DATBLYGU'N DDIWEDDAR?

APÊL BARHAUS CERDDORIAETH BOP

Mae cerddoriaeth bop wedi para i ddylanwadu'n fawr iawn ar adloniant wedi'r 1960au. I ryw raddau, mae'r blynyddoedd ers hynny'n para'n rhy agos atom i ganiatáu i haneswyr lunio darlun eglur o'u heffaith yn llawn. Serch hynny, does dim dwywaith nad yw cerddoriaeth bop wedi cael effaith enfawr ar ffordd pobl o fyw, ar y cyfryngau ac ar dechnoleg. Yn ystod y cyfnod cafwyd nifer sylweddol o wahanol arddulliau a dyfeisiau cerddorol, llawer ohonynt wedi mynd i ebargofiant erbyn hyn, ond mae'r cyfan wedi gadael ei ôl ar ffordd pobl o fyw.

Mathau o gerddoriaeth bop – yr 1970au

Cerddoriaeth enwog yr 1970au oedd cerddoriaeth **glam-roc** gydag artistiaid fel David Bowie, Elton John, Marc Bolan a The Sweet. Roedden nhw'n gwisgo colur ar eu hwynebau a dillad ffantastig i chwarae cerddoriaeth bop drydanol a byddarol. Yr 1970au hefyd oedd cyfnod creu'r *teenybopper* – dilynwyr selog naill ai David Cassidy, Donny Osmond neu'r Bay City Rollers. Yn union fel yr 1960au, roedd y busnes cerdd yn barod i gyflenwi'r holl nwyddau angenrheidiol i'r bobl ifanc.

Roedd cael anaf yn ofnadwy, a chael fy nghario allan ar stretsier. Ond, ar wahân i hynny, roedd yn wirioneddol ffantastig. Doeddwn i 'rioed wedi gweld y Rollers ar lwyfan o'r blaen, er i mi fod yn ffan ers y cychwn. Fe fyddwn i'n barod i fynd drwy'r cyfan eto, pe bai fy rhieni'n fodlon.

Lesley Jones mewn cyfweliad i bapur newydd y Daily Mirror ar ôl cael ei hanafu yn un o gyngherddau'r Bay City Rollers ym mis Mai 1975

Tua diwedd y ddegawd, heriwyd seiniau cerddoriaeth bop yr 1970au gan ddyfodiad cerddoriaeth **pync-roc**. Roedd y grwpiau pync-roc yn gwneud ati'n fwriadol i roi sioc i bobl a gellid dadlau mai dyma oedd arddull fwyaf chwyldroadol yr ugeinfed ganrif. Roedd grwpiau fel The Clash, The Damned a'r Sex Pistols yn gyflym, yn swynllyd, ac yn haerllug – ac roedd egni'n bwysicach na gwybod sut i chwarae offeryn. Diflannodd delwedd y seren bop fel 'y bachgen drws nesa'. Fel nifer o ffasiynau eraill a gafodd eu hysbrydoli gan gerddoriaeth bop, cyfyng iawn oedd gwir ddylanwad pync-roc. I'r rhan fwyaf o'r arddegwyr roedd y ffasiynau'n bethau i'w rhyfeddu atynt, ond yn ddim byd i'w wneud â nhw. Serch hynny, cafodd ffasiwn y pync ei drin gan y cyfryngau fel symptom o'r gymdeithas ddrylliedig, yn union yr un fath â'r Mods a'r Rocyrs yn Clacton 12 mlynedd ynghynt. Cryfhau wnaeth yr adwaith hon, yn enwedig wedi i'r Sex Pistols ddefnyddio rhegfeydd ar raglen deledu fyw. Yn ddiweddarach y mis hwnnw roedd y grŵp pync yn chwarae mewn cyngerdd yng Nghaerffili, ac aeth Cristnogion lleol ati i drefnu gwylnos brotest y tu allan i'r neuadd.

Tudalen flaen papur newydd y Daily Mirror, *Rhagfyr 2il, 1976, wedi i'r Sex Pistols ymddangos ar raglen deledu* Today

FFYNHONNELL C

Roedd y cyfryngau'n genedlaethol yn mynd yn lloerig gan awgrymu mai had y Diafol oedd y Sex Pistols a bod y byd yn dod i ben. Cefais sioc o weld ffyrnigrwydd a diffyg goddefgarwch yr ymateb. Fe es i Gaerffili gan ddisgwyl gwrthdystiad bychan, ond roedd 150 a mwy yno a'r heddlu ym mhob man. Meddyliais mai ychydig iawn oedd gan y cyfan i'w wneud â'r Sex Pistols a'i fod yn ymwneud mwy â'r hyn oedd yn digwydd yn y gymdeithas ac yn y cyfryngau ym Mhrydain yr adeg honno.

Wayne Nowaczyk, newyddiadurwr i bapur lleol y Rhymney Valley Express, *mewn cyfweliad ar gyfer rhaglen ddogfen ar deledu'r BBC. Roedd wedi cael ei anfon i ysgrifennu adroddiad ar gyngerdd y Sex Pistols yng Nghaerffili ar 14 Rhagfyr 1976.*

FFYNHONNELL CH

Roeddwn i'n arwain yr emynau ac wrth edrych yn ôl 'nawr a gweld y cwpwl o bobl ifanc yn sleifio i mewn rwy'n teimlo cywilydd mawr. Rwy'n edifar dros ben pan fydda i'n edrych yn ôl ar y cyfan, achos pwy ydw i, hen gynghorydd hen ffasiwn fel fi, i ddweud wrth bobl ifanc beth ddylen nhw fod yn gwrando arno, beth ddylen nhw fod yn ei fwynhau, a sut ddylen nhw fod yn byw ac yn treulio'u hamser? Fe ddylen ni fod yn ceisio nodi'r lle a rhoi plac i'r Sex Pistols i ddathlu'r digwyddiad yng Nghaerffili, ac fe fyddwn inne'n barod i fynd i'w ddadorchuddio.

Ray Davies, cynghorydd lleol ac un o'r arweinwyr a drefnodd wrthwynebiad i'r gig ar ôl derbyn apêl gan famau gofidus. Cafodd ei gyfweld ar ei safbwyntiau gan bapur newydd y Western Mail *yn 2006*

Mathau o gerddoriaetht bop – yr 1980au a'r 1990au

Erbyn yr 1980au, roedd cerddoriaeth bop wedi troi'n fusnes enfawr. Byddai symiau anhygoel o arian yn cael eu gwario ar farchnata grwpiau fel U2 a chantorion fel Michael Jackson. Y syntheseiddydd, y peiriant drymio a'r allweddell gyfrifiadurol oedd yn cael y lle blaen mewn cerddoriaeth bop, gyda grwpiau fel Human League a Duran Duran yn dod yn boblogaidd iawn. Wrth fynd i mewn i'r 1990au, roedd grwpiau '**Britpop**' fel Oasis a Blur yn edrych yn ôl at fandiau Prydeinig yr 1960au i gael ysbrydoliaeth, ac ar flaen y gad yn symudiad *grunge* America roedd y band Nirvana. Erbyn troad y ganrif, roedd bandiau pop Cymreig wedi dod yn llwyddiannus iawn gan arwain at sôn yn y cyfryngau am '***Cool Cymru***'. Roedd y bandiau mwyaf adnabyddus yn cynnwys y Stereophonics, y Manic Street Preachers, Catatonia a'r Super Furry Animals.

FFYNHONNELL D

Mae'r albwm *Word Gets Around* yn albwm cyntaf ardderchog. Mae'n agor gyda *A Thousand Trees* sy'n caniatáu i hunanhyder Kelly Jones osod stamp ei awdurdod lleisiol ar yr albwm ar unwaith. Yn ansawdd eu sain, mae'r llais a'r gitâr yn bartneriaid llwyr, yn arw a budr. A beth am felodi bersain *Local Boy in the Photograph*? Dyma beth yw gwych!

Colin Larkin, beirniad cerddorol, yn adolygu albwm cynta'r Stereophonics yn y canllaw All time top 1000 albums

Menywod yn y byd pop

Doedd dim byd newydd ynghylch menywod yn dod yn sêr yn y byd pop. Yn ystod yr 1960au a'r 1970au roedd menywod fel Cilla Black, Dusty Springfield, Mary Hopkins a Sandie Shaw yn llwyddiannus dros ben. Tan y mudiad pync ym mlynyddoedd ola'r 1970au peth prin oedd gweld menywod yn arwain band neu'n chwarae offerynnau mewn bandiau. Grwpiau pync fel The Slits, a Siouxsie and the Banshees ddechreuodd newid y ddelwedd hon. Roedd gan lawer o artistiaid benywaidd yr 1980au a'r 1990au ddelwedd gryfach, mwy annibynnol na'u rhagflaenwyr yn yr 1960au a'r 1970au. Madonna oedd un o berfformwyr mwyaf llwyddiannus yr 1980au a chafwyd adfywiad yng ngyrfa Tina Turner, un o berfformwyr blaenllaw'r 1960au tra yng Nghymru arweiniodd y gantores a'r gyfansoddwraig Caryl Parry Jones y band poblogaidd Bando. Yn ystod yr 1990au denodd y gantores Cerys Matthews sylw'r byd at bop Cymreig a chreodd y Spice Girls ddelwedd gref gyda'u slogan '**Girl Power**'. Adeg cyflwyon'r gwobrau Brit yn 2009, roedd mwy o berfformwyr benywaidd wedi eu henwebu nag o rai gwrywaidd.

Cerddoriaeth bop ar y teledu

Roedd *Top of the Pops* yn para i ddiddanu yn ystod yr 1970au, a phobl ifanc a'u tadau yn awchu am wylio dawnswyr hardd Pan's People. Yn hwyr y nos, gallai cefnogwyr selog cerddoriaeth roc wylio 'Whispering' Bob Harris yn cyflwyno *The Old Grey Whistle Test* ar BBC2. O'r 1980au ymlaen, roedd twf teledu cebl a lloeren yn golygu bod mwy o gyfle i ddarlledu cerddoriaeth, gydag un sianel – MTV – wedi'i neillltuo'n llwyr i ddangos fideos cerddoriaeth bop. Erbyn hyn, roedd y fideo roc wedi dod yn rhan annatod o farchnata record. Byddai'r gwerthiant yn dibynnu'n aml ar ansawdd y fideo.

Yn yr 21ain ganrif un o'r newidiadau pennaf sydd wedi deillio o gerddoriaeth bop yw poblogrwydd enfawr sioeau teledu fel *Pop Stars*, *Pop Idol* a *The X Factor* – cystadlaethau canu ar gyfer egin gantorion sy'n cael eu dewis mewn clyweliadau cyhoeddus. Mae'r rhaglenni hyn yn dod yn syth o'r **sioeau talent** cynharach fel *Opportunity Knocks* a *New Faces*. Y cyfuniad o sioeau wythnosol rheolaidd, pleidlais y gwylwyr, a llawer o gyhoeddusrwydd sydd wedi denu diddordeb enfawr y gynulleidfa. Serch hynny, mae rhaglenni fel *The X Factor* wedi achosi cryn ddadlau, fel sydd i'w weld yn Ffynonellau E ac F.

FFYNHONNELL DD

Doliau Spice Girls *ar werth, rhan o ddiwydiant enfawr cerddoriaeth bop, 1997*

FFYNHONNELL E

Mae *The X Factor* wedi gwthio cerddoriaeth tuag yn ôl o gryn ddegawdau. Mae'n sioe hurt lle mae gynnoch chi feirniaid heb unrhyw dalent arbennig ar wahân i ddangos-eich-hun yn rhoi cyngor i gantorion – sut ddylen nhw wisgo a sut ddylen nhw edrych. Mae'n warthus. Gwir gartre' talent gerddorol yw'r tafarnau a'r clybiau: dyna lle mae'r gwaith gwreiddiol. Ond maen nhw'n cael eu cau lawr yn ddyddiol. Mae'r diwydiant cerddoriaeth wedi bod o bwys enfawr o safbwynt dod â biliynau o bunnoedd i mewn i'r economi. Os oes unrhyw un yn credu bod *The X Factor* yn mynd i wneud hyn, yna maen nhw'n bell iawn o'u lle.

Sting, prif leisydd The Police, *yn rhoi ei sylwadau ar* The X Factor *mewn cyfweliad i bapur newydd* The Evening Standard, *Tachwedd 2009*

FFYNHONNELL F

Mae Sting o'r farn mai 'teledu caraoci' a dim mwy na hynny yw *The X Factor*, gyda chystadleuwyr sydd heb unrhyw allu heblaw'r gallu i ddynwared sêr go iawn. Yn ogystal, dywedodd prif ganwr The Police "Gwir gartre' talent gerddorol yw'r tafarnau a'r clybiau". Wel, dyna'n union pam mae pobl fel Jamie Archer ar y rhaglen. Treuliodd flynyddoedd yn perfformio mewn tafarnau gan gyrraedd 'nunlle o gwbl. Erbyn hyn, mae'n perfformio o flaen cynulleidfa o dros 16 miliwn bob wythnos. Mae'r diwydiant cerddoriaeth wedi newid y tu hwnt i bob dychymyg ers i Sting roi'r gorau i fod yn athro er mwyn rhoi pregeth i ni gyd ar ein diffygion.

Fiona Phillips, colofnydd ym mhapur newydd y Daily Mirror, *Tachwedd 2009*

TASGAU

1. Pa mor ddefnyddiol fyddai Ffynhonnell B i hanesydd sy'n astudio cerddoriaeth pync-roc yr 1970au?

2. I ba raddau mae ffynhonnell CH yn cefnogi'r farn fod pync-roc yn fygythiad i gymdeithas?

3. Beth mae Ffynhonnell DD yn ei ddweud wrthych am y diwydiant cerddoriaeth yn ystod yr 1990au?

4. Edrychwch ar Ffynonellau E ac F. Pam mae gan y bobl hyn safbwyntiau gwahanol ynghylch sioeau fel *The X Factor*?

CERDDORIAETH A THECHNOLEG

Yn ystod y 30 mlynedd diwethaf mae dulliau gwrando wedi newid yn rhyfeddol. Yn yr 1970au, y set radio dransistor oedd yn para'n gyffredin yn y cartref ond, yn 1979, cyflwynwyd y **Walkman** gan gwmni Sony a oedd yn caniatáu i bobl wrando'n unigol ar dapiau casét drwy glustffonau. Yn ystod yr 1980au, roedd casetiau'n gwerthu mwy nag albymau finyl. Yn 1982, cyflwynwyd y **peiriant CD** am y tro cyntaf, a oedd yn defnyddio

technoleg ddigidol laser i wella ansawdd y sain. Erbyn yr 1990au roedd mwy o werthu ar gryno-ddisgiau nag ar gasetiau na recordiau. Yn ystod yr 21ain ganrif, roedd argaeledd cerddoriaeth ddigidol ar y Rhyngrwyd yn golygu mai'r hoff ddyfais wrando oedd **y peiriant MP3** a'r mwyaf adnabyddus o'r rhain oedd yr ipod. Bellach, gallai pobl wrando ar unrhyw gerddoriaeth o'u dewis eu hunain ym mhobman.

FFYNHONNELL A

Ym mis Mehefin 1979 cyflwynwyd y Walkman i'r cyhoedd. Gwawdio wnaeth y wasg. Roedd rhai yn honni na fyddai gan unrhyw un ddiddordeb mewn peiriant tâp nad oedd yn gallu recordio. Anwybyddu beirniadaeth o'r fath wnaeth y cwmni a dal ati gyda'r gwaith hyrwyddo. O fewn mis i gyflwyno'r Walkman yr oedd wedi gwerthu allan. O fewn degawd, roedd cwmni Sony wedi gwerthu 50 miliwn o unedau. Cafodd y term Walkman le yn yr iaith Saesneg hyd yn oed, fel sydd wedi'i restru yn *The Oxford English Dictionary*.

Tom Hornby, athro prifysgol, yn ysgrifennu mewn erthygl ar y Rhyngrwyd ar ddatblygiad technoleg cerdd, 2006

FFYNHONNELL B

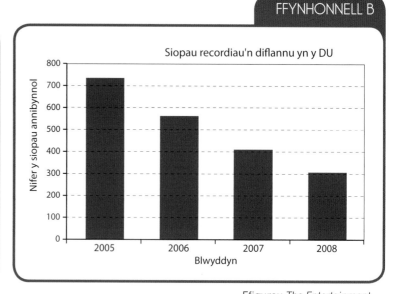

Siopau recordiau'n diflannu yn y DU

Ffigurau The Entertainment Retailer's Association

Cyngherddau pop ac achosion da

Yn ystod yr 1970au roedd cerddoriaeth bop yn dal i ymwneud â chefnogi achosion da. Er mwyn codi ymwybyddiaeth o'u hachos, cynhaliodd Roc yn erbyn Hiliaeth (*Rock against Racism*) a'r Ymgyrch dros Ddiarfogi Niwclear (*CND*) gyngherddau roc awyr agored mawr yn Llundain. Yn ystod yr 1980au, gwelwyd twf yn nifer y cyngherddau roc awyr

agored enfawr er budd elusen. Codwyd miliynau i leddfu'r newyn yn Ethiopia gan **Live Aid**, a drefnwyd gan Bob Geldof. Ers hynny, mae cannoedd o recordiau wedi'u cynhyrchu i godi arian i elusen, gan arddangos yn eglur i ba raddau roedd cerddoriaeth bop wedi tyfu'n bwysig a dylanwadol ym mhob agwedd ar fywyd.

Yn 1985 ganwyd fy mab Steven, ac roedd yn bedwar mis oed pan wyliais i'r cyngerdd. Fe wyliais i'r ffilm tra oedd fy mab yn gorwedd ar y mat babi – roedd yn iach, yn hapus, a'i rieni wrth eu bodd o'i gael, ac yn ei garu. Gwyliais y ffilm am lu o famau'n colli eu plant bob dydd. Roeddwn yn torri fy nghalon drostyn nhw. Fe wnaeth *Live Aid* fy nghyffwrdd mewn modd dwys a dwfn iawn. Doedd gennyn ni ddim llawer o arian, ond fe anfonais siec am fwy nag y gallen ni ei fforddio oherwydd bod wythnos heb fanteision yn bris bychan i'w dalu am gefnogi'r achos.

Lorraine Haining, yn hel atgofion am wylio cyngerdd Live Aid *yn 1985*

Mae cerddoriaeth bop yn anhygoel o effeithiol. Perfformwyr cerddoriaeth bop yw offeiriaid ein dydd – maen nhw'n gallu tynnu sylw at faterion moesol.

Larry Cox, cyfarwyddwyr Amnest Rhyngwladol, mewn neges yn cefnogi cyngerdd elusennol yn 2006

Rhagfyr 1984	Do They know it's Christmas	Band Aid	Newyn Ethiopia
Mehefin 1985	You'll never walk alone	Y Dorf	Trychineb stadiwm pêl-droed Bradford City
Ebrill 1989	Ferry Across the Mersey	Gerry Marsden a'i ffrindiau	Trychineb stadiwm pêl-droed Hillsborough
Medi 1997	Candle in the Wind	Elton John	Cronfa Goffa Diana, Tywysoges Cymru
Mawrth 2005	Is this the way to Amarillo?	Tony Christie a Peter Kay	Comic Relief
Gorffennaf 2006	Don't stop me now	McFly	Sport Relief
Tachwedd 2009	You Are not Alone	Buddugwyr sioe *X Factor*	Apêl Ysbyty Great Ormond Street
Chwefror 2010	Everybody Hurts	20 a mwy o artistiaid	Apêl Daeargryn Haiti

Ers yr 1950au, does dim dwywaith nad yw bywydau'r rhan fwyaf o bobl wedi teimlo effaith y twf mewn cerddoriaeth boblogaidd, boed hynny oherwydd amrywiaeth arddull, sain, cyngherddau, ffasiwn, neu dechnoleg cerdd. Does dim dwywaith chwaith bod mwy o newid i ddod.

TASGAU

1. Lluniwch linell amser ar gyfer y modd y mae dulliau gwrando wedi newid ers yr 1970au.
2. I ba raddau mae Ffynhonnell B yn cefnogi'r farn fod ffyrdd o wrando wedi newid yn ystod yr 21ain ganrif?
3. Defnyddiwch Ffynonellau C ac CH a'ch gwybodaeth eich hun i esbonio pam mae cerddoriaeth bop yn bwysig i elusennau.
4. Lluniwch restr o 5 sengl elusennol lwyddiannus. Esboniwch pam rydych chi'n credu bod y caneuon hyn wedi gwerthu mor dda.
5. 'Mae cerddoriaeth bop wedi gwneud argraff enfawr ar fyd adloniant ers yr 1980au'. I ba raddau fyddech chi'n cytuno â'r safbwynt hwn? Esboniwch eich ateb.

NEWIDIADAU O RAN GWYLIO'R TELEDU A'R SINEMA

Gwylio'r teledu

Yn ystod yr 1970au tyfodd dylanwad y teledu ar ffordd pobl o fyw a hynny i raddau enfawr, oherwydd y nifer cynyddol o raglenni oedd ar gael i'w mwynhau. Yn ystod yr 1980au a'r 1990au cafwyd mwy fyth o ddewis ar deledu. At hyn, roedd dyfodiad y peiriant recordio fideo ac, yn ddiweddarach y peiriant recordio *DVD* yn golygu nad oedd pobl yn gaeth bellach i'r amser darlledu. Daeth teledu amser brecwast a sianeli teledu newydd i fod hefyd. Yn 1982, sefydlwyd yr ail sianel fasnachol, *Channel 4*, a oedd yn anelu at ddarparu rhaglenni ar gyfer pobl leiafrifol a grwpiau â diddordebau arbennig. Roedd hefyd yn ariannu llawer o raglenni dogfen a ffilmiau newydd. Dechreuodd y trydydd rhwydwaith masnachol, *Channel 5*, yn 1997 er nad oedd derbyn y sianel hon yn bosibl ym mhob rhanbarth.

Darlledwyd yr opera sebon Brookside *am y tro cyntaf ar noson agoriadol* Channel 4, *Tachwedd 2il, 1982. Prynodd y sianel 13 o dai go iawn yn lleoliad ar gyfer ffilmio*

Mae llawer o bobl yn gwylio rhwng deg a deuddeng awr o deledu'r wythnos, weithiau dair neu bedair awr bob nos, sef mwy mewn mis nag y byddai'r mynychwyr theatr mwyaf selog yn ei wylio gynt mewn oes gyfan. Mae hyn yn cynnwys drama o bob math yn amrywio o ddramâu clasurol i gyfresi ditectif i gomedïau sefyllfa. Mae'r rhan fwyaf o bobl yn ein cymdeithas yn treulio mwy o amser yn gwylio'r teledu nag y maent yn ei dreulio, dyweder, yn bwyta.

Raymond Williams, nofelydd a beirniad, yn ysgrifennu mewn erthygl academaidd Technology and Society, *1979*

Stryd yn y Drenewydd yn 2002

Marge Simpson:	"Bart, sawl awr o deledu wyt ti'n wylio bob dydd?"
Bart Simpson:	"Chwech. Saith os bydd rhywbeth da 'mlaen."

Pennod o'r Simpsons: When Flanders failed, *1994*

Yn 1989, roedd rhwydweithiau cebl a lloeren ar gael am y tro cyntaf, yn cynnig amrywiaeth o newyddion, chwaraeon, ffilmiau, ac ail-ddarllediadau o raglenni teledu daearol poblogaidd ond, am y tro cyntaf, roedd yn rhaid i wylwyr dalu tanysgrifiad i'w gweld. Ar ôl y flwyddyn 2000, daeth sianeli cebl a lloeren yn fwyfwy poblogaidd fel sydd i'w weld yn y nifer cynyddol o ddysglau lloeren ar nifer o strydoedd maestrefol. Yn ystod 2008-2011 digwyddodd un o'r newidiadau mwyaf mewn adloniant ar deledu, pan ddaeth y signal digidol yn raddol i gymryd lle'r signal analog traddodiadol, gan roi mwy fyth o ddewis rhaglenni i wylwyr.

Yr ymgyrch dros sianel deledu Gymraeg

Cyn 1982 roedd rhaglenni teledu Cymraeg yn cael eu darlledu ar sianeli'r BBC ac ITV. Bu Cymdeithas yr Iaith Gymraeg yn ymgyrchu dros gael sianel deledu Gymraeg ar wahân; cafodd protestwyr eu carcharu am achosi difrod i orsafoedd trosglwyddo. Digon cyndyn oedd y llywodraeth, ond cafwyd newid meddwl pan gyhoeddodd Gwynfor Evans, cyn-arweinydd Plaid Cymru, ei fwriad i newynu i farwolaeth pe na bai'r Sianel yn cael ei sefydlu.

Dechreuodd S4C – Sianel Pedwar Cymru – ddarlledu yn 1982. Bu creu S4C yn hwb enfawr i'r diwydiant teledu yng Nghymru gan ariannu ffilmiau newydd a throi dinas Caerdydd yn ganolfan fyd-enwog ym maes animeiddio. Yn 1988 dechreuwyd dangos yr opera sebon *Pobol y Cwm* yn ddyddiol; ar wahân i *Coronation Street* ar sianel ITV, *Pobol y Cwm* yw'r opera sebon hynaf yn Ewrop i gael ei darlledu'n gyson.

Superted, un o lwyddiannau cynnar S4C, a welwyd am y tro cyntaf ym mis Tachwedd 1982

Effaith y teledu

Ers yr 1950au mae'r teledu wedi effeithio ryw fodd neu'i gilydd ar bron bawb yng Nghymru a Lloegr. Yn gyffredinol, mae rhai o'r effeithiau yn cael eu derbyn fel rhai positif, ond mae effeithiau eraill yn fwy dadleuol.

Cafodd y teledu effaith addysgol eang, a phobl yn derbyn llawer mwy o wybodaeth am y byd maen nhw'n byw ynddo.

Mae'r teledu'n dwyn gormod o berswâd ar bobl. Mae'n gyfrwng pwerus sy'n gallu dylanwadu heb i'r gwylwyr sylweddoli hynny.

Mae gwylio gormod o deledu'n achosi problemau canolbwyntio mewn plant, a hefyd yn amharu ar ddatblygiad iaith plant o oed cynnar.

Mae'r teledu wedi cael dylanwad drwg ar ffordd pobl o fyw. Mae'n cadw teuluoedd rhag siarad â'i gilydd ac yn gwneud pobl yn llai ffit.

Mae gormod o iaith anweddus a phethau rhywiol ar y teledu.

Mae pobl yn llawer mwy ymwybodol o'r newyddion ac mae'r teledu'n helpu i ymgyrchu dros lawer o bethau.

Gall gweld trais ar y teledu achosi i bobl gopïo'r weithred.

Atgynhyrchwyd drwy ganiatâd www.CartoonStock.com

"Please turn it down - Daddy's trying to do your homework."

Cartŵn a gyhoedddwyd mewn cylchgrawn, 1990

Gall pobl fwynhau amrywiaeth eang o adloniant heb orfod gadael eu cartrefi.

Mae hysbysebion teledu wedi gwneud i bawb eisiau mwy o nwyddau materol, yn enwedig ar adegau fel y Nadolig.

Mae'r teledu'n creu profiad cyffredin i bobl ei drafod yn y gwaith ac yn yr ysgol.

Cyn dyfodiad y teledu doedd dim un technoleg wedi toddi i mewn yn gyflymach i fywydau pobl. Dim ond 15 mlynedd gymrodd y teledu i gyrraedd miliynau o gartrefi, tra bo'r teleffôn wedi cymryd 80 mlynedd; y car 50 mlynedd; ac fe gymrodd y radio, hyd yn oed, 25 mlynedd. Yn fwy na hynny, erbyn 1983 roedd y set deledu yn cael ei chadw ymlaen am dros 5 awr bob dydd ar gyfartaledd mewn cartrefi cyffredin; ugain mlynedd yn ddiweddarach roedd hyn i fyny at 8 awr y dydd ac yn dal i gynyddu.

Gary R. Edgerton, hanesydd y cyfryngau, yn ysgrifennu mewn cyfrol hanes, The History of Television, *2007*

Dros yr hanner canrif ddiwethaf mae'r teledu wedi dod yn graidd i'n diwylliant. Yn y gorffennol byddai plant yn dysgu o dair prif ffynhonnell: rhieni, athrawon ac arweinwyr crefyddol. O genhedlaeth i genhedlaeth, dyma'r bobl fyddai'n trosglwyddo'r safonau sylfaenol ar gyfer byw ein bywydau. Mae'r tri dylanwad yn para'n bwysig ond, erbyn hyn, mae ganddynt un peth pwysig yn cystadlu yn eu herbyn: y teledu. Ac mae'r teledu'n gwarchod ei fuddiannau ei hun. Y teledu, er enghraifft, sydd wedi ein dysgu nad yw'r hen a'r tlawd yn bobl o bwys (ychydig o bobl o'r fath sydd i'w gweld ar deledu); bod llawer llai o ferched yn batrwm byw o'u cymharu â dynion; a bod bron pob person y byddech chi'n dymuno'i fod yn berson cefnog, gwyn, sy'n aml yn byw mewn cartref a fyddai'n llawer rhy ddrud i bobl gyffredin allu ei fforddio.

George Gerbner, athro astudiaethau'r cyfryngau, yn siarad ar raglen ddogfen ar y teledu, 2005

TASGAU

1. Dewiswch naill ai Ffynhonnell B neu Ffynhonnell C. I ba raddau mae'r ffynhonnell hon yn cefnogi'r farn bod pobl yn gwylio gormod o deledu?

2. I ba raddau mae Ffynhonnell CH yn cefnogi'r farn bod sianeli cebl a lloeren yn boblogaidd?

3. Esboniwch pam y cafodd S4C ei sefydlu yn 1982.

4. Defnyddiwch Ffynhonnell E a'ch gwybodaeth eich hun i egluro pa mor bwysig y bu teledu i ffordd pobl o fyw.

5. A yw awdur Ffynhonnell F yn cytuno â'r farn sy'n cael ei mynegi yn Ffynhonnell E?

6. Gweithiwch mewn grwpiau. Lluniwch fantolen i ddangos a yw dylanwad y teledu wedi bod yn ddylanwad positif ynteu negatif. Cefnogwch eich barn gyda thystiolaeth a gafwyd o'r bennod hon.

MYND I'R SINEMA

Er i'r diwydiant ffilmiau gynhyrchu pob math o luniau cyffrous, sioeau cerdd, ffantasïau a dramâu, serch hynny, dal i leihau wnaeth nifer y gynulleidfa yn ystod yr 1970au a'r 1980au. Ergyd arall oedd dyfodiad y peiriant recordio fideo yn ystod yr 1980au, a oedd yn golygu bod pobl bellach yn gallu llogi ffilmiau i'w gwylio gartref yn lle mynd i'r sinema. Cau wnaeth mwy a mwy o sinemâu. Yn 1984, roedd y gynulleidfa sinema wedi gostwng i'w lefel isaf erioed, sef 54 miliwn o ymweliadau y flwyddyn (tua 1 filiwn yr wythnos).

Serch hynny, yn ystod yr 1990au dechreuodd y diwydiant ffilmiau gynyddu ei gyfran o fyd adloniant. Roedd effeithiau arbennig a sain stereo o ansawdd uchel yn golygu bod pobl yn awyddus i weld ffilmiau fel *Jurassic Park* ac *Independence Day* ar sgrîn fawr y sinema, hyd yn oed pe bydden nhw'n eu llogi neu'n eu prynu ar fideo yn nes ymlaen. Am y tro cyntaf ers yr Ail Ryfel Byd, dechreuodd y nifer yn y gynulleidfa gynyddu. Adeiladwyd **sinemâu aml-sgrin** newydd, cyffyrddus, a chafwyd datblygiadau newydd mewn sgriniau IMAX a thechnoleg 3D. Ers 2000 mae nifer y mynediadau i'r sinema wedi cynyddu i'r fath raddau nes sefydlogi ar lefel o dros 150 miliwn y flwyddyn. Mae'n annhebyg y bydd lefelau uchel iawn yn cael eu cyrraedd fyth eto oherwydd bod y sinema'n dal i orfod cystadlu gyda'r profiad o wylio gartref.

FFYNHONNELL A

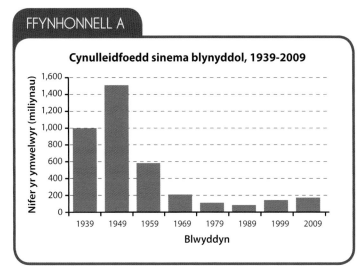

Cynulleidfoedd sinema blynyddol, 1939-2009

Ffigurau swyddogol y Cinema Exhibitors' Association

FFYNHONNELL B

Amrywiaeth o ffilmiau ar gael i'r gynulleidfa mewn sinema aml-sgrin, 2011

Radio

Yn ystod degawdau olaf yr ugeinfed ganrif, roedd adloniant poblogaidd iawn y blynyddoedd rhwng y ddau ryfel byd yn dal i gael ei addasu ar gyfer cynulleidfaoedd newydd. O 1973 ymlaen, cafodd gorsafoedd radio masnachol lleol eu caniatau. Yn ystod yr 20 mlynedd nesaf sefydlwyd sawl gorsaf leol, gan greu cystadleuaeth i sianeli radio'r BBC. Mae holl amlochredd y radio wedi galluogi'r cyfrwng i bara'n rhan hanfodol o fywyd llawer o bobl yng Nghymru a Lloegr, er na fydd byth yn adennill y dylanwad a fu ym mlynyddoedd cynnar yr ugeinfed ganrif.

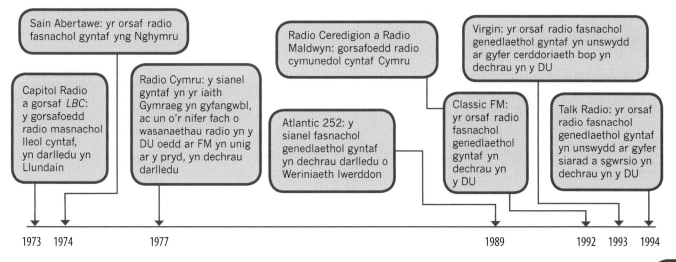

Dyddiadau hanesyddol i'r radio yn ystod yr ugeinfed ganrif

Mae bron i 90% o boblogaeth gwledydd Prydain yn gwrando ar y radio yn rheolaidd yn ôl ffigurau diweddaraf y diwydiant. Mae'r ffigurau hyn yn dangos bod 46 miliwn o oedolion wedi gwrando ar eu hoff orsaf radio bob wythnos yn ystod chwarter olaf 2009. Ar yr un pryd, mae gwrando ar y radio drwy gyfrwng ffôn symudol yn arfer sy'n dal i dyfu'n raddol. Mae'r gwaith ymchwil yn dangos bod 6.7 miliwn o wrandawyr wedi tiwnio i'r radio yn y modd hwn yn ystod tri mis olaf 2009 – cynnydd o hanner miliwn o'i gymharu â'r un cyfnod y llynedd.

O adroddiad gan reolydd y llywodraeth, OFCOM, 2010

DATBLYGIADAU MEWN TECHNOLEG ADLONIANT

Ar ddiwedd yr 1970au daeth gemau fideo fel *Pong* a *Space Invaders* yn boblogaidd dros ben. Roedden nhw'n rhagflaenwyr i'r gemau fideo modern ac yn fodd i'r diwydiant adloniant newydd ehangu'n enfawr.

Yn ystod yr 1990au dechreuodd yr amrywiaeth o adloniant a oedd yn cael ei gynnig drwy gyfrwng **cyfrifiaduron cartref** herio lle blaenllaw'r teledu fel y dull adloniant modern mwyaf poblogaidd. Roedd gemau soffistigedig, gwybodaeth, newyddion, cerddoriaeth a ffilm i gyd ar gael ar CD-ROM, DVD, neu'n gynyddol ar y Rhyngrwyd. Tua diwedd degawd gyntaf yr unfed ganrif ar hugain cafwyd cynnydd yn y consolau fideo cartref fel *Play Station*, *Xbox* a *Wii* a oedd yn difyrru cenedlaethau newydd o bobl.

Sgrîn Space Invaders *a lansiwyd ar ddiwedd yr 1970au*

Roedd y teledu'n dod yn hygyrch i fwy a mwy o bobl drwy gyfrwng y Rhyngrwyd ac roedd ffonau symudol amlgymhwysiad yn dod yn fwy cyffredin hefyd. Roedd twf hefyd, yn enwedig ymysg pobl ifanc, mewn safleoedd **rhwydweithio cymdeithasol,** ystafelloedd sgwrsio (*chat rooms*) a safleoedd gemau ar y we.

Atgynhyrchwyd drwy ganiatâd www.CartoonStock.com

Cartŵn a argraffwyd mewn cylchgrawn, 2007

Dwi'n cadw i fyny efo'r hyn mae'r plant yn ei wneud ar *Facebook*. Dwi'n rhyfeddu at y nifer o weithiau maen nhw'n cael eu tagio mewn albwm lluniau. Mae cofnod o holl hanes eu glasoed mewn ffotograffau ar y safle. Nid eu bod nhw eisio i mi weld bob amser!

Steve Rayson, ymgynghorydd TG, mewn pleidlais ar-lein ar gyfer The Learning Tools Compendium, *2008*

Dydy'r Rhyngrwyd ddim bob amser wedi cael sylw cadarnhaol yn y wasg. Yn y dyddiau gynt roedd rhywun yn cael yr argraff mai pobl drist, heb un ffrind, oedd yn syrffio'r We, ac y byddai'n well pe bai nhw'n troi at rywbeth arall a byw bywyd llawn. Allai dim byd fod ymhellach oddi wrth y gwir. Mae gan y Rhyngrwyd rywbeth i'w gynnig i bawb, waeth beth fo'u hoed, rhyw, addysg neu ddiddordebau. A'r newyddion da yw ei fod nid yn unig yn tyfu'n fwy ac yn well drwy'r adeg, ond yn rhatach ac yn haws i'w ddefnyddio. Fu 'na ddim amser gwell i ddechrau cymryd rhan yn y chwyldro cyfathrebu mwyaf a gafwyd ers dyfodiad y teledu.

Terry Burrows, awdur canllawiau hunangymorth, yn ysgrifennu yn y gyfrol The Internet Made Painless, *2001*

TASGAU

1. Esboniwch pam y dechreuodd nifer y bobl oedd yn mynd i'r sinema gynyddu eto erbyn yr 1990au.

2. Edrychwch ar Ffynhonnell A. Pa mor ddefnyddiol yw'r ffynhonnell hon i hanesydd sy'n astudio hanes y sinema?

3. Beth mae Ffynhonnell B yn ei ddangos i chi am sinemâu yn yr unfed ganrif ar hugain?

4. Disgrifiwch y prif ddatblygiadau ym myd y radio ers yr 1970au.

5. A fyddai awdur Ffynhonnell DD yn cytuno â'r farn ynghylch y Rhyngrwyd sy'n cael ei mynegi yn Ffynhonnell E?

6. Trafodwch y farn ganlynol: 'Y dylanwad pwysicaf ym myd adloniant ers yr 1970au yw datblygiad y Rhyngrwyd'.

Mae'r adran hon yn cynnig arweiniad ar sut i ateb Cwestiynau 2(b) a 3(b) yn Unedau 1 a 2. Mae'r cwestiwn yn werth 5 marc.

Cwestiynau 2(b) a 3(b) – deall nodweddion allweddol drwy ddewis gwybodaeth berthnasol

Disgrifiwch sut mae cerddoriaeth bop wedi helpu i godi arian tuag at elusen. [5 marc]

Cyngor ar sut i ateb

- Gwnewch yn siŵr nad ydych yn cynnwys unrhyw wybodaeth heblaw'r hyn sy'n **uniongyrchol berthnasol**.
- Gwnewch nodiadau yn mynegi eich syniadau cyntaf, gan lunio rhestr o'r pwyntiau rydych yn bwriadu cyfeirio atyn nhw.
- Ar ôl gorffen eich rhestr, ceisiwch osod y pwyntiau **mewn trefn gronolegol** drwy eu rhifo.
- Syniad da yw dechrau eich ateb drwy ddefnyddio geiriau o'r cwestiwn. e.e. 'Mae cerddoriaeth bop wedi helpu i godi llawer o arian tuag at elusen…'
- Gwnewch eich gorau i gynnwys **manylion ffeithiol penodol** fel dyddiadau, digwyddiadau, ac enwau pobl allweddol. Po fwyaf o wybodaeth fydd yn eich disgrifiad, y mwyaf o farciau gewch chi.
- Anelwch at ysgrifennu o leiaf **ddau baragraff** cyflawn.

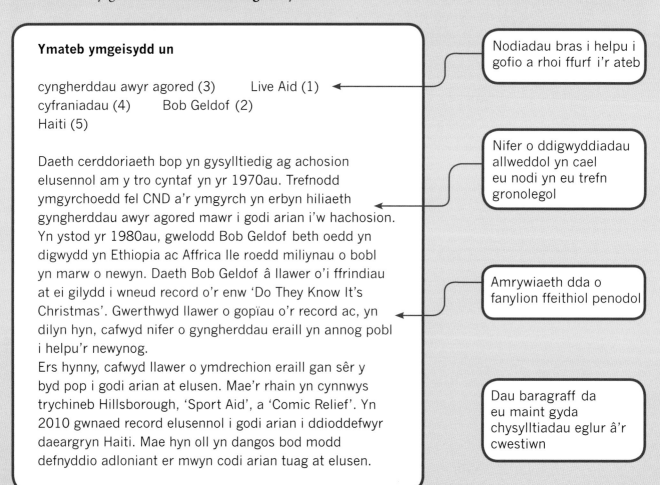

Ymateb ymgeisydd un

cyngherddau awyr agored (3)   Live Aid (1)
cyfraniadau (4)   Bob Geldof (2)
Haiti (5)

Daeth cerddoriaeth bop yn gysylltiedig ag achosion elusennol am y tro cyntaf yn yr 1970au. Trefnodd ymgyrchoedd fel CND a'r ymgyrch yn erbyn hiliaeth gyngherddau awyr agored mawr i godi arian i'w hachosion. Yn ystod yr 1980au, gwelodd Bob Geldof beth oedd yn digwydd yn Ethiopia ac Affrica lle roedd miliynau o bobl yn marw o newyn. Daeth Bob Geldof â llawer o'i ffrindiau at ei gilydd i wneud record o'r enw 'Do They Know It's Christmas'. Gwerthwyd llawer o gopïau o'r record ac, yn dilyn hyn, cafwyd nifer o gyngherddau eraill yn annog pobl i helpu'r newynog.

Ers hynny, cafwyd llawer o ymdrechion eraill gan sêr y byd pop i godi arian at elusen. Mae'r rhain yn cynnwys trychineb Hillsborough, 'Sport Aid', a 'Comic Relief'. Yn 2010 gwnaed record elusennol i godi arian i ddioddefwyr daeargryn Haiti. Mae hyn oll yn dangos bod modd defnyddio adloniant er mwyn codi arian tuag at elusen.

Nodiadau bras i helpu i gofio a rhoi ffurf i'r ateb

Nifer o ddigwyddiadau allweddol yn cael eu nodi yn eu trefn gronolegol

Amrywiaeth dda o fanylion ffeithiol penodol

Dau baragraff da eu maint gyda chysylltiadau eglur â'r cwestiwn

Mae'r ateb hwn yn ddefnyddiol iawn. Mae'n cynnwys gwybodaeth berthnasol sy'n canolbwyntio ar y cwestiwn a osodwyd. Ceir manylion ffeithiol penodol, gan gynnwys dyddiadau, digwyddiadau ac enwau ymgyrchoedd elusennol penodol oedd yn gysylltiedig â cherddoriaeth bop.
Mae'r ateb yn cyrraedd y lefel uchaf ac yn haeddu marciau llawn (5).

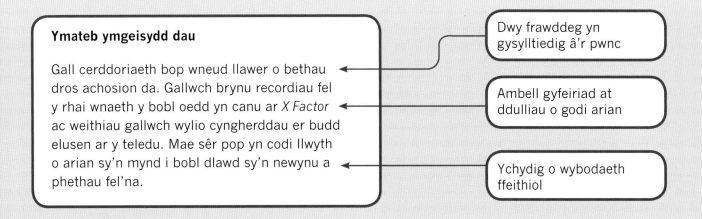

Ymateb ymgeisydd dau

Gall cerddoriaeth bop wneud llawer o bethau dros achosion da. Gallwch brynu recordiau fel y rhai wnaeth y bobl oedd yn canu ar *X Factor* ac weithiau gallwch wylio cyngherddau er budd elusen ar y teledu. Mae sêr pop yn codi llwyth o arian sy'n mynd i bobl dlawd sy'n newynu a phethau fel'na.

Dwy frawddeg yn gysylltiedig â'r pwnc

Ambell gyfeiriad at ddulliau o godi arian

Ychydig o wybodaeth ffeithiol

Sylwadau'r arholwr

Mae'r ateb hwn yn arddangos peth gwybodaeth o'r ffordd y gall cerddoriaeth bop godi arian at elusen. Mae'n ceisio ateb y cwestiwn ac yn haeddu cydnabyddiaeth am hyn. Serch hynny, mae'n eithaf byr ac yn ddiffygiol o ran gwybodaeth benodol am y pwnc megis pobl allweddol, digwyddiadau, achosion elusennol a'r swm o arian a godwyd.

Dim ond ychydig o ffeithiau perthnasol a geir yma, ac mae'r ateb yn cael ei osod ar y lefel isaf gan ennill 2 farc.

Rhowch gynnig arni

Disgrifiwch ddatblygiad S4C yng Nghymru.   [5 marc]

PA GYFLEOEDD OEDD I BOBL GAEL GWYLIAU YN HANNER CYNTAF YR UGEINFED GANRIF?

CYRCHFANNAU GWYLIAU TRADDODIADOL

Tua 1900 dim ond dechrau datblygu oedd y syniad o fwynhau 'gwyliau' fel y byddwn ni'n meddwl am wyliau. Yn ystod ail hanner y 19eg ganrif, roedd twf y rhwydwaith rheilffyrdd wedi cysylltu glan môr â'r prif ganolfannau dinesig, a'r trefi glan môr wedi dechrau datblygu i gwrdd â gofynion grŵp newydd o bobl – y **twrist**.

Cyrchfannau glan môr traddodiadol

Erbyn 1900, roedd y sefydliad poblogaidd hwnnw ar ynysoedd Prydain, y gwyliau teuluol, yn dechrau datblygu. Roedd **Deddf Gwyliau Banc 1871** wedi rhoi chwe diwrnod o wyliau ychwanegol bob blwyddyn i holl weithwyr y wlad, ac roedd y gwyliau hyn yn aml yn cael eu treulio ar ymweliadau â glan y môr. Dewis cyflogwyr oedd talu am wyliau blynyddol ai peidio ond, erbyn troad y ganrif, roedd talu i weithwyr adeg gwyliau'n

dod yn arfer mwy cyffredin. Er enghraifft, yn 1897 perswadiwyd y cwmnïau rheilffordd gan Gymdeithas Unedig y Gwasanaethyddion Rheilffordd (*Amalgamated Society of Railway Servants*) i roi cyflog am wythnos o wyliau i'w gweithwyr ar ôl gwasanaeth o 5 mlynedd.

Er mwyn darparu ar gyfer anghenion twristiaid, roedd y **cyrchfan glan môr** wedi tyfu yn ystod y bedwaredd ganrif ar bymtheg. Roedd y trefi hyn i gyd o fewn cyrraedd rhwydd i'r trefi a'r dinasoedd diwydiannol mawr, llai na diwrnod o daith i ffwrdd. Byddai trefi glan môr fel Llandudno, Margate neu Southport yn ymdrechu i ddenu cwsmeriaid mwy cefnog o'r dosbarth proffesiynol, tra bo trefi fel Southend neu Blackpool yn anelu at y llai cefnog. Byddai'r teuluoedd mwy cyfoethog yn aros mewn gwestai mawr gydag enwau fel y *Grand*, yr *Imperial* neu'r *Regent*. **Llety** yn cynnig 'ystafelloedd a gwasanaeth' oedd gan y bobl eraill ar eu gwyliau: fe fydden nhw'n dod â'u bwyd eu hunain a'r lletywraig yn coginio ar eu cyfer.

Gwesty'r Strand yn Brighton, tua 1900

Canolbwynt bywyd gwyliau yn y trefi glan môr hyn oedd y traeth. Roedd gweithgareddau poblogaidd yn cynnwys:

- Padlo a nofio;
- Mynd ar gefn asyn;
- Sioeau Pwnsh a Jiwdi;
- Cerdded ar y pier;
- Hamddena ar y promenâd.

Trefi sba, a chyrchfannau mewndirol

Yng Nghymru byddai llawer o bobl gefnog yn ymweld â'r **trefi sba** yng nghanolbarth Cymru: Llandrindod, Llanfair-ym-Muallt, Llanwrtyd, a Llangamarch. Fe fydden nhw hefyd yn ymweld â mynyddoedd Gogledd Cymru, gan gynnwys Eryri, lle roedd Trên Bach yr Wyddfa wedi'i agor yn 1896.

Twristiaid yn mwynhau sioe Pwnsh a Jiwdi ar bromenâd Y Rhyl yn 1910

Ar ôl 1880 adeiladwyd gwestai, fflatiau, canolfannau newydd ar gyfer triniaeth sba, dau bafiliwn, cwrs golff, lleiniau bowlio a phytio, a llyn cychod 14 erw o faint, i gyd er mwyn darparu ar gyfer cynifer ag 80,000 o ymwelwyr y flwyddyn. Byddai'r ymwelwyr hyn – pobl gefnog gan fwya' – yn cyrraedd o bob cwr o'r wlad, gan ddod â'u gosgordd o'u gweision eu hunain a fyddai'n chwyddo'r niferoedd fwy fyth yn y dref. Bob wythnos, byddai rhestr o enwau'r rhai oedd ar ymweliad â Llandrindod yn ymddangos yn y papurau lleol, gan adlewyrchu nid yn unig bwysigrwydd cael bod yno, ond hefyd yr angen am gael eich gweld yno. Drwy gydol blynyddoedd cynnar yr 20fed ganrif, dal i dyfu wnaeth y dref, gyda'r rheilffordd ar un adeg yn trefnu trenau i deithio'n syth i ddinasoedd mor bell oddi wrth ei gilydd â Llundain, Birmingham, Manceinion a Lerpwl.

O ganllaw twristiaid i dref Llandrindod, Powys, 2008

Gwibdeithiau dydd

Doedd gan y werin bobl mo'r amser na'r arian i gymryd gwyliau hir, ond byddai'r capeli neu'r clybiau yn trefnu gwibdeithiau dydd naill ai mewn **siarabáng** neu ar y trên. I weithwyr De Cymru, roedd tripiau i Ynys y Barri, Porthcawl neu ar stemar dros y dŵr i Wlad yr Haf yn boblogaidd. Yng Ngogledd Cymru, byddai'r Rhyl neu Brestatyn yn ateb yr un diben. Pe bai trip i lan y môr yn rhy ddrud neu'n rhy anodd i'w drefnu, yna byddai ymweld â llecyn lleol hardd, neu dreulio diwrnod yn casglu llus ar ochr mynydd yn hoe i'w groesawu oddi wrth lafur caled bywyd bob dydd.

Roedden ni'n ffodus yn blant bod ein tad yn gweithio i gwmni rheilffordd y *Great Western*, felly roedd gennyn ni docynnau arbennig i deithio. Fydden ni ddim wedi gallu fforddio mynd fel arall. Felly bydden ni'n mynd ar wyliau i Burnham on Sea, Porthcawl, Ilfracombe, Penzance, Weston super Mare a'r Barri. Fe fydden ni'n chwarae ar y traeth, yn nofio ac yn gwylio sioeau Pwnsh a Jiwdi. Ac roedd 'na **Pierrots** hefyd, yn perfformio ar y traeth.

Florence Amor, a gafodd ei geni yn 1897, yn cofio gwyliau'r teulu yn ystod y blynyddoedd cyn y Rhyfel Byd Cyntaf

Gwyliau ar gyfer pobl gefnog

Ers tro byd, roedd un dosbarth o bobl wedi mwynhau'r profiad o gymryd gwyliau. Byddai'r cyfoethogion yn teithio cryn dipyn, yn ymweld â threfi glan môr fel Hove a Torquay ar arfordir de Lloegr lle byddai'n costio tua £25 i logi tŷ gwyliau am wythnos.

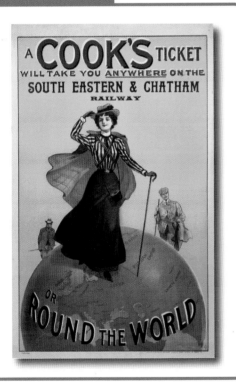

Hysbyseb wedi ei anelu at ddenu twristiaid, 1910

Bellach, mae'r rheilffordd yn rhedeg yr holl ffordd o Genefa hyd at droed Mynydd Simplon, taith hawdd o tua wyth awr. Yna, hyd lannau'r llyn o Lausanne i Villeneuve, mae teras di-dor bron o westai fel palasau, y naill yn fwy gwych na'r llall, gyda therasau a gerddi, a fynhonnau yn tincial a bandiau'n chwarae cerddoriaeth, a'r fath fflatiau cyhoeddus ysblennydd, a gwleddau rhagorol. Yn ystod y blynyddoedd diweddar hyn bu rhuthro cwbl wallgo ar ran yr holl fyd twristaidd i'r rhannau hyn o'r Swistir.

Fanny Kemble, actores ac awdures Seisnig, yn ysgrifennu mewn llythyr at aelod o'i theulu yn 1889

Roedd gwasanaeth rheilffordd ardderchog ar hyd a lled Ewrop, ac roedd mannau ar y cyfandir fel Monte Carlo, Fenis a'r Swistir yn boblogaidd iawn gyda'r ymwelwyr cefnog. Roedd **taith o gwmpas Ewrop** yn cael ei hystyried yn brofiad hanfodol i bobl ifanc gyfoethog ar ôl gorffen eu haddysg.

1. Esboniwch pam roedd trefi glan môr yn llefydd poblogaidd i ymweld â nhw ym mlynyddoedd cynnar yr ugeinfed ganrif.

2. Pa mor ddefnyddiol yw Ffynhonnell B i hanesydd sy'n astudio gwyliau yn ystod blynyddoedd cynnar yr ugeinfed ganrif?

3. Defnyddiwch Ffynhonnell C a'ch gwybodaeth eich hun i egluro twf y trefi sba yng Nghanolbarth Cymru.

4. I ba raddau mae Ffynhonnell D yn cefnogi'r farn mai dim ond y bobl fwyaf cefnog fyddai'n gallu mwynhau teithio dramor?

DATBLYGIADAU NEWYDD O RAN PATRYMAU GWYLIAU YN YR 1920au A'R 1930au

Yng Nghymru a Lloegr, gwelwyd cryn newid mewn patrymau gwyliau yn ystod y blynyddoedd wedi'r Rhyfel Byd Cyntaf. Wrth i'r economi ddioddef yng ngwledydd Prydain yn yr 1920au a blynyddoedd cynnar yr 1930au, daeth pobl i ystyried fwyfwy bod seibiant a gwyliau yn rhan hanfodol o'u ffordd o fyw, yn bwysig ar gyfer iechyd a hapusrwydd. Yn yr Almaen, roedd llywodraeth y Natsïaid yn hybu symudiad 'Cryfder drwy Lawenydd' a oedd yn annog Almaenwyr i wneud gwell defnydd o'u hamser hamdden. Yn raddol, trosglwyddwyd yr un agwedd i ynysoedd Prydain, gyda glan môr yn para'n brif atyniad. Ar ddydd Llun Gŵyl y Banc ym mis Awst, 1937, ymwelodd dros 500,000 o bobl â Blackpool mewn trenau, bysiau a cheir.

Amser i ffwrdd a chyflog gwyliau

Er gwaethaf effaith blynyddoedd y Dirwasgiad, roedd mwy a mwy o bobl yn darganfod eu bod yn gallu fforddio cymryd seibiant. Yn ystod y blynyddoedd rhwng 1919 ac 1922, roedd gwyliau gyda chyflog wedi ei gyflwyno ar gyfer llawer o weithwyr. Erbyn 1929, roedd tri miliwn o weithwyr yn derbyn cyflog gwyliau am o leiaf wythnos. Yn 1938, pasiodd y llywodraeth ddeddf a oedd yn rhoi gwyliau gyda chyflog am y tro cyntaf i bob gweithiwr. Mae'r ffigurau'n awgrymu bod dros 5 miliwn o bobl wedi mwynhau wythnos o wyliau yn ystod 1939. Yn Ne Cymru, aeth llawer o weithwyr a'u teuluoedd ar ymweliad i drefi glan môr Y Barri a Phorthcawl yn ystod '**Wythnos y Glowyr**'. Yng ngogledd Lloegr, gwelwyd mudo tebyg tua glan môr gan weithwyr trefi'r melinau mawr yn ystod wythnos eu gwyliau hwythau (**Wakes Week**).

Y siarabáng a'r car preifat

Yn y cyfnod rhwng y ddau ryfel byd, bu'r datblygiad mewn cludiant ar y ffordd fawr yn hwb sylweddol i'r diwydiant gwyliau. Gyda'r datblygiad hwn, daeth yn bosibl i dwristiaid ymweld â chyrchfannau newydd a rhoi cynnig ar fathau newydd o wyliau. Trenau oedd y ffordd fwyaf cyffredin o deithio o hyd, ond roedd yn well gan lawer o bobl gerbydau a hyd yn oed geir modur. Byddai trip ar y siarabáng yn caniatáu i'r teithwyr ymweld ag ardaloedd mwy anghysbell fel Penrhyn Llŷn a Sir Benfro, mannau oedd heb wasanaeth trên cyflawn. Yn ystod yr 1930au roedd mwy o bobl yn gallu cynilo arian i brynu car a pheth cyffredin oedd eu defnyddio ar gyfer tripiau a gwyliau. Er bod tua 2 filiwn o geir ar y ffordd fawr yn 1939 rhaid cofio bod saith allan o bob wyth o deuluoedd yn dal heb fod yn berchen car. Roedd tua hanner miliwn o feiciau modur ar gael hefyd, llawer ohonyn nhw â seicar i gludo partner neu deulu bychan.

Twristiaid yn cyrraedd gorsaf Blackpool ar ddydd Llun Gŵyl y Banc ym mis Awst, 1937

Daeth Deddf Gwyliau gyda Chyflog (1938) ag ymgyrch i ben a oedd wedi para am ugain mlynedd, sef yr ymgyrch dros gael amser hamdden gyda chyflog. Roedd y Ddeddf yn caniatáu wythnos o wyliau gyda chyflog bob blwyddyn i bob gweithiwr amser llawn. Roedd y Ddeddf yn nodi adeg bwysig yn hanes gwledydd Prydain. Bu'r ymgyrch dros gael gwyliau gyda chyflog yn gymorth i greu marchnad ar gyfer twristiaeth ac adloniant torfol.

Sandra Dawson, athrawes brifysgol, yn ysgrifennu mewn erthygl ar-lein, The Campaign for Holidays with pay, 2007

Byddai'r clwb lleol yn trefnu gwibdaith dydd mewn siarabáng i Benarth neu Borthcawl. Roeddwn i mor ifanc ar y pryd wnes i ddim sylweddoli pam roedd y bws yn stopio mor aml a'r dynion i gyd yn mynd allan.

John Prior, o'r Porth yn Ne Cymru, yn cofio mynd ar wibdaith dydd yn yr 1930au

Newidiadau i'r trefi glan môr

Roedd atyniadau glan môr blynyddoedd cynnar y ganrif yn dal yn atyniadau pwysig, ond cafwyd rhai datblygiadau i ychwanegu at apêl y gwyliau teuluol. Byddai'r rhan fwyaf o bobl yn dal i aros mewn lletyau neu mewn gwestai bychain ar eu gwyliau. Erbyn hynny roedd rhain yn dechrau cynnig llety a phob pryd bwyd (*full board*) neu hyd yn oed y '**gwely a brecwast**' newydd. Byddai gwraig y llety yn aml yn llym iawn gyda'i threfniadau, ac yn destun hwyl i gomedïwyr mewn sioeau ar y pier.

FFYNHONNELL CH

Aethon ni i Paignton yn Swydd Dyfnaint a gorfod eistedd ar y traeth yn yr oerfel yn gwisgo'n cotiau mawr. Allen ni ddim mynd nôl i'n llety tan amser swper.

Ron Saunders yn disgrifio gwyliau'r teulu yn 1936 ar raglen deledu'r BBC The Tourist, *1984*

FFYNHONNELL D

Cyrhaeddodd dyn ei lety a chwrdd â'r lletywraig.
'Allwch chi ganu?' medde hi'n swrth.
'Na,' atebodd.
'Wel, gwell i chi ddysgu'n reit gyflym. Does dim clo ar ddrws y stafell molchi.'

Lletywraig: Mae'r stafell yn driswllt y noson – deuswllt os gwnewch chi'ch gwely eich hun.
Dyn: Fe wna'i wneud fy ngwely fy hun.
Lletywraig: Af i 'nôl morthwyl a hoelion.

Ambell jôc boblogaidd o sioeau fyddai'n cael eu perfformio ym mhen draw'r pier yn yr 1930au, yn gwneud hwyl am ben lletywragedd

Roedd adloniant traddodiadol glan môr – y pier, padlo, sioeau Pwnsh a Jiwdi, cerdded ar y prom – yn dal yn boblogaidd. Byddai rhai trefi glan môr yn ceisio denu twristiaid gydag atyniadau newydd fel rinc sglefrio neu bwll nofio awyr agored, neu'r lido fel y byddai'r pwll yn cael ei alw weithiau. Agorwyd y pwll nofio awyr agored mawr cyntaf yn Blackpool yn 1923, ac fe gostiodd £100,000. Cyn bo hir, roedd yn rhaid i'r trefi glan môr i gyd gael un. Roedd amrywiaeth o bethau'n digwydd yn y pwll nofio, fel dosbarth iechyd a ffitrwydd, cystadleuaeth harddwch, a charnifal dŵr. Yn y Barri, adeiladwyd cyfadeilad y *Cold Knap* a chafwyd gwelliannau yn nhrefi glan môr Porthcawl, Y Rhyl a Llandudno. Roedd y 'diwydiant twristiaeth' yn tyfu, gyda'i holl siopau pysgod a sglodion, ffeiriau, neuaddau dawns, a siopau swfenîr.

FFYNHONNELL DD

Y lido yng Nglyn Ebwy yn yr 1930au

FFYNHONNELL E

ABERYSTWYTH GWR
Illustrated Guide free from Bureau Manager, 'Sea Lure', Aberystwyth

Hysbyseb ar gyfer trip i lan y môr ar y trên yn yr 1930au

Yn groes i'r cyngor sy'n cael ei roi i ni heddiw, roedd mynd mawr ar orwedd yn yr haul i gael lliw. Dechreuodd siopau fferyllwyr werthu hufen ac eli haul. Daeth gwisgo capiau nofio rwber yn ffasiynol hefyd. Roedd gwisg nofio'n dal i fod yn undarn, ond yn dechrau dangos breichiau a choesau erbyn hyn!

Heicio, seiclo a gwersylla

Yn ystod yr 1930au daeth yn arfer i bobl gymryd gwyliau yng nghefn gwlad drwy fynd ar deithiau cerdded, neu seiclo. Ffurfiwyd clybiau cerdded a seiclo ar hyd a lled y wlad. Sefydlwyd **Cymdeithas yr Hostelau Ieuenctid** (*YHA*) yn 1930 er mwyn darparu ar gyfer anghenion y twristiaid hyn. Adeiladwyd hosteli gan y gymdeithas er mwyn darparu lletty rhad a glân ac gyfer cerddwyr, seiclwyr a phobl eraill oedd am ymweld â chefn gwlad. Erbyn 1939 roedd dros 300 o hosteli, pob un yn codi o gwmpas swllt (tua 5c) y noson.

Tyfodd gwersylla'n fwy poblogaidd hefyd. Byddai llawer o bobl ifanc yn gwneud eu pebyll eu hunain allan o sachau ac yn gwersylla ar fynyddoedd gerllaw, neu ar lan nant. Datblygiad gwyliau newydd arall oedd aros mewn hen gerbydau trên. Ar ôl gwaith adnewyddu i'w paratoi, byddai'r rhain yn cael eu gosod fel cerbydau gwyliau mewn gorsafoedd trên naill ai yng nghefn gwlad neu wrth ymyl y môr. Byddai'n costio tua £4 yr wythnos i'w llogi.

Cytgan y gân The Manchester Rambler – *cân boblogaidd a ysgrifennwyd gan Ewan McColl yn 1934*

Gwersylloedd Gwyliau

Oherwydd yr elw mawr oedd i'w wneud allan o dwristiaeth datblygodd cwmnïau'n arbenigo mewn gwyliau ar gyfer y fasnach dorfol. Yn ystod blynyddoedd olaf yr 1930au arweiniodd hyn at dwf y **gwersyll gwyliau**. Doedd y gwersyll gwyliau ddim yn syniad newydd, ond gosodwyd y syniad ar lefel newydd gan ddyn busnes o'r enw Billy Butlin. Ei ysbrydoliaeth oedd penwythnos gwlyb yn Y Barri, pan welodd deuluoedd yn cael eu cadw o'u lletty yn ystod y dydd. Agorodd ei wersyll gwyliau cyntaf yn 1936 yn Skegness, ar arfordir Swydd Lincoln, yn costio cyn lleied â £2 10d (£2.50) yr un am wythnos, gan gynnwys pob pryd bwyd, gweithgareddau ac adloniant. Arwyddair Butlin's oedd 'Wythnos o wyliau am gyflog wythnos'. Roedd y gwersylloedd hyn yn boblogaidd iawn gyda theuluoedd, oherwydd roedd mwy o ryddid i'w gael nag mewn gwesty neu lety gwely a brecwast. Byddai swyddogion Cotiau Coch (*Redcoats*) Butlin's yn trefnu gemau a

chystadlaethau fel dangos pen¹gliniau (*knobbly knees*), neiniau hudol (*glamorous grannies*), a sioeau talent. Erbyn 1939 roedd bron 200 o wersylloedd gwyliau yng Nghymru a Lloegr, ac roedd dros 500,000 o bobl wedi mwynhau gwyliau mewn gwersyll. Serch hynny, roedd awr fawr y gwersylloedd gwyliau i ddod ar ôl yr Ail Ryfel Byd.

FFYNHONNELL FF

Cystadleuaeth dangos pengliniau mewn gwersyll gwyliau yn yr 1940au

Menyw yn disgrifio mynd i wersyll gwyliau am y tro cyntaf ddiwedd yr 1930au. Roedd hi'n siarad yn 1983

Mae'n bwysig cofio, er bod gwyliau a chymryd seibiant o'r gwaith yn dechrau dod yn fwy cyffredin, bod llawer iawn o bobl yn dal i orfod gwneud y tro â'r gwybdaith dydd neu ddim byd o gwbl. Ond, yn gynyddol, roedd pobl yn dechrau gweld gwerth cymryd hoe o'u trefn feunyddiol.

FFYNHONNELL NG

Doedd gyda ni fyth ddigon o arian i gael gwylie iawn. Ond bydde Mam a 'Nhad yn mynd â ni lan y mynydd i gasglu llus. Lan â ni gyda'n potie jam. Fe fydden ni'n treulio'r dydd cyfan lan 'na, a mynd â brechdane a photel o lemonêd. Yna fe fydde Mam yn gwneud teisen lus yn barod ar gyfer dydd Sul.

Mostyn Davies o Lanybydder, Gorllewin Cymru, yn cofio sut y byddai ei deulu'n treulio'u gwyliau yn yr 1930au

TASGAU

1. Beth mae Ffynhonnell A yn ei ddweud wrthych am drefi glan môr yn ystod yr 1930au?

2. Pa mor ddefnyddiol yw Ffynhonnell E i hanesydd sy'n astudio gwyliau yn ystod yr 1930au?

3. I ba raddau mae Ffynhonnell NG yn cefnogi'r farn bod llawer o bobl yn methu mynd i ffwrdd am wyliau yn ystod y cyfnod hwn?

4. Disgrifiwch sut y sefydlwyd y gwersylloedd gwyliau cyntaf.

Ymarfer ar gyfer yr arholiad

Mae'r adran hon yn cynnig arweiniad ar sut i ateb Cwestiynau 2(c) a 3(c) yn Unedau 1 a 2. Mae'r cwestiwn yn werth cyfanswm o 8 marc, ond wedi'i rannu'n 2 gwestiwn gwerth 4 marc yr un.

Cwestiynau 2(c) a 3(c) – dethol gwybodaeth ac esbonio nodweddion allweddol

Esboniwch pam roedd gwersylloedd gwyliau'n boblogaidd gyda llawer o bobl ar wyliau.

[4 marc]

Cyngor ar sut i ateb

- Anelwch at roi amrywiaeth o resymau wedi'u **cefnogi** a'u **datblygu'n** dda.
- Po **fwyaf o resymau** y gellwch gyfeirio atyn nhw, mwyaf fydd y posibilrwydd o gael y marciau uchaf.
- Y peth pwysicaf oll yw cefnogi'r rhesymau hyn â'r **manylion ffeithiol perthnasol**.
- Rhaid i chi osgoi sylwadau cyffredinol oherwydd marciau isel fydd yn cael eu rhoi am sylwadau o'r fath.
- Cofiwch gefnogi eich sylwadau ag **enghreifftiau**.
- Gwnewch yn siŵr fod y wybodaeth y byddwch yn ei chynnwys yn **hollol berthnasol**.
  E.e. A yw'n ateb y cwestiwn?

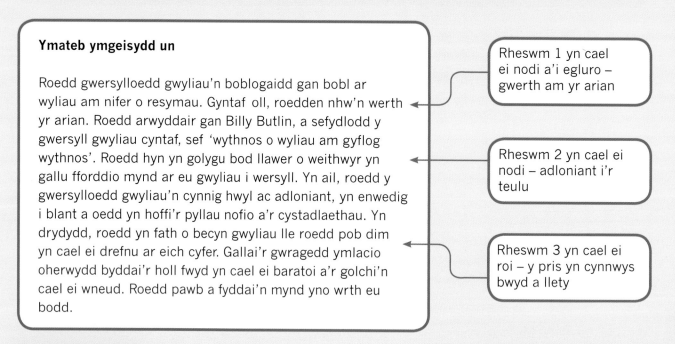

Ymateb ymgeisydd un

Roedd gwersylloedd gwyliau'n boblogaidd gan bobl ar wyliau am nifer o resymau. Gyntaf oll, roedden nhw'n werth yr arian. Roedd arwyddair gan Billy Butlin, a sefydlodd y gwersyll gwyliau cyntaf, sef 'wythnos o wyliau am gyflog wythnos'. Roedd hyn yn golygu bod llawer o weithwyr yn gallu fforddio mynd ar eu gwyliau i wersyll. Yn ail, roedd y gwersylloedd gwyliau'n cynnig hwyl ac adloniant, yn enwedig i blant a oedd yn hoffi'r pyllau nofio a'r cystadlaethau. Yn drydydd, roedd yn fath o becyn gwyliau lle roedd pob dim yn cael ei drefnu ar eich cyfer. Gallai'r gwragedd ymlacio oherwydd byddai'r holl fwyd yn cael ei baratoi a'r golchi'n cael ei wneud. Roedd pawb a fyddai'n mynd yno wrth eu bodd.

Rheswm 1 yn cael ei nodi a'i egluro – gwerth am yr arian

Rheswm 2 yn cael ei nodi – adloniant i'r teulu

Rheswm 3 yn cael ei roi – y pris yn cynnwys bwyd a llety

Sylwadau'r arholwr

Mae'r ateb yn nodi nifer o resymau penodol a'r rhain i gyd wedi'u cefnogi gan wybodaeth dda. Mae yma ganolbwyntio eglur ar y cwestiwn a osodwyd. Cyffredinol mae'r frawddeg olaf, ond mae'r ateb yn cyrraedd Lefel 2 ac yn deilwng o'r marc uchaf [4 marc].

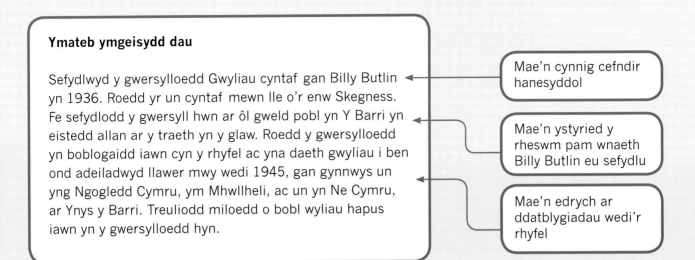

Ymateb ymgeisydd dau

Sefydlwyd y gwersylloedd Gwyliau cyntaf gan Billy Butlin yn 1936. Roedd yr un cyntaf mewn lle o'r enw Skegness. Fe sefydlodd y gwersyll hwn ar ôl gweld pobl yn Y Barri yn eistedd allan ar y traeth yn y glaw. Roedd y gwersylloedd yn boblogaidd iawn cyn y rhyfel ac yna daeth gwyliau i ben ond adeiladwyd llawer mwy wedi 1945, gan gynnwys un yng Ngogledd Cymru, ym Mhwllheli, ac un yn Ne Cymru, ar Ynys y Barri. Treuliodd miloedd o bobl wyliau hapus iawn yn y gwersylloedd hyn.

Mae'n cynnig cefndir hanesyddol

Mae'n ystyried y rheswm pam wnaeth Billy Butlin eu sefydlu

Mae'n edrych ar ddatblygiadau wedi'r rhyfel

Sylwadau'r arholwr

Mae gan yr ymgeisydd lawer o wybodaeth am wersylloedd gwyliau ond nid yw'n defnyddio'r wybodaeth hon i ateb y cwestiwn a osodwyd. Math disgrifiadol o ymateb ydyw ac nid yw'n mynd i'r afael â'r rheswm pam roedd gwersylloedd yn boblogaidd. Rhaid gosod hwn ar Lefel 1, gan ennill 2 farc oherwydd y wybodaeth ddefnyddiol a gyflwynwyd ar y pwnc.

Rhowch gynnig arni

Esboniwch pam roedd teuluoedd yn cael eu denu i'r cyrchfannau glan môr ar ddechgrau'r ugeinefed ganrif.

[4 marc]

FAINT WNAETH PATRYMAU TWRISTIAETH A GWYLIAU YNG NGHYMRU A LLOEGR NEWID YN YR 1950au A'R 1960au?

SNOWDON
from Llyn Llydaw
NORTH WALES

Ardal y Llynnoedd

Eryri

Bann Brychei

UCHAFBWYNT GWYLIAU PRYDEINIG, 1945-1965

Yn ystod yr Ail Ryfel Byd roedd ffrwydron tir ar lawer o draethau Prydain a dim mynediad i'r cyhoedd. Wedi'r rhyfel, cliriwyd y traethau a daeth y tyrfaoedd yn eu hôl. Roedd y rhan fwyaf o'r trefi glan môr a'r math o wyliau a arferai fod yn boblogaidd yn ystod yr 1930au yn dal i ddenu twristiaid ar ôl y rhyfel. Serch hynny, mae'n bwysig cofio nad oedd gwyliau eto'n rhan arferol o fywyd teuluol erbyn 1950.

FFYNHONNELL A

Teuluoedd Prydeinig a dreuliodd wyliau oddi cartref	50%
Teuluoedd Prydeinig a aeth ar wibdeithiau dydd yn achlysurol	9%
Teuluoedd Prydeinig na wnaeth fynd oddi cartref	41%

Arolwg y Bwrdd Croeso Prydeinig yn 1948

FFYNHONNELL B

Dwi ddim yn cofio gwyliau fel rhywbeth o bwys mawr. Doedd neb yn gofyn ble fuoch chi pan fyddech chi'n mynd nôl i'r ysgol ym mis Medi. Weithiau, fe fydden ni'n mynd i aros gyda pherthnasau. Roedd fy ewythr yn byw yn Brighton a phan aethon ni ato ar ymweliad dyna oedd y tro cynta' i mi weld y môr. Bryd arall, fe fydden ni'n mynd am y dydd ar y bws am drip. Gan ein bod ni'n byw yng nghanolbarth Lloegr fe allen ni fynd i rywle mewn gwirionedd. Rwy'n cofio mynd i Cheltenham, Weston-super-Mare a Pharc Wicksteed yn Kettering lle roedd ganddyn nhw barc gyda siglen a llithren fawr. Fydden ni byth yn mynd i westy na dim byd felly achos allen ni byth mo'i fforddio.

Menyw a oedd wedi'i geni cyn y rhyfel, yn cofio'i gwyliau'n ferch ifanc yn gynnar yn yr 1950au

Serch hynny, roedd y sefyllfa'n newid a chafwyd datblygiadau newydd a fyddai'n effeithio ar y gwyliau teuluol cyffredin ar ynysoedd Prydain am yr 20 mlynedd nesaf. Mewn sawl ffordd, yn ystod y degawdau ar ôl 1950 y cyrhaeddwyd uchafbwynt y gwyliau teuluol Prydeinig.

Y rhesymau dros y twf mewn gwyliau wedi 1945

- Rhyddhad ar ôl i'r rhyfel orffen;
- Gwell cyflogau wedi'r rhyfel;
- Hawl gan fwy o bobl i gael gwyliau gyda chyflog;
- Gwell cludiant ar y ffyrdd;
- Twf y gwersylloedd gwyliau;
- Poblogrwydd gwyliau carafanio;
- Gwell hysbysebu a gwerthu ar wyliau.

Cyfleoedd ar gyfer gwyliau

Yn ystod yr 1950au a'r 1960au cododd safonau byw yn raddol yng Nghymru a Lloegr. Yn 1959, dywedodd y Prif Weinidog, Harold Macmillan, fod pobl gwledydd Prydain yn well eu byd nag erioed – *'never had it so good'*. Un ffordd y byddai pobl yn ei dewis ar gyfer gwario eu harian oedd ar wyliau.

FFYNHONNELL C

Y gwyliau haf cynta' fedra i eu cofio, tua 1952, oedd yng ngharafán fy ewythr yn ymyl Prestatyn, yng nghae rhyw ffermwr gyda rhyw ddwsin o garafanau eraill, cwpwl o doiledau Elsan a 'chydig o dapiau yn y gornel. Cyrhaeddon ni yno mewn fan oedd gan ewythr arall i ni. Ychydig flynyddoedd yn ddiweddarach arhosais mewn carafán arall yn ymyl Conwy. Dim adloniant yma heblaw hen chwarel i chwarae ynddi a thwyni tywod a thraeth melyn yn ymyl y safle.

Dave Lewis o Wrecsam yn cael ei gyfweld ar gyfer project ysgol ar hanes lleol, 1999

Carafanau

Wedi'r rhyfel tyfodd poblogrwydd gwyliau mewn carafán yn aruthrol. Ar un adeg, tegan i leiafrif breintiedig oedd y garafán ond, wedi'r Ail Ryfel Byd, daeth yn ffefryn mawr ymhlith dros chwarter poblogaeth Prydain ar gyfer eu gwyliau.

Yn raddol, daeth y garafán yn ffordd o gael gwyliau rhad yn enwedig ar **faes carafanau**; roedd meysydd o'r fath ar gynnydd ar hyd a lled y wlad.

Ymddangosodd meysydd carafanau fel madarch ar hyd yr arfordir, yn ymyl Towyn yng Ngogledd Cymru, er enghraifft, a Phorthcawl yn Ne Cymru. Daeth maes carafanau *Trecco Bay* yn un o'r rhai mwyaf yn Ewrop.

Yn aml, daeth y meysydd carafanau hyn yn debycach i wersylloedd gwyliau. Ond, yn wahanol i'r gwersyll gwyliau, fyddai'r cyfleusterau ddim bob amser yn rhan o drefniant 'popeth wedi'i gynnwys'. Gallech dalu am wythnos

FFYNHONNELL CH

Maes carafanau Trecco Bay *yn yr 1950au*

o aelodaeth mewn clwb cymdeithasol gan gynnwys defnyddio'r pwll nofio, bar trwyddedig y clwb, ystafell chwaraeon, ac adloniant. Hefyd, tyfodd yr arfer o deithio gyda charafán ymhell y tu hwnt i lefelau'r blynyddoedd cyn y rhyfel.

Roedd newidiadau mewn arferion carafanio yn adlewyrchu'r newidiadau cymdeithasol ehangach ym Mhrydain, yn arbennig y cynnydd yn nifer y ceir oedd ar gael, ond hefyd gwelliant yn y rhwydwaith ffyrdd a newid agwedd tuag at gymryd gwyliau a chael amser hamdden. Roedd carafanau'n creu annibyniaeth a rhyddid i grwydro'r ffordd fawr – cyfle i chwilio am gorneli cudd ynysoedd Prydain ac Ewrop, gan gadw cysuron cartref wrth law. I fenywod yn fwyaf arbennig, roedd budd cymdeithasol i'r gwyliau mewn carafán, gan gynnig dihangfa rhag bywyd gartref a hyd yn oed rhyddfraint.

FFYNHONNELL D

Roedd yn un o brif eiconau diwylliant poblogaidd Cymru. Am bythefnos yn yr haf byddai glowyr y cymoedd a'u teuluoedd yn symud yn un haid unwaith y flwyddyn i faes carafanau enfawr *Trecco Bay*.

Patrick Fletcher, newyddiadurwr yn ysgrifennu erthygl i bapur newydd y Western Mail, *1990*

FFYNHONNELL DD

Roedd mwy o ffyrdd o fynegi rhyddid i fenywod na dim ond llosgi'ch bra. Roedd fy nihangfa i o'r gegin yn arwain allan i'r lôn agored gan dynnu'r garafán y tu ôl i'r car.

Christine Fagg, yn siarad mewn rhaglen ddogfen i'r BBC, Caravans: A British Love Affair, *2009*

FFYNHONNELL E

Ar y cyfan, lle i bobl fwy cyfoethog oedd Ardal y Llynnoedd, nes i feysydd gwersylla a charafanio gael eu datblygu'n helaethach yn yr 1950au. I bobl gyffredin trefi a dinasoedd gogledd Lloegr, byddai trefi glan môr fel Blackpool yn cael eu hystyried yn gyrchfan gwyliau mwy addas. Serch hynny, gyda'i glwydi'n agored i bebyll ac i'r carafanau teithiol a oedd yn tyfu'n fwyfwy poblogaidd, roedd Skelwith Fold yn darparu dull fforddiadwy o ddarganfod rhyfeddodau naturiol cefn gwlad.

O wefan ar gyfer maes carafanau modern yn Ardal y Llynnoedd, yn esbonio'i hanes hir o ddarparu gwyliau, 2009

TASGAU

1. I ba raddau mae Ffynhonnell A yn cefnogi'r farn bod gwyliau'n rhan bwysig o fywydau pobl wedi'r Ail Ryfel Byd?

2. Esboniwch pam y bu twf yn nifer y bobl oedd yn mynd ar wyliau ar ôl 1945.

3. Disgrifiwch y twf mewn gwyliau carafanio yn ystod yr 1950au a'r 1960au.

4. Pa mor ddefnyddiol yw Ffynhonnell E i hanesydd sy'n astudio gwyliau yn ystod yr 1950au a'r 1960au?

Gwersylloedd Gwyliau

Roedd y gwersylloedd gwyliau'n parhau'n ddewis poblogaidd ar gyfer gwyliau. Oes aur y gwersyll gwyliau oedd yr 1950au a'r 1960au. Yn fuan, cafodd llawer o wersylloedd a ddefnyddiwyd gan y fyddin yn ystod y rhyfel eu troi'n wersylloedd gwyliau. Roedd llawer o'r gwersylloedd eraill a gymerwyd gan y lluoedd arfog yn ystod y rhyfel erbyn hyn yn agor eu drysau unwaith eto i bobl ar eu gwyliau. Mewn ambell achos roedd gwersyllwyr yn symud i mewn bron cyn gynted ag y byddai milwyr yn symud allan.

Roedd y gwersyll gwyliau yn dal i ddarparu'r hyn y byddai pobl yn chwilio amdano ar wyliau: prisiau rhesymol, digon o fwyd yn nhermau'r oes honno, a digon i'w wneud hyd yn oed pan fyddai'n bwrw glaw.

FFYNHONNELL A

Roedd y gwersylloedd gwyliau'n ymwneud â dihangfa, a byd y byddai pobl wedi'i weld ar y sgrin fawr. Roedden nhw wedi breuddwydio amdano drwy gydol blynyddoedd y rhyfel. Darparu'r byd hwnnw o ffantasi y byddai'r gwersylloedd gwyliau, lle bach i ddianc iddo.

Dennis Hardy, hanesydd, yn cael ei gyfweld ar raglen ddogfen am wersylloedd gwyliau ar deledu'r BBC, 1989

Un newydd-ddyfodiad nodedig i fyd y gwersyll gwyliau yn ystod yr 1940au oedd Fred Pontin. Agorwyd ei wersyll gwyliau cyntaf ef yn 1946, ar Brean Sands yn ymyl Burnham-on-Sea yng Ngwlad yr Haf. Erbyn 1949 roedd ganddo chwe gwersyll gwyliau yn Lloegr. A barnu yn ôl safonau'r gwersyll gwyliau, roedd gwersylloedd Pontin's yn eithaf bach, gyda lle i ddim mwy na 250 o wersyllwyr. Roedd hyn yn gwneud gwersylloedd Pontin's yn wahanol iawn i rai Butlin's. Para i dyfu wnaeth Butlin's hefyd, ac ychwanegwyd gwersylloedd eraill yn Minehead (1962) ac Ynys y Barri (1966). Un nodwedd fodern gyffrous yn y gwersyll yn Minehead oedd *monorail.* Yn yr 1960au roedd y monorail yn cael ei ystyried yn ffurf fodern iawn ar gludiant.

Y monorail *yn Butlin's, Minehead, yn 1969*

Taflen ar gyfer gwersyll gwyliau canol yr 1950au

Erbyn yr 1950au roedd cannoedd o wersylloedd gwyliau i'w gweld hwnt ac yma. Roedd y cyhoeddiad blynyddol *Holiday Camps – Directory and Magazine* yn rhestru llawer o'r gwersylloedd ac yn disgrifio'r cyfleusterau. Erbyn 1955 roedd y math yma o wyliau mor boblogaidd nes bod y cyhoeddiad yn annog pobl i fwcio lle yn gynnar ac osgoi misoedd poblogaidd Gorffennaf ac Awst. Y teimlad oedd pe bai pobl yn cymryd eu gwyliau dros gyfnod yn ymestyn o fis Mehefin hyd fis Medi byddai llai o bwysau ar y diwydiant gwyliau a byddai'n bosibl ymdopi'n well â'r niferoedd cynyddol. Afraid dweud mai methiant fu'r ymgyrch ac roedd y mwyafrif o bobl yn dal i gymryd gwyliau ym misoedd Gorffennaf ac Awst.

Dyna amser gwych gawson ni yno. Dwi'n cofio'r chalets bach oedd gynnon ni, gyda'r toiledau a'r baddonau mewn bloc ar wahân! Mi fysa *Radio Butlins* yn eich deffro'n gynnar yn y bore i fynd i'r ffreutur. Roeddan ni yn *Gloucester House* ac roedd dad ar y pwyllgor, yr 'House Committee'. Rwy'n cofio'r *monorail* a fyddai'n stopio uwchben y pwll nofio a'r gadair godi uchel iawn hefyd. [Roeddwn i'n aelod o'r] *Butlin's Beaver Club* gyda sawl modryb ac ewythr o blith y *Redcoats*: mi fysan nhw'n mynd â chi i ffwrdd am y dydd i fod yn fôr-ladron, neu beth bynnag oedd y gweithgaredd y diwrnod hwnnw. Ar ddiwedd yr wythnos byddai diwrnod mabolgampau, gyda'r tadau i gyd yn cymryd rhan. Doedd ein rhieni ddim yn ein gweld heblaw am amser bwyd, ac roedd hi'n berffaith ddiogel yr adag hynny i fynd i ffwrdd a gwneud eich peth eich hun gyda'ch brodyr a'ch chwiorydd. Ac oedd, roedd cystadlaethau dangos penbliniau a Neiniau hudolus. Dyddia da!!

Menyw yn cofio ymweld â gwersyll gwyliau yn yr 1960au, ar fwrdd negeseua ar y Rhyngrwyd

Roedd gwersylloedd gwyliau yn ysgogi ymateb gwahanol iawn ymysg pobl. I rai, byddai bron yn amhosibl meddwl am aros mewn lle o'r fath ac, i eraill, dyma oedd y gwyliau delfrydol. Byddai miloedd o bobl yn dychwelyd flwyddyn ar ôl blwyddyn i'r gwersylloedd mawr ar Ynys y Barri, yn Bognor neu yn Skegness.

FFYNHONNELL DD

Hello campers! We've got a fun packed programme for you today.
Holiday Princess competition
Knobbly Knees contest
Kiddies fancy dress
Bingo in the Hawaiian ballroom
Ugly Face competition in the Swiss bar

Gladys Pugh, cymeriad yn y gomedi deledu boblogaidd Hi De Hi *yn yr 1980au, a oedd yn seiliedig ar fywyd mewn gwersyll gwyliau yn yr 1950au*

TASGAU

1. Beth mae Ffynhonnell C yn ei ddweud wrthych am wersylloedd gwyliau yn ystod yr 1950au?
2. Pam mae Ffynonellau CH a D yn mynegi safbwyntiau gwahanol ar y profiad o fod mewn gwersyll gwyliau?
3. Disgrifiwch sut tyfodd gwersylloedd gwyliau Pontins.
4. Pam ydych chi'n credu bod y gyfres gomedi *Hi De Hi* mor boblogaidd yn yr 1980au?

EFFEITHIAU'R CAR MODUR

Un ffactor a gafodd ddylanwad enfawr ar batrymau gwyliau yn yr 1950au a'r 1960au oedd twf y car modur. Ar ôl y rhyfel, tyfodd perchenogaeth ceir yn gyflym iawn a hefyd roedd codiad cyflog cyffredinol yn golygu bod mwy o bobl yn gallu fforddio eu ceir eu hunain. Yn 1939 roedd 2.5 miliwn o geir wedi'u cofrestru yng ngwledydd Prydain: erbyn 1963 roedd y ffigur hwn wedi treblu i 7.5 miliwn. Erbyn hyn roedd un o bob pedwar teulu yn berchen car a mwy o fenywod yn llwyddo yn y prawf gyrru. Bellach, gallai mwy fyth o bobl gyrraedd ardaloedd gwyliau, gan fynd ar dripiau i'r wlad ac i lan y môr. Yn gynnar yn yr 1960au, daeth toriadau llym yn y gwasanaeth rheilffyrdd; effeithiodd ergyd Bwyell Beeching (*the Beeching Axe*) ar y wlad gyfan wrth i'r llywodraeth benderfynu mai cludiant y dyfodol fyddai ceir a'r rhwydwaith ffyrdd. Byddai mynd ar wyliau yn newid am byth.

FFYNHONNELL A

Yn 1951, roedd 47% o bobl yn teithio ar y trên i'w cyrchfan gwyliau, 27% yn teithio ar y bws neu goets, a 27% yn teithio mewn car preifat. Erbyn 1959, roedd bron hanner cyfanswm y bobl yn teithio mewn car ar eu gwyliau ac, erbyn 1969, bron 70%.

Ffigurau Bwrdd Croeso Lloegr

Dechreuodd trefi glan môr addasu er mwyn darparu ar gyfer pobl mewn ceir. Adeiladwyd meysydd parcio newydd, ymddangosodd nifer fawr o gaffis ymyl ffordd, a gosodwyd arwyddbyst i nodi ffyrdd drwy ardaloedd o harddwch arbennig. Dyfeisiwyd atyniadau newydd er mwyn denu modurwyr i'r trefi glan môr. Byddai lletty neu westy heb le parcio yn dechrau colli busnes. Daeth math newydd o lety i fod, yn darparu'n arbennig ar gyfer modurwyr, sef y **motél**.

Cynllun datblygu enfawr gwerth £1 filiwn sydd y tu ôl i drawsnewidiad rhyfeddol Traeth Aberafan – cynllun i droi traeth llwm yn un o drefi glan môr gorau Cymru. Y cwestiwn yw, a fydd pobl eisiau dod ar eu gwyliau i dref ddiwydiannol sy'n gweithgynhyrchu dur?

Credwn fod y nifer cynyddol o ymwelwyr yn eu ceir, a phoblogrwydd cynyddol y traeth, yn rhoi'r ateb yn glir. Mae pethau'n edrych yn dda i Bort Talbot fel cyrchfan gwyliau.

Rhan o hysbyseb ym mhapur newydd y Western Mail, *1960*

Traeth gorllewinol Ynys Walney, Barrow in Furness, yn yr 1950au

Agorwyd y Little Chef cyntaf yn Reading yn 1958 gan y gwneuthurwr carafanau Sam Alper, ar ôl iddo weld 'diners' llwyddiannus wrth ymyl y ffordd ar drip i'r Unol Daleithiau. Dechrau bychan iawn oedd hwn i'r gadwyn o dai bwyta, gyda dim ond 11 o seddau. Ond roedd y fformiwla o fwyd da mewn lle glân ag yno ddigonedd o olau yn llwyddiant ar unwaith ac agorodd Alper fwy o ganghennau. Ar ei anterth roedd gan y cwmni dros 400 o dai bwyta Little Chef ar hyd a lled y wlad.

O erthygl ym mhapur newydd y Daily Mirror *adeg dathlu 50 mlwyddiant tai bwyta Little Chef, 2008*

Wrth reswm, roedd y twf yn y defnydd ar geir modur yn golygu problemau. Roedd yr ochr negyddol yn cynnwys sŵn a ffyrdd gorlawn, yn enwedig mewn dinasoedd a threfi glan môr nad oedd wedi eu hadeiladu'n bwrpasol ar gyfer ceir modur. Daeth rhai o'r ffyrdd a oedd yn arwain at lan môr yn enwog am eu tagfeydd traffig a dechreuodd cynllunwyr trefol ddyfeisio ffyrdd osgoi a chylchffyrdd.

Yn 1967 aethon ni ar ein gwyliau fel teulu i Swanage yn Swydd Dorset. Ar ôl gadael cartre'n syth wedi brecwast roedden ni wedi croesi Pont Hafren mewn dim o dro. Wedi hynny, dechreuodd pethau arafu. Wna'i byth anghofio'r tagfeydd traffig – Warminster, Shaftesbury, Blandford Forum – oriau maith yn aros yn ein hunfan. Aethon ni allan o'r car a cherdded yn gyflymach nag oedd 'nhad yn gallu gyrru. Y flwyddyn wedyn aethon ni i Gernyw, ond gyrru drwy'r nos wnaethon ni'r tro hwn.

Menyw o Dde Cymru yn cofio'r tagfeydd traffig yng ngorllewin Lloegr yn ystod yr 1960au, 2010

TASGAU

1. Esboniwch pam roedd datblygiad y car modur wedi newid patrymau gwyliau yn ystod yr 1950au.

2. Pa mor ddefnyddiol yw Ffynhonnell A i hanesydd sy'n astudio gwyliau yn ystod yr 1950au?

3. Defnyddiwch Ffynhonnell CH a'ch gwybodaeth eich hun i esbonio sut y cafodd busnesau eu haddasu ar gyfer pobl yn dod ar eu gwyliau mewn ceir.

4. Disgrifiwch y problemau a achoswyd gan y twf yn y defnydd o geir modur.

5. 'Y dylanwad pennaf ar wyliau yn ystod yr 1950au a'r 1960au oedd y cynnydd mewn perchnogaeth ceir.' Ydych chi'n cytuno â'r farn hon?

YR ANGEN AM BARCIAU CENEDLAETHOL

Roedd pobl yn cael eu hannog hefyd i edrych i gyfeiriadau heblaw glan môr ar gyfer cymryd seibiant a mynd ar wyliau. Yn 1947, cynigiodd un o Bwyllgorau'r Llywodraeth y **parciau cenedlaethol** fel dull o ddiogelu ardaloedd o harddwch arbennig. 1949 oedd y flwyddyn dyngedfennol pan basiwyd Deddf Seneddol gan y llywodraeth yn sefydlu Parciau Cenedlaethol er mwyn cadw a gwella eu harddwch naturiol a darparu cyfloedd ar gyfer adloniant i'r cyhoedd. Disgrifiad Lewis Silkin, y Gweinidog Cynllunio Gwlad a Thref oedd, "dyma'r Ddeddf fwyaf cyffrous a gafwyd yn y Senedd ers y rhyfel".

FFYNHONNELL B

Lleoliad y Parciau Cenedlaethol a gafodd eu creu yn ystod yr 1950au

FFYNHONNELL C

Llwybr troed, arwyddbost a giât mewn Parc Cenedlaethol

FFYNHONNELL CH

Cerddwyr yn heicio yng ngefn gwlad yn yr 1950au

Yn 1951 y dechreuodd y Parciau Cenedlaethol, gydag Ardal y Copaon yng nghanolbarth Lloegr. Erbyn i'r ddegawd ddod i'w therfyn, roedd Parciau Cenedlaethol Ardal y Llynnoedd, Dartmoor, Gweunydd Gogledd Swydd Efrog, Dyffrynnoedd Swydd Efrog, Exmoor a Northumberland yn Lloegr, ac Eryri, Arfordir Penfro a Bannau Brycheiniog yng Nghymru wedi'u sefydlu hefyd. Roedd yr ardaloedd hyn yn hybu twristiaeth cefn gwlad drwy weithgareddau fel merlota, canŵio a gweithgareddau awyr agored.

SNOWDON
from Llyn Llydaw
NORTH WALES
LONDON MIDLAND & SCOTTISH RAILWAY

Hysbyseb cwmni rheilffordd ar gyfer gwyliau yn un o'r parciau cenedlaethol a oedd newydd eu creu

Roedd y parciau cenedlaethol yn llwyddiant mawr o safbwynt denu ymwelwyr a phobl ar eu gwyliau yn ystod yr 1950au a'r 1960au. Er nad oedd gwasanaeth rheilffordd da i lawer o'r ardaloedd hyn, yn enwedig wedi Bwyell Beeching yn 1963, roedd y twf yn nifer y perchnogion ceir yn golygu eu bod o fewn cyrraedd hawdd i bobl ar dripiau dydd ac ar wyliau. Doedd y problemau mwy diweddar fel tagfeydd ac erydiad heb ddod i'r amlwg eto.

Byddaf yn meddwl am Ardal y Copaon mewn cysylltiad â theithiau cerdded difyr fy ieuenctid. Byddai criw ohonom yn dal trên yng ngorsaf Sheffield a chychwyn ein ffordd i Castleton. Roeddwn wrth fy modd yn mynd i fyny i Winnets Pass ac eistedd a chael hwyl yn fflyrtian efo'r hogiau – roedd y cyfan yn gwneud ein trip gymaint â hynny'n fwy o hwyl. I mi, mae Castleton yn un atgof melys o ieuenctid diofal, awyr iach, a chrwydro'r bryniau braf glaswelltog yn yr 1950au. Mae blynyddoedd ers i mi fod yno, ond mae'r atgof yn dal yr un mor fyw heddiw a phe bai'n ddoe – dyddiau da!

Menyw yn gosod neges ar negesfwrdd
Friends Reunited, 2008

TASGAU

1. Beth mae Ffynhonnell D yn ei ddweud wrthych am wyliau yn y Parciau Cenedlaethol yn ystod yr 1950au?

2. Esboniwch pam roedd y Parciau Cenedlaethol yn lleoedd poblogaidd i ymweld â nhw.

3. Defnyddiwch Ffynhonnell A a'ch gwybodaeth eich hun i esbonio pam y cafodd y Parciau Cenedlaethol eu sefydlu.

4. Pa mor ddefnyddiol yw Ffynhonnell DD i hanesydd sy'n astudio dechreuad y Parciau Cenedlaethol?

5. Pam roedd y car yn bwysig o safbwynt creu twristiaeth yn y Parciau Cenedlaethol?

Ymarfer ar gyfer yr arholiad

Mae'r adran hon yn cynnig arweiniad ar sut i ateb Cwestiynau 2(ch) a 3(ch) yn Unedau 1 a 2. Cwestiwn gydag ateb estynedig yw hwn sy'n rhoi cynllun i chi ar gyfer llunio eich ateb. Mae'r cwestiwn yn werth 10 marc.

Cwestiynau 2(ch) a 3(ch) – defnyddio eich gwybodaeth eich hun i lunio traethawd ag iddo ddwy agwedd

Ai twf meysydd carafanau oedd y datblygiad mwyaf pwysig mewn twristiaeth ym Mhrydain yn ystod yr 1950au a'r 1960au? Esboniwch eich ateb yn llawn. [10 marc]

Dylai fod dwy agwedd i'ch ateb i'r cwestiwn hwn:
- *trafodwch dwf meysydd carafanau yn ystod yr 1950au a'r 1960au;*
- *trafodwch y ffactorau eraill a oedd yn gyfrifol am dwf twristiaeth;*
- *mynegwch eich barn.*

Cyngor ar sut i ateb

- Mae angen i chi ddatblygu ateb sydd â **dwy agwedd gytbwys** wedi'u cefnogi'n dda.
- Dylech ddechrau drwy drafod y **ffactor a nodir yn y cwestiwn** gan ddefnyddio'ch gwybodaeth ffeithiol i egluro pam mae'r ffactor hwn yn bwysig.
- Yna bydd angen i chi ystyried y **ddadl groes** gan ddefnyddio'ch gwybodaeth i archwilio ffactorau perthnasol eraill.
- Bydd angen trafod y pwyntiau hyn yn eithaf manwl gan ddechrau paragraff newydd ar gyfer pob pwynt.
- Anelwch at gysylltu'r paragraffau drwy ddefnyddio geiriau fel 'mae ffactorau eraill yn cynnwys', 'o bwys hefyd', 'yn ychwanegol', 'serch hynny'.
- Dylech **osgoi sylwadau cyffredinol** – po fwyaf penodol fydd eich pwyntiau, y mwyaf o farciau gewch chi, cyhyd â bod y wybodaeth ffeithiol yn berthnasol i'r cwestiwn.
- Gorffennwch eich ateb gyda **dolen gyswllt** sy'n cyfeirio'n ôl at y cwestiwn, gan fynegi barn ynghylch y ffactor a nodwyd yn y cwestiwn o'i gymharu â'r ffactorau eraill y byddwch wedi'u trafod
- Dylech anelu at ysgrifennu rhwng un a dwy dudalen.

Ymateb yr ymgeisydd

Yn ystod yr 1950au a'r 1960au roedd meysydd carafanau'n ddatblygiad pwysig iawn mewn twristiaeth yng ngwledydd Prydain. Wedi'r rhyfel, bu twf enfawr ym mhoblogrwydd gwyliau mewn carafan. Roedden nhw'n wyliau rhad ac yn boblogaidd oherwydd nad oedd gan bobl lawer o arian. Gallai teulu logi carafán ar faes carafanau yn ymyl y môr. Roedd meysydd carafanau mawr yn Ne Cymru ac yng Ngogledd Cymru. Tyfodd Trecco Bay yn un o feysydd carafanau mwyaf Ewrop. Roedd y meysydd carafanau yma fel gwersylloedd gwyliau gyda phyllau nofio, bariau, chwaraeon ac adloniant.

Cyflwyniad sy'n ddolen gyswllt i'r cwestiwn

Delio â'r ffactor allweddol a nodwyd yn y cwestiwn

Rhoi peth manylion i gefnogi'r ddadl

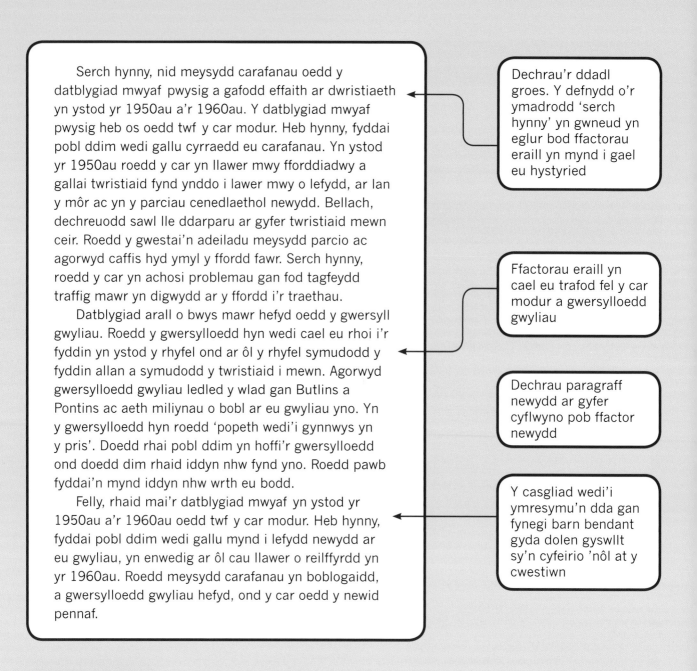

Serch hynny, nid meysydd carafanau oedd y datblygiad mwyaf pwysig a gafodd effaith ar dwristiaeth yn ystod yr 1950au a'r 1960au. Y datblygiad mwyaf pwysig heb os oedd twf y car modur. Heb hynny, fyddai pobl ddim wedi gallu cyrraedd eu carafanau. Yn ystod yr 1950au roedd y car yn llawer mwy fforddiadwy a gallai twristiaid fynd ynddo i lawer mwy o lefydd, ar lan y môr ac yn y parciau cenedlaethol newydd. Bellach, dechreuodd sawl lle ddarparu ar gyfer twristiaid mewn ceir. Roedd y gwestai'n adeiladu meysydd parcio ac agorwyd caffis hyd ymyl y ffordd fawr. Serch hynny, roedd y car yn achosi problemau gan fod tagfeydd traffig mawr yn digwydd ar y ffordd i'r traethau.

Datblygiad arall o bwys mawr hefyd oedd y gwersyll gwyliau. Roedd y gwersylloedd hyn wedi cael eu rhoi i'r fyddin yn ystod y rhyfel ond ar ôl y rhyfel symudodd y fyddin allan a symudodd y twristiaid i mewn. Agorwyd gwersylloedd gwyliau ledled y wlad gan Butlins a Pontins ac aeth miliynau o bobl ar eu gwyliau yno. Yn y gwersylloedd hyn roedd 'popeth wedi'i gynnwys yn y pris'. Doedd rhai pobl ddim yn hoffi'r gwersylloedd ond doedd dim rhaid iddyn nhw fynd yno. Roedd pawb fyddai'n mynd iddyn nhw wrth eu bodd.

Felly, rhaid mai'r datblygiad mwyaf yn ystod yr 1950au a'r 1960au oedd twf y car modur. Heb hynny, fyddai pobl ddim wedi gallu mynd i lefydd newydd ar eu gwyliau, yn enwedig ar ôl cau llawer o reilffyrdd yn yr 1960au. Roedd meysydd carafanau yn boblogaidd, a gwersylloedd gwyliau hefyd, ond y car oedd y newid pennaf.

Dechrau'r ddadl groes. Y defnydd o'r ymadrodd 'serch hynny' yn gwneud yn eglur bod ffactorau eraill yn mynd i gael eu hystyried

Ffactorau eraill yn cael eu trafod fel y car modur a gwersylloedd gwyliau

Dechrau paragraff newydd ar gyfer cyflwyno pob ffactor newydd

Y casgliad wedi'i ymresymu'n dda gan fynegi barn bendant gyda dolen gyswllt sy'n cyfeirio 'nôl at y cwestiwn

Sylwadau'r arholwr

Mae hwn yn ateb da. Mae'r ddwy ochr wedi eu rhesymu a'u cefnogi gyda chydbwysedd da. Mae'n cynnwys manylion hanesyddol cywir a pherthnasol ac mae ansawdd y cyfathrebu ysgrifenedig yn dda iawn. Mae'n gwerthuso'r materion yn y cwestiwn yn glir ac yn dod i gasgliad clir. O dan amodau arholiad byddai hwn yn cyrraedd Lefel 4, ac yn derbyn y marciau uchaf, 10 pwynt.

Rhowch gynnig arni

Ai agor y parciau cenedlaethol oedd y datblygiad mwyaf pwysig mewn twristiaeth yng ngwledydd Prydain yn ystod yr 1950au a'r 1960au? Eglurwch eich ateb yn llawn.   [10 marc]

Dylai fod dwy agwedd i'ch ateb i'r cwestiwn hwn:
- *trafodwch ddechrau'r parciau cenedlaethol yn ystod yr 1950au a'r 1960au;*
- *trafodwch y ffactorau eraill a oedd yn gyfrifol am dwf twristiaeth;*
- *mynegwch eich barn.*

I BA RADDAU MAE PATRYMAU TWRISTIAETH A GWYLIAU YNG NGHYMRU A LLOEGR WEDI NEWID ERS YR 1960au?

DEFNYDD CYNYDDOL AR GLUDIANT AWYR

Erbyn diwedd yr 1960au roedd y gystadleuaeth o du mathau eraill o deithiau tramor, a'r newid yn chwaeth a disgwyliadau pobl, wedi dechrau effeithio ar y math o le y byddai teuluoedd o wledydd Prydain yn mynd iddo ar wyliau. Hyd yn oed wedyn, mae gwaith ymchwil diweddar yn awgrymu na chafodd hyn lawn cymaint o effaith ar drefi gwyliau glan môr ynysoedd Prydain ag yr oedd pobl yn ei ofni neu'n ei ragweld ar y pryd.

FFYNHONNELL A

Blwyddyn	1971	1976	1981	1986	1991	1996
Yn y DU	34	38	37	31	33	35
Dramor	8	9	13	18	21	24
Cyfanswm	42	47	50	49	54	59

Ffigurau swyddogol y bwrdd croeso yn dangos y gwyliau a dreuliwyd gan dwristiaid o wledydd y DU (ffigurau mewn miliynau)

Gwyliau parod a chyrchfannau tramor

Yn y cyfnod hwn, achos y newid mwyaf ym mhatrymau gwyliau Prydeinig oedd y cynnydd mewn **cludiant awyr** rhatach. O ddiwedd yr 1960au ymlaen roedd gwyliau tramor, yn enwedig i Fôr y Canoldir, wedi dod yn fwyfwy cyffredin a phoblogaidd. Gallai Môr y Canoldir gynnig haul cyson, yn wahanol i drefi gwyliau glan môr Prydain. Roedd teithiau i Ewrop erioed wedi bod yn boblogaidd ymysg twristiaid cefnog a theithwyr annibynnol yn chwilio am unigrwydd llecynnau heddychlon, tawel ond, erbyn yr 1970au, roedd rhannau helaeth o arfordir deheuol Ewrop wedi'u haddasu ar gyfer **twristiaeth dorfol**.

Roedd y ffordd i Malaga yn dilyn arfordir hardd ac unig a oedd, i bob ymddangosiad allanol, wedi mynd yn angof gan y byd mawr oddi allan. Rydw i'n cofio'r enwau – San Pedro, Estepona, Marbella, Fuengirola. Pentrefi pysgota digon tlodaidd oedden nhw, yn melltithio'u lleoliad unig yn wyneb haul. Yr adeg honno, gallai dyn fod wedi prynu'r arfordir cyfan am swllyn (5c).

Rhan o ganllaw teithio yn disgrifio deheudir Sbaen yn 1935

Pentref bysgota Benidorm gynt yn yr 1930au a'r 1980au

Roedd prisiau teithio i Fôr y Canoldir yn gystadleuol iawn a dechreuodd swyddfeydd teithio gynnig **gwyliau parod** gyda phris y gwyliau'n cynnwys costau hedfan a llety. Yn eironig ddigon, roedd penaethiaid gwersylloedd gwyliau fel Fred Pontin yn rhannol gyfrifol hefyd am ddechrau'r chwiw gwyliau parod tramor yn ystod yr 1960au, pan ariannodd ei gwmni y gwaith o adeiladu gwesty newydd yn Sardinia. Roedd Pontins yn cynnig pythefnos o wyliau am lai na £50 y pen, a'r pris hwnnw'n cynnwys hedfan, llety, bwyd, diod, adloniant, a haul cyson. Bu'r fenter yn llwyddiannus, a ffurfiwyd cwmni Pontinental Holidays er mwyn adeiladu gwestai ychwanegol ym Majorca, Sbaen ac Ibiza. I lawer o deuluoedd, daeth gwyliau tramor yn atyniad anodd gwneud hebddo.

Byddai llawer yn teithio ar y bws neu'r trên i fynd ar eu gwyliau parod ond, yn ystod yr 1970au, daeth yr awyren jet yn ffordd arferol o deithio i gyfeiriad yr haul. Teithiai'r rhan fwyaf o'r Cymry o feysydd awyr yn Lloegr, ond buan y tyfodd Maes Awyr Rhyngwladol Caerdydd, a leolwyd yn Y Rhws, gan dderbyn awyrennau a deithiai i nifer cynyddol o gyrchfannau rhyngwladol. Yn ystod blynyddoedd olaf yr 1970au llwyddodd dyn busnes o'r enw Syr Freddie Laker i ostwng prisiau hedfan gyda'i Skytrain 'di-lol' a oedd yn cynnig teithiau rhad ar awyren i America. Yn anffodus aeth cwmni Laker Airways yn fethdalwr yn 1982; serch hynny, roedd Laker wedi arloesi modd o redeg cwmnïau awyrennau rhad fel Easyjet a Ryanair. Erbyn diwedd yr ugeinfed ganrif roedd cyrchfannau gwyliau wedi lledaenu ymhell y tu hwnt i Ewrop.

Y tro cynta' i mi fynd dramor oedd pan benderfynodd mam a nhad gynilo ar gyfer gwyliau yn Sbaen ar ôl cael digon ar un o'r *Redcoats* yn mynd dros ben llestri y flwyddyn gynt yn Butlins. Doedd 'nhad ddim y math o ddyn oedd am ddangos eu bengliniau mewn cystadleuaeth *Knobbly Knees*, faint bynnag o 'hwyl' y byddai'r boi mewn côt goch yn ei addo iddo. Doedd gan 'nhad ddim llawer o arian ond digonedd o falchder felly er mwyn osgoi'r math yna o beth penderfynwyd y byddai'r teulu'n mynd dramor y flwyddyn ganlynol. Fe wnaethon ni gynilo'n galed iawn drwy'r flwyddyn, a minne'n cyfrannu fy arian rownd bapur hyd yn oed, nes bod gyda ni ddigon i fforddio'r gwyliau.

Atgofion person ifanc a aeth ar wyliau gyda'r teulu i Sbaen ar ddiwedd yr 1960au

Syr Freddie Laker yn lawnsio'i wasanaeth Skytrain *o faes awyr Gatwick yn Llundain i Efrog Newydd yn 1979*

Aeth tua 10 miliwn o Brydeinwyr dramor ar wyliau yn 1979. O'r rhain i gyd, teithiodd 50% ar wyliau parod. Sbaen yw'r mwyaf poblogaidd o hyd, ond mae Unol Daleithiau America'n dal i fyny, gan ddenu miliwn o dwristiaid o wledydd Prydain am y tro cyntaf. Tri pheth sydd wedi creu'r sefyllfa hon – hedfan yn rhad, gostyngiad yng ngwerth y ddoler, a marchnata crefftus.

Rhan o arolwg ar wyliau a wnaed gan bapur newydd y Daily Mirror, *1980*

TASGAU

1. Pa mor ddefnyddiol yw Ffynhonnell A i hanesydd sy'n astudio'r newid mewn patrymau gwyliau rhwng 1971 ac 1996?

2. Esboniwch pam y daeth gwyliau parod i Fôr y Canoldir yn boblogaidd yn ystod yr 1970au.

3. I ba raddau mae Ffynhonnell CH yn cefnogi'r farn bod llawer o bobl yn mynd ar eu gwyliau i Sbaen oherwydd bod gwell tywydd yno?

4. Defnyddiwch Ffynonellau B ac C i esbonio beth oedd wedi digwydd i lawer o drefi glan môr Sbaen erbyn yr 1970au.

5. Defnyddiwch Ffynhonellau D ac DD i egluro pam roedd Syr Freddie Laker yn bwysig i'r diwydiant twristiaeth.

Effaith y gwyliau parod

Roedd y twristiaid a deithiodd i gyfandir Ewrop yn rhan o newid cymdeithasol enfawr sy'n para hyd heddiw. Cafodd teithio dramor effaith ddiwylliannol sylweddol, gyda phrofiadau pobl dramor yn arwain at newid yn y ffordd o fyw yn y DU. Gartref, dechreuodd pobl arbrofi gyda choginio bwydydd tramor a daeth tai bwyta cyfandirol yn boblogaidd wrth i deithwyr geisio ail-greu eu diet dramor yn y DU. Wrth i bobl wisgo hetiau haul a throwsus byr yn fwy rheolaidd, newidiodd y dull o wisgo. Byddai twristiaid yn dod â swfenîrs yn ôl gyda nhw i'w hatgoffa o'u profiad, gydag awyrennau'n glanio yng Nghaerdydd yn llawn pobl a oedd yn cario *sombrero* neu asyn tegan. Roedd yr effaith ar ddiwydiant twristiaeth Prydain yn sylweddol oherwydd yr angen i addasu'n gyflym. Yn ogystal, cafwyd newid dramatig yn y pentrefi bychain ar arfordir Môr y Canoldir a thu hwnt, oherwydd bod angen darparu ar gyfer mewnlifiad tramorwyr yn dod ar eu gwyliau.

FFYNHONNELL A

Yn yr 1970au roedd Sbaen yn wahanol iawn; roedd yn wlad wirioneddol dramor, nid yn estyniad o Brydain yn yr haul fel sy'n wir mewn rhai mannau heddiw. Doedd dim tafarnau 'Seisnig', dim siopau pysgod a sglodion, dim hyd yn oed bacwn ac wy i frecwast, a phe byddech chi am gael cwrw o Loegr fe fyddech chi'n anlwcus iawn, oherwydd doedd dim hyd yn oed *Watney's Red Barrel* ar gael i chi tan tua 1971. Ond roedd yn brofiad hollol newydd i ni i gyd. Rwy'n cofio'n iawn gweld merch yn rhedeg i mewn i'r môr ym Majorca ar ddiwrnod cyntaf ei gwyliau, a'i chlywed yn gweiddi ar ei ffrind mewn acen Cocni, *"Here, 'Chelle, is this the life or wot?"* A wyddoch chi be'? Y hi oedd yn iawn, oherwydd doedd gwyliau byth 'run fath eto unwaith y byddech chi wedi cael blas ar fywyd Sbaen. Ac roedd trefi glan môr Sbaen ar fin newid hefyd.

Paul Delplanque, newyddiadurwr yn ysgrifennu am wyliau yn Sbaen tua 1970, ym mhapur newydd y Teeside Evening Gazette, Medi *2009*

FFYNHONNELL B

Oh this year I'm off to Sunny Spain,
Y Viva España.
I'm taking the Costa Brava 'plane,
Y Viva España.
If you'd like to chat a matador, in some cool cabana
And meet senoritas by the score,
España por favor.

Cytgan y gân boblogaidd Y Viva España *gan Sylvia, a aeth i frig y siartiau, Awst 1974*

FFYNHONNELL C

Ydw, dwi'n cytuno'n llwyr. Wedi'r cyfan, be' fydda pwynt cael eich trin fel defaid. I be' fyddach chi eisio mynd dramor i fod yn ddim ond twrist arall yn cael eich cludo o gwmpas mewn bws ynghanol hurtod chwyslyd o Kettering a Coventry yn eu capia gwaith a'u cardigans a'u setia radio a'u copïa o'r *Sunday Mirror*, yn grwgnach am y te – "O 'dydan nhw ddim yn 'i neud o'n iawn yn fa'ma, ddim fel mae o adra" – ac aros mewn bodega ym Majorca sy'n gwerthu sgod a sglods a *Watney's Red Barrel* a calamares efo pys a thatws, yn eistedd yn eu ffrogia cotwm yn gwasgu hufen haul *Timothy White's* dros groen wedi chwyddo'n goch oherwydd eu bod nhw "wedi ei gor-wneud hi ar y diwrnod cyntaf".

Geiriau twrist mewn sgets gomedi ar rhaglen deledu Monty Python yn gwneud hwyl am ben y gwyliau parod, 1971

FFYNHONNELL CH

" It says here... ....a typically quiet Spanish fishing village ! "

Cartŵn am dref glan môr yn Sbaen yn yr 1990au

TASGAU

1. Disgrifiwch yr effaith a gafodd gwyliau parod tramor ar ffordd o fyw llawer o bobl yng ngwledydd Prydain yn ystod yr 1970au.

2. Edrychwch ar Ffynhonnell B. A oes modd i eiriau caneuon poblogaidd fod o ddefnydd i haneswyr?

3. Edrychwch ar Ffynonellau A ac C. Pam mae'r ffynonellau hyn yn dweud pethau gwahanol am wyliau parod?

4. Beth yw'r pwynt mae'r cartwnydd yn ceisio'i wneud yn Ffynhonnell CH?

5. 'Cafodd y pecyn gwyliau effaith wael ar bentrefi arfordir Môr y Canoldir.' I ba raddau y byddech chi'n cytuno â'r gosodiad hwn? Eglurwch eich ateb.

GWYLIAU YM MHRYDAIN YN YMLADD YN ÔL

O'r 1980au ymlaen, roedd yn rhaid i drefi gwyliau traddodiadol gwledydd Prydain ymladd yn erbyn y gystadleuaeth o wledydd tramor os oeddent i oroesi. Roedd rhai trefi fel Blackpool a Torquay yn para'n boblogaidd o hyd, ond roedd trefi eraill fel Y Rhyl neu Skegness yn ei chael hi'n anodd denu'r niferoedd twristiaid a fu'n gyffredin hyd at yr 1970au. Er mwyn goroesi, roedd yn rhaid i ddiwydiant twristaidd y DU addasu i gwrdd â'r newid cymdeithasol ac â diddordebau newydd pobl.

Wrth sylweddoli bod llawer o bobl yn dal i hoffi'r syniad o 'wersyll gwyliau' mae fersiynau mwy diweddar wedi datblygu fel **Center Parcs** neu Garreg Las (*Bluestone*) yn Sir Benfro. Yn hytrach na cheisio cystadlu yn erbyn gwyliau ar draethau tramor, mae'r rhain yn canolbwyntio ar bethau nad yw'r tywydd ym Mhrydain yn effeithio rhyw lawer arnyn nhw, fel gweithgareddau dŵr dan do, a gweithgareddau awyr agored.

Diweddaru cyrchfannau traddodiadol

Yn eironig ddigon, dioddefodd y gwersylloedd gwyliau gryn dipyn o ganlyniad i'w syniad arloesol o greu gwyliau parod rhad. Roedden nhw hefyd yn dioddef oherwydd delwedd gyhoeddus hen ffasiwn, a ystyriai mai rhywbeth yn perthyn i'r gorffennol oedd y gwersyll gwyliau. Erbyn yr 1980au doedden nhw ddim ond yn denu hanner nifer y bobl a arferai fynd yno ar eu gwyliau yn yr 1950au. Drwy ollwng gafael ar y ddelwedd *'Hi-de-hi'* a datblygu thema byd gwyliau fel *Somerwest World* yn Minehead a *Starcoast World* ym Mhwllheli datblygodd Butlin's label newydd yn ystod yr 1980au. Ers hynny, mae llawer o wersylloedd gwyliau adnabyddus wedi gorfod cau ond mae eraill wedi dal i ffynnu, gan wneud yn fawr o hoffter pobl gwledydd Prydain o'r gwersyll gwyliau.

Ffotograff cyhoeddusrwydd o Ganolfan Haul y Rhyl

Mae trefi glan môr wedi codi **cyfadeiladau hamdden** fel Canolfan Hamdden Abertawe a Chanolfan Haul y Rhyl, gyda thraethau dan do, peiriannau tonnau a thymheredd trofannol. Yn ystod yr 1990au roedd canolfan Abertawe yn ymddangos yn rheolaidd yn y deg uchaf ymhlith cyrchfannau twristiaid yng Nghymru, gan ddenu dros 750,000 o ymwelwyr y flwyddyn.

Mae cyrchfannau glan môr wedi gorfod glanhau'r amgylchedd o'u cwmpas, yn enwedig ansawdd y dŵr a'r traeth. Cafodd safonau eu gwella gan gynlluniau fel y gwobrau Baner Las. Mae traethau Cymru'n ennill gwobrau'n rheolaidd am eu glendid – yn 2011, dyfarnwyd gwobr Baner Las i 41 o draethau.

Mae hyd yn oed y Parciau Cenedlaethol wedi gorfod addasu eu hunain. Bydd heidiau o ymwelwyr yn cael eu denu i'r trefi **'potyn mêl'** fel Windermere yn Ardal y Llynnoedd ac mae cefn gwlad yn para'n atyniad mawr i gerddwyr ac i'r sawl sy'n hoffi gweithgareddau awyr agored a marchogaeth. Ond yn fwy nag unrhyw atyniad arall, mae'r ardaloedd hardd hyn wedi elwa ac wedi dioddef o ganlyniad i dwristiaeth.

Traeth Llanddwyn ar Ynys Môn, sy'n ennill gwobr Baner Las yn rheolaidd

Effeithiau cadarnhaol twristiaeth ar y Parciau Cenedlaethol	Effeithiau negyddol twristiaeth ar y Parciau Cenedlaethol
1. Swyddi ac incwm i bobl leol	1. Swyddi tymhorol yn bennaf, cyflog isel am oriau hir
2. Cynnydd yn y galw am fwyd a chrefftau lleol	2. Gall nwyddau fynd yn ddrud oherwydd bod twristiaid yn barod i dalu mwy
3. Helpu i gadw gwasanaethau cefn gwlad fel bysiau, siopau pentref, tafarnau a swyddfeydd post	3. Galw am ddatblygu mwy o siopau a gwestai
4. Twristiaid yn dod yn bennaf i weld golygfeydd a bywyd gwyllt gan hybu cadwraeth amgylcheddau a bywyd gwyllt	4. Niwed i'r tirlun o ganlyniad i sbwriel, erydiad, tanau, tagfeydd traffig a llygredd
	5. Y galw am dai haf yn ei gwneud yn rhy ddrud i bobl leol brynu cartrefi

Mantolen a gyhoeddwyd gan Awdurdod y Parciau Cenedlaethol gyda'i gyngor ar dwristiaeth gynaliadwy, 2010

Atyniadau newydd

Yn ystod y cyfnod ers yr 1970au mae'r diwydiant twristiaeth wedi datblygu atyniadau o'r newydd er mwyn denu pobl i wario arian a threulio amser yng ngwledydd Prydain.

Agorwyd y **parc thema** cyntaf ym Mharc Thorpe yn 1969. Erbyn 1992, roedd nifer yr ymweliadau â pharciau thema fel Alton Towers, Drayton Manor ac Oakwood wedi cyrraedd dros 8 miliwn. Roedd y parciau hyn yn cystadlu â'i gilydd drwy ychwanegu at ansawdd, cyffro a gwreiddioldeb eu reidiau.

Y Corcsgriw, a agorwyd yn Alton Towers yn 1980, oedd y ffigar-êt dolen ddwbl cyntaf ym Mhrydain

© Hawlfraint y Goron (2011)

Parc gwledig Porthceri ger y Barri

Oherwydd bod cefn gwlad wedi dal i ddenu pobl, aeth nifer o awdurdodau lleol ati i sefydlu **parciau gwledig a llwybrau natur**. Yng Nghymru, mae enghreifftiau poblogaidd o'r rhain yn cynnwys Parc Porthceri yn ymyl Y Barri a Pharc y Milflwydd ar hyd arfordir ardal Llanelli. Dechreuodd ffermwyr arallgyfeirio, gan gynnig gwely a brecwast ac atyniadau ar eu tiroedd.

Mae llawer o atyniadau wedi canolbwyntio ar ddefnyddio'r gorffennol er mwyn sicrhau eu dyfodol. Daeth treftadaeth – sef defnyddio hanes a safleoedd hanesyddol i ddenu ymwelwyr – yn fusnes sylweddol. Mae nifer fawr o wahanol fathau o atyniad hanesyddol ac amgueddfeydd awyr agored, gan gynnwys Sain Ffagan, Ironbridge a Beamish, ac mae'r rhain wedi dod yn atyniadau llwyddiannus dros ben.

Trwy ganiatâd Llancaiach Fawr/CBS Caerffili

Yn Llancaeach Fawr yn Ne Cymru mae tywyswyr yn gwisgo dillad yn arddull yr 17eg ganrif er mwyn diddanu twristiaid a rhoi gwybodaeth iddyn nhw

Twristiaeth yng Nghwm Rheidol, Canolbarth Cymru	
Cyn yr 1930au	Ymweliadau achlysurol â Phontarfynach: yn para'n ardal o fwyngloddio plwm, ond y diwydiant ar i lawr
1930au	Tripiau'n cyfuno taith ar siarabáng a rheilffordd drwy Ddyffryn Rheidol er mwyn gweld y wlad a'r golygfeydd o gwmpas Pontarfynach
1960au	Trên stêm Dyffryn Rheidol yn dod yn atyniad twristiaid ynddo'i hun ar ôl cau llawer o reilffyrdd yng Nghymru a Lloegr
1970au	Yr hen weithfeydd mwyngloddio plwm yn denu twristiaid sy'n ymddiddori mewn archaeoleg ddiwydiannol
1990au	Byd Natur: llwybrau troed cefn gwlad a choedwigoedd yn cael eu sefydlu ac arwyddbyst yn cael eu gosod
Degawd 2000	Atyniadau newydd: ymweliadau â'r orsaf bŵer trydan dŵr a llwybr beiciau 17 milltir

Sut y mae twristiaeth wedi datblygu mewn un rhan o Gymru

TASGAU

1. Lluniwch restr o'r gwahanol ffyrdd y mae'r diwydiant twristiaeth ym Mhrydain wedi ymladd yn ôl yn wyneb cystadleuaeth yn y blynyddoedd diweddar.

2. Gwnewch arolwg o'ch dosbarth. Faint ohonyn nhw sydd wedi cael profiad o unrhyw rai o'r atyniadau hyn?

3. Beth mae Ffynhonnell CH yn ei ddweud wrthych am atyniadau dan do yn y DU?

4. Defnyddiwch Ffynhonnell B a'ch gwybodaeth eich hun i egluro pam mae gwersylloedd gwyliau wedi tyfu'n llai poblogaidd.

5. Lluniwch fantolen i ddangos a ydych o'r farn bod creu'r Parciau Cenedlaethol wedi bod yn beth cadarnhaol ynteu negyddol. I gefnogi'ch barn, defnyddiwch dystiolaeth a gawsoch drwy wneud gwaith ymchwil ar y Rhyngrwyd.

6. Edrychwch ar Ffynhonnell G. Lluniwch siart tebyg ar gyfer ardal dwristaidd o'ch dewis eich hun.

7. Trafodwch y safbwynt canlynol: 'Ni all diwydiant twristiaeth Prydain gystadlu gydag atyniadau gwledydd tramor.'

TUEDDIADAU MODERN MEWN PATRYMAU GWYLIAU

Wrth i'r unfed ganrif ar hugain fynd rhagddi, para i newid mae tueddiadau gwyliau, ond mae'n bwysig cadw persbectif cywir ar bethau. Mae tua 75% o wyliau pobl Prydain yn dal i gael eu treulio ar ynysoedd Prydain, a dim ond chwarter yn cael eu treulio dramor. Serch hynny, mae gwyliau tramor yn para'n hirach fel rheol ac yn costio mwy, felly mae llawer mwy o arian yn cael ei wario mewn cyrchfannau tramor. Mae'r dystiolaeth yn awgrymu bod canran y bobl sydd ddim yn mynd ar wyliau estynedig yn aros yr un ag yr oedd o gwmpas y flwyddyn 1970, ond mae nifer y bobl sy'n gallu fforddio mwy nag un cyfnod o wyliau'n cynyddu bob blwyddyn.

Pwy sy'n dod gyda ni?

Maen nhw wrth eu bodd gyda cherddoriaeth, pêl-droed a DVDs. Bariau cŵl a'r clybiau gorau. Darllen *The Sun*, *FHM*, *Heat*, *Nuts* a *ZOO*. Maen nhw'n siopa ar lein. Maen nhw'n byw gartre. Maen nhw am edrych yn dda a theimlo'n dda waeth beth fo'r gost. Maen nhw'n yfed Carling, Fosters, Stella, Bud, Corona, WKD, Smirnoff a Coca Cola. Maen nhw'n gweithio'n galed. Maen nhw'n astudio'n galed. Maen nhw'n byw am y penwythnos. Ac, erbyn yr haf, maen nhw'n barod i adael y cyfan ar ôl.

O lyfryn hysbysebu ar gyfer cwmni gwyliau yn anelu at bobl ifanc, 2010

Y ffactorau allweddol yma yw'r cynnydd yn amser hamdden pobl a'r codiad cyflog sydd wedi digwydd yn hanes llawer o bobl hefyd. Mae ffactorau eraill yn cynnwys y cystadlu rhwng cwmnïau teithio, sy'n cadw'r prisiau'n gystadleuol, a'r hysbysebu soffistigedig sy'n gwneud i wyliau ymddangos yn rhan hanfodol o fywydau pobl. Mae twf y Rhyngrwyd wedi golygu ei bod hi bellach yn haws chwilio am wybodaeth ynghylch cyrchfannau gwyliau, a threfnu gwyliau heb adael cartref.

Mae cwmnïau gwyliau wedi dechrau targedu grwpiau penodol y tu hwnt i'r uned deuluol draddodiadol. Targedwyd twristiaid iau gan gwmnïau fel **Club 18 – 30** a threfi gwyliau glan môr fel Newquay yng Nghernyw, tra bo cwmnïau eraill wedi cynnig telerau arbennig ar gyfer gwyliau i bobl hŷn.

Mae angen i bobl hŷn sylweddoli bod llawer o dripiau'n cwrdd â'u gofynion. Fydd tua 41 y cant o bobl dros 55 oed ddim yn cymryd gwyliau yn ystod yr haf eleni – sy'n golygu dros saith miliwn o boblogaeth gwledydd Prydain. Mae'r bobl sy'n perthyn i'r dosbarth hwn yn tueddu i fod wedi colli cymar neu rywun i deithio gyda nhw'n gwmni, ac yn ei chael hi'n dasg anodd meddwl am fwcio gwyliau, oherwydd eu bod yn ansicr beth i'w ddisgwyl. Dylai pobl hŷn chwilio am wyliau gyda rhaglen o weithgareddau y byddan nhw'n ei mwynhau neu sy'n gweddu i'w diddordebau arbennig. Mae pobl o'r un fryd yn debyg o fod ar yr un mathau o dripiau.

Harold Burke, cyfarwyddwr marchnata'r elusen Gofal Henoed – 'Age Concern', 2008

Aml-wyliau

Yn gynyddol, mae llawer o bobl yn mynd ar wyliau fwy nag unwaith y flwyddyn. Mae'r rhain yn cynnwys gwyliau gaeaf dramor, sy'n cynnig chwaraeon cyffrous fel sgïo a dringo. Mae cyrchfannau Prydeinig yn ceisio denu pobl hefyd, ar gyfer gwyliau byr neu benwythnos.

% trigolion y DU sy'n mynd ar wyliau'n para mwy na 4 noson			
Blwyddyn	Dim gwyliau	1 gwyliau	Mwy nag 1 gwyliau
1971	41	44	15
1976	38	44	18
1981	39	40	20
1986	40	40	21
1991	40	36	24
1996	42	31	26
2001	41	30	29

Ffigurau swyddogol wedi'u casglu gan Asiantaeth Dwristiaeth y Deyrnas Unedig

Cyrchfan sgïo yn Ffrainc

Beth fyddai well gennych chi: mynd am un gwyliau hir, dau gyfnod o wyliau byr, neu nifer o dripiau dydd?

Cwestiwn:

Mae gennym ni bedwar o blant ac mae dim ond meddwl am drefnu gwyliau hir (a thalu am y cyfan!) yn ddigon i wneud i mi chwysu! Yn lle hynny, rydyn ni'n tueddu i gael dau gyfnod o wyliau byr, naill ai'n gwersylla neu mewn hostel ieuenctid, gyda grŵp o ffrindiau'n aml iawn, ac yna'n ceisio treulio ychydig ddyddiau gyda Nain a Taid os yn bosibl, a ffitio diwrnod neu ddau i mewn hefyd i fynd allan am drip. Beth amdanoch chi? A yw'n teimlo fel llai na gwyliau os na chewch chi bythefnos ar y traeth? Neu a yw diwrnod neu ddau o wersylla'n ddigon i'ch adfywio?

Ateb:

Rwy'n tueddu i wneud y ddau. Rwy'n hoffi treulio gwyliau yn rhywle cynnes, yn yr haul ac yn ymyl y traeth. Does dim ots gen i a yw'n wythnos neu'n bythefnos, cyhyd â 'mod i'n gallu mynd i ffwrdd i rywle. Mae fy merch wrth ei bodd mewn gwersyll gwyliau, felly rwy'n ceisio dod o hyd i benwythnos hir yno bob blwyddyn, ac yna fe awn i wersylla yn rhywle am benwythnos neu ddau. Fel rheol bydd ar safle allan o'r prif dymor gwyliau, felly gallwn wneud hynny am lai na decpunt y noson a gall fod yn wyliau da iawn. Ond i ateb eich cwestiwn mae arna' i angen gwyliau hirach a sawl gwyliau byr.

Cwestiwn ac ateb oddi ar wefan sy'n rhoi cyngor i bobl, 2010

Pryderu am yr amgylchedd

Ffactor arall sydd wedi dod i'r amlwg yn ddiweddar, ac sydd wedi dechrau effeithio ar bobl wrth ddewis gwyliau, yw'r effaith posibl mae teithio'n ei gael ar yr amgylchedd. Mae hyn yn arbennig o wir am hedfan. Yn ôl ffigurau swyddogol, mae 54% o bobl yn honni eu bod yn pryderu mwy ers 2005 am yr effaith mae hedfan yn ei gael ar yr amgylchedd.

Mae cwmnïau awyr wedi bod yn ymdrechu i greu awyrennau sy'n gwneud defnydd mwy effeithlon o danwydd er mwyn gostwng lefelau allyriant carbon deuocsid (CO_2). Ynghyd ag aelodau eraill yr Undeb Ewropeaidd, mae gwledydd Prydain wedi ymrwymo i leihad o 60% yn allyriant CO_2 erbyn y flwyddyn 2050. Cafodd pobl sy'n mynd ar eu gwyliau bob anogaeth i ystyried newid arferion er mwyn helpu i ddatrys y broblem. At hyn, mae'r cwmnïau a'r busnesau sy'n darparu llety a gwasanaethau i dwristiaid wedi derbyn anogaeth i edrych ar eu busnesau o safbwynt amgylcheddol, gan elwa ar y duedd gynyddol tuag at wyliau eco-gyfeillgar drwy ddefnyddio bwydydd lleol, lleihau **ôl troed carbon**, a lleihau'r effaith ar yr amgylchedd gymaint â phosib.

Drwy gyfrannu tuag at brojectau cadwraeth a datblygiad egni gwyrdd gallwch niwtralu'r allyriannau carbon a gynhyrchir gan yr awyren. Cyn teithio, tynnwch y deunydd lapio oddi ar eich pethau ymolchi. Yn lle gyrru'r holl ffordd i'r maes awyr, ceisiwch barcio ar y cyffiniau a chael eich cludo i'r derfynfa gyda phawb arall. Prynwch fwyd a swfenîrs mewn marchnadoedd a busnesau lleol. Wrth adael eich stafell yn y gwesty, diffoddwch y golau, y gwres a'r system awyru. Arbedwch ddŵr drwy roi eich tywelion allan i'w golchi yn y gwesty dim ond pan mae'n hanfodol.

Dyfyniad oddi ar restr o awgrymiadau i bobl yn mynd ar wyliau gan swyddfa deithio, 2010

Pan ddaethon ni yma gyntaf yn 2002 doedd dim wedi'i wneud i'r adeilad er diwedd y Rhyfel Byd cyntaf. Roedd chwilod a llygod mawr yn rhedeg o gwmpas ym mhob man, a doedd dim llawer o do uwchben. Roedd yn rhaid i ni godi'r lle ar ei draed a gwneud y cyfan yn bosibl. Fe wnaethon ni groesawu agweddau ar dechnoleg werdd i'w wneud yn gynaliadwy. Erbyn hyn, bwyler biomas 150 kW sy'n cynhesu'r tŷ ac mae gwresogi solar gyda ni hefyd. Rydyn ni'n llosgi ein naddion coed ein hunain ac, ers y cychwyn, wedi arbed 66 tunnell fetrig o garbon o'i gymharu ag olew. Mae gwlân dafad yn cael ei ddefnyddio i ynysu, ac mae gennym ni system ar gyfer cynaeafu dŵr. Rydyn ni'n tyfu bwyd mewn gardd â mur o'i chwmpas ac yn ei werthu drwy ein siop fferm ac i fwytai lleol, a fyddwn ni ddim ond yn defnyddio bwyd lleol y mae modd ei olrhain. Mae ailgylchu'n bwysig dros ben. Testun syndod i mi fel un sy'n darparu llety yw swm y gwastraff sy'n cael ei adael ar ôl gan y bobl sy'n aros yma.

Gavin Hogg, perchennog Gwesty Pen-pont ym Mhowys, mewn cyfweliad i gylchgrawn twristiaeth, 2008

TASGAU

1. Gwnewch restr o bump o dueddiadau modern mewn patrymau gwyliau.

2. Disgrifiwch sut mae'r Rhyngrwyd wedi effeithio ar dwristiaeth.

3. Defnyddiwch Ffynonellau A a B i egluro pam mae gwyliau'n aml yn cael eu targedu at grwpiau o bobl o wahanol oed.

4. Pa mor ddefnyddiol yw Ffynhonnell C i hanesydd sy'n astudio patrymau gwyliau?

5. Atebwch y cwestiwn sy'n cael ei ofyn yn Ffynhonnell D o'ch safbwynt chi.

6. Disgrifiwch y gofidiau amgylcheddol sy'n gysylltiedig â gwyliau y dyddiau hyn.

7. Esboniwch sut gall trefnwyr gwyliau a phobl sy'n mynd ar eu gwyliau fynd i'r afael â materion yn ymwneud â'r amgylchedd.

8. Trafodwch y safbwynt canlynol: 'Y dylanwad pwysicaf ar dwristiaeth ers yr 1970au oedd twf y gwyliau parod.'

Dyma gyfle i chi ymarfer rhai o'r cwestiynau a eglurwyd mewn penodau blaenorol.

Daw'r enghreifftiau hyn o Adran A yr arholiad ac maen nhw'n ffurfio ymchwiliad i'r newidiadau a fu ym mhatrymau a thueddiadau gwyliau. Mae'r cwestiynau hyn yn brawf o'ch sgiliau gwerthuso ac yn werth cyfanswm o 25 marc.

Cwestiwn 1(a) – dealltwriaeth o ffynhonnell weledol

FFYNHONNELL A

Ffotograff o ddiwrnod allan ar lan y môr yn 1900

(a) Beth mae Ffynhonnell A yn ei ddangos i chi am gyrchfannau glan môr traddodiadol yn 1900? [2]

- *Cofiwch ddethol o leiaf ddwy ffaith o'r ffotograff;*
- *Gallwch wneud defnydd hefyd o'r wybodaeth sy'n cael ei rhoi yn y pennawd;*
- *Am arweiniad pellach, gweler tudalen 15*

Cwestiwn 1(b) – dealltwriaeth o ffynhonnell a chofio eich gwybodaeth eich hun

FFYNHONNELL B

Ffotograff a dynnwyd yn Butlin's, Skegness, yn ystod yr 1950au

(b) Defnyddiwch y wybodaeth sydd yn Ffynhonnell B a'ch gwybodaeth eich hun i esbonio pam roedd gwersylloedd Butlin's yn boblogaidd. [4]

- *Bydd angen i chi ddethol o leiaf ddwy ffaith o'r ffynhonnell a'u hegluro yn eich geiriau eich hun;*
- *Rhaid i chi arddangos eich gwybodaeth o'r pwnc hwn drwy ddarparu o leiaf un ffactor ychwanegol nad oes sôn amdano yn y ffynhonnell;*
- *Am arweiniad pellach, gweler tudalen 29*

Cwestiwn 1(c) – mesur y graddau o gefnogaeth i safbwynt

FFYNHONNELL C

Yn ystod yr 1970au, dechreuodd llawer o deuluoedd fynd dramor ar eu gwyliau. Daeth teithio ar awyren yn llawer haws a mwy fforddiadwy. Doedd dim posib i hen drefi gwyliau glan môr Prydain, fel Y Barri a Morecambe, gynnig yr un peth i bobl ar eu gwyliau.

O erthygl ar dwristiaeth ym mhapur newydd y Western Mail, *2007*

(c) I ba raddau mae Ffynhonnell C yn cefnogi'r farn fod dirywiad trefi gwyliau glan môr Prydain wedi digwydd o ganlyniad i wyliau tramor rhad? [5]

- *Rhaid i chi ddewis amrywiaeth o ffactorau o'r ffynhonnell ac o'r pennawd, gan eu cysylltu â'ch gwybodaeth eich hunan;*
- *Cofiwch gyflwyno dadl resymegol sy'n targedu'r cwestiwn;*
- *Am arweiniad pellach, gweler tudalen 50*

Cwestiwn 1(ch) – dadansoddi a gwerthuso defnyddioldeb ffynhonnell

FFYNHONNELL CH

Bob blwyddyn, fe fydden ni'n mynd i'r Rhyl ar y trên. Ond, yn 1959, pan oeddwn i tua 10 oed, cafodd ewythr i mi gar. Y flwyddyn honno aethon ni i Forfa Conwy am benwythnos yn y car! Doeddwn ni 'rioed wedi bod yno o'r blaen oherwydd roedd yn rhy bell i gerdded yno o'r orsaf. Dim 'amusements', ond twyni tywod a hen chwarel a thraeth gwag heb un enaid byw arno. Roeddwn i'n teimlo mai fi oedd berchen y lle!

Alan Jones o Wrecsam, yn cofio gwyliau plentyndod yng Ngogledd
Cymru mewn cyfweliad i bapur newydd lleol, 1999

(ch) Pa mor ddefnyddiol yw Ffynhonnell CH i hanesydd sy'n astudio'r newidiadau yng ngwyliau pobl gwledydd Prydain yn ystod yr 1950au? [6]

- *Ceisiwch ganolbwyntio ar dri maes yn bennaf – cynnwys, tarddiad a phwrpas;*
- *Cofiwch gyfeirio at ddefnyddioldeb y ffynhonnell i hanesydd;*
- *Am arweiniad pellach, gweler tudalen 64*

Cwestiwn 1(d) – egluro gwahaniaethau mewn dehongliadau

Mae'r ddwy ffynhonnell hon yn dweud pethau gwahanol am wyliau a gymerir gan bobl Prydain.

FFYNHONNELL D

Rwy' wrth fy modd yn ymweld â Gorllewin Cymru. Mae fy nheulu wedi bod yn dod yma ers blynyddoedd. Dydw i ddim yn gweld pam mae'n rhaid i bobl fynd dramor pan fo cymaint o fannau hardd i ymweld â nhw ac i aros. Mae gyda ni bob amser lond gwlad o ddewis o weithgareddau, boed hindda neu law. Rydyn ni'n hoffi cerdded ar hyd llwybrau'r arfordir tra bod y plant wastad wedi mwynhau chwarae ar y traeth ac yn y môr.

Mam i deulu sy'n prifio, yn rhoi cyfweliad ar gyfer taflen
Bwrdd Croeso Cymru, 2001

FFYNHONNELL DD

Mae newid sylweddol wedi digwydd yn arferion gwyliau pobl Prydain dros y blynyddoedd. Yn ystod yr 1970au tyfodd diwydiant y cwmnïau awyrennau a dechreuodd trefnwyr gwyliau gynnig pecynnau rhad i Sbaen. Erbyn yr 1980au roedd twristiaid Prydeinig yn dechrau ffafrio gwyliau parod tramor yn hytrach na threulio'u gwyliau ar ynysoedd Prydain. Erbyn y flwyddyn 2000 roedd mwy a mwy o bobl yn treulio dau gyfnod o wyliau dramor bob blwyddyn.

Pat Yale, gohebydd teithio, yn ysgrifennu mewn gwerslyfr
twristiaeth a hamdden Tourism in the UK, *2002*

(d) Pam mae Ffynonellau D ac DD yn mynegi barn wahanol am y gwyliau y bydd pobl gwledydd Prydain yn eu cymryd? [8]

- *Rhaid i chi wneud sylwadau ar y ddwy ffynhonnell, gan gyfeirio yn y naill achos a'r llall at y cynnwys a'r awdur;*
- *Cofiwch esbonio pam mae'r ddwy ffynhonnell yn mynegi barn wahanol i'w gilydd;*
- *Am arweiniad pellach, gweler tudalen 81*

Geirfa

Amser coll	dadl dros p'un ai y dylai pobl dderbyn tâl am gymryd amser i ffwrdd o'r gwaith i gymryd rhan mewn chwaraeon
Amser hamdden	amser i bobl wneud pethau o'u dewis
Arddangosfeydd erobatig	atyniadau gydag arddangosfeydd ac ymarferion yn yr awyr
Argraffiad arbennig y canlyniadau	papur newydd yn cynnwys y sgorau pêl-droed diweddaraf, a gynhyrchwyd ar frys ar nos Sadwrn
Back to square one	ymadrodd mewn chwaraeon yn seiliedig ar sylwebaeth gemau pêl-droed ar y radio
Bioscopes	dull cynnar o wylio ffilmiau symudol
Boicot	gwrthod cymryd rhan mewn digwyddiad
Britpop	arddull gerddorol Brydeinig yn yr 1990au
Campfa breifat	cyfleusterau chwaraeon y mae pobl yn talu tâl aelodaeth i'w defnyddio
Center Parcs	cyrchfannau hunan-gynhaliol sy'n canolbwyntio ar weithgareddau teuluol
Club 18-30	cwmni gwyliau sy'n darparu gwyliau parod wedi eu hanelu at oedolion ifanc
Cludiant awyr	cyfle i bobl deithio tramor ar awyren
Cool Cymru	llysenw ar gyfer y sîn bob Gymreig yn yr 1990au
Coron Driphlyg	cystadleuaeth answyddogol ym maes rygbi'r undeb rhwng gwledydd Prydain
Cyfadeiladau hamdden	cyfleusterau dan do sy'n cynnig dewis o adloniant i ymwelwyr
Cyffuriau i wella perfformiad	sylweddau anghyfreithlon a ddefnyddir i wella perfformiad mewn chwaraeon
Cyfrifiaduron cartref	cyfrifiaduron at ddefnydd personol yn y cartref
Cymanfa Ganu	gŵyl canu emynau
Cymdeithas yr Hostelau Ieuenctid	mudiad a sefydlwyd i ddarparu llety rhad mewn ardaloedd gwledig
Cyrchfan glan môr	lle i bobl fynd i fwynhau gwyliau ar lan y môr
Chwaraeon amatur	camp sy'n cael ei chwarae er difyrrwch, nid am arian
Chwaraeon lleifrifol	chwaraeon nad ydynt yn ymaddangos yn aml iawn ar y teledu nac mewn papurau newydd
Chwaraeon proffesiynol	camp sy'n cael ei chwarae i ennill arian
Darllediadau allanol	rhaglenni radio a theledu a ddarlledir o'r digwyddiadau eu hunain, yn hytrach nag o stiwdio
Deddf Gwyliau Banc	deddf a basiwyd yn 1871 a oedd yn gwarantu gwyliau cyhoeddus
Derby **lleol**	gêm sy'n cael ei chwarae rhwng timau o ardaloedd cyfagos
Dosbarth cymdeithasol	adran o'r gymdeithas, yn aml yn seiliedig ar gefndir a/neu incwm
Enwau cyfarwydd	sêr adnabyddus y byd chwaraeon neu'r cyfryngau
'Epidemic' gordewdra	y tueddiad i nifer o bobl fod dros bwysau
Ergyd Bwyell Beeching	cau nifer o reilffyrdd yn ystod yr 1960au
Ffilm newyddion	ffilm o wahanol ddigwyddiadau, gan gynnwys chwaraeon, a ddangoswyd yn y sinema
Gemau Paralympaidd	twrnamaint rhyngwladol ar gyfer athletwyr ag anabledd corfforol
Girl Power	llysenw ar boblogrwydd grwpiau pop benywaidd yn yr 1990au hwyr
Glam-roc	arddull gerddorol yn yr 1970au, wedi'i seilio ar wisgoedd ffantastig
Gwely a brecwast	math o wyliau sydd yn cynnig llety a brecwast yn unig
Gwersyll gwyliau	math o wyliau sy'n cynnig llety, prydau bwyd ac adloniant ar un safle
Gwyliau banc	gwyliau cyhoeddus i weithwyr a ganiateir drwy gyfraith
Gwyliau gyda chyflog	budd-dal i weithwyr a ddaeth yn gyffredin o'r 1920au
Gwyliau parod	gwyliau a gynigir gan gwmni gwyliau, lle gwneir un taliad am y llety, trafnidiaeth ac, yn aml, prydau bwyd

Jiwcbocs	peiriannau oedd yn chwarae recordiau, yn aml mewn caffis a thafarnau
Live Aid	ymgyrch elusennol gan artistiaid cerddorol enwog
Llety	tŷ lle gallai pobl ar eu gwyliau rentu ystafelloedd
Maes carafanau	lleoedd i gadw carafanau teithiol a rhai parhaol
Marchnata	cyhoeddusrwydd wedi'i drefnu ar gyfer digwyddiadau chwaraeon a chwaraewyr
Matinée	perfformiad prynhawn mewn sinema neu theatr
Motél	gwesty a adeiladwyd yn arbennig ar gyfer modurwyr
Mudiad Dirwestol	mudiad a oedd yn ymgyrchu yn erbyn yfed alcohol
Nawdd	cefnogaeth ariannol i chwaraeon gan fusnesau, yn aml drwy hysbysebu
Ôl troed carbon	swm yr allyriannau carbon y mae pobl yn ei greu
Parc thema	atyniadau sy'n canolbwyntio ar reidiau a digwyddiadau cyffrous
Parciau cenedlaethol	ardaloedd o harddwch arbennig a amddiffynnir gan y gyfraith
Parciau gwledig a llwybrau natur	cyfleusterau i annog pobl i ymweld â chefn gwlad
Peiriant CD	ffordd o wrando ar gerddoriaeth ar gryno ddisg
Peiriant chwarae recordiau	ffordd o wrando ar gerddoriaeth ar recordiau finyl
Peiriant MP3	ffordd o wrando ar gerddoriaeth drwy ddefnyddio ffeiliau clywedol digidol
Pierrots	clowniaid neu gantorion digri a fyddai'n perfformio ar lan y môr
Propaganda	defnyddio gwybodaeth i annog pobl i feddwl ac ymddwyn mewn ffordd benodol
Pyllau pêl-droed	ffordd o gamblo drwy ddyfalu canlyniadau gemau pêl-droed
Pync-roc	arddull gerddorol gwrth-sefydliadol yn yr 1970au hwyr
Rhwydweithio cymdeithasol	ffyrdd o gysylltu ag eraill drwy gyfrwng y Rhyngrwyd
Roc a rôl	cerddoriaeth gyflym, uchel a oedd yn boblogaidd yn yr 1950au hwyr
Rygbi'r gynghrair	ffurf o rygbi a fu'n broffesiynol erioed
Sêr dychmygol y byd chwaraeon	cymeriadau ym myd chwaraeon sy'n ymddangos mewn comics, llyfrau a ffilmiau
Seremoni cyflwyno medalau	ffordd o wobrwyo athletwyr am eu llwyddiant mewn cystadleuaeth
Sgiffl	arddull gerddorol syml yn yr 1960au cynnar
Sianeli lloeren a chebl	gwasanaeth teledu y mae'n rhaid talu amdano drwy drawsgrifiad
Siarabáng	math cynnar o goets a dynnwyd gan geffyl i ddechrau, ond a oedd â pheiriant yn y pen draw
Sinemâu aml-sgrin	sinemâu â nifer o sgriniau o fewn un adeilad
Sioeau talent	rhagleni teledu a oedd yn rhoi cyfleoedd i actau newydd
Stadiwm seddau yn unig	meysydd chwarae lle mae'r gwylwyr i gyd yn eistedd yn hytrach na sefyll
Stondin baffio	atyniad mewn ffair a fyddai'n caniatáu i bobl focsio yn erbyn ei gilydd
Sylwebwyr	pobl sy'n siarad am chwaraeon ac yn ei drafod ar y radio a'r teledu
Taith o gwmpas Ewrop	math o wyliau teithiol y byddai bobl gyfoethog yn bennaf yn eu cymryd
Talkies	enw poblogaidd ar y ffilmiau sain cynnar
Teenybopper	ffan ifanc o gerddoriaeth, wedi'i gysylltu â'r 1970au
Teledu masnachol	teledu sy'n cael ei ariannu gan hysbysebion
Trefi 'potyn mêl'	cyrchfannau i dwristiaid sydd yn denu nifer fawr iawn o bobl
Trefi sba	ardaloedd gwyliau mewndirol a oedd yn denu twristiaid oherwydd budd ymddangosiadol y dŵr mwynol i'r iechyd
Twrist	person sydd yn teithio er pleser neu'n mynd ar wyliau
Twristiaeth dorfol	tueddiad nifer fawr o bobl i fynd i ffwrdd ar yr un pryd i'r un lle
Wakes week	gwyliau blynyddol gyda chyflog ar gyfer gweithwyr diwydiannol yng ngogledd-orllewin Lloegr

Walkman	ffordd o wrando ar gerddoriaeth ar gasét
Wythnos y glowyr	gwyliau blynyddol gyda chyflog ar gyfer gweithwyr diwydiannol yn ne Cymru
Y Weinyddiaeth Wybodaeth	y mudiad llywodraethol a oedd yn rheoli gwybodaeth yn ystod yr Ail Ryfel Byd

Datblygiadau ym myd

Chwaraeon, Hamdden a Thwristiaeth

yn ystod yr 20^{fed} ganrif

Phil Star

PRIFYSGOL ABERYSTWYTH

Cyhoeddwyd gan CAA, Prifysgol Aberystwyth, Plas Gogerddan, Aberystwyth, Ceredigion, SY23 3EB (www.aber.ac.uk/caa/)
Noddwyd gan Lywodraeth Cymru

ISBN: 978-1-84521-440-1

Cyfieithwyd gan: Eurgain Rowlands
Golygwyd gan: Lynwen Rees Jones
Dyluniwyd gan: Richard Huw Pritchard
Argraffwyd gan: Argraffwyr Cambria

Dymuna'r cyhoeddwr ddiolch i'r canlynol am ganiatâd i atgynhyrchu deunyddiau hawlfreiniol:

Ffotograffau

t1 Lord Price Collection (*1*), Patrick Brennan (*2*), Popperfoto (*3*), Getty Images(*4-6*); **t2** Lord Price Collection; **t3** Bob Thomas/Popperfoto; **t4** Cyngor Bwrdeistref Sirol Wrecsam; **t6** Lord Price Collection, *g* Getty Images; **t7** *t* Getty Images, *g* Alan George; **t8** *t* Gwasaneth Llyfrgelloedd Cyngor Caerdydd, *g* Lord Price Collection; **t10** *t* Lizzie Bramlett, *g* Patrick Brennan/donmouth; **t12** Getty Images; **t15** Getty Images; **t16** Getty Images; **t17** Getty Images, (*1, 6*), Sporting Heroes (*2-5*); **t18** *ch* State Library of South Australia, *d* The Granger Collection/TopFoto; **t19** *t* Print Collector/HIP/TopFoto, *g* George Herringshaw/Sporting Heroes; **t20** *ch* Soccerbilia; **t23** *t* PA Photos/TopFoto, *g* British Pathé; **t26** *t, c* Getty Images, *g* George Herringshaw/Sporting Heroes; **t27** *t* George Herringshaw/Sporting Heroes, *c* Ed Lacey/Sporting Heroes, *g* Jamie Squire/Getty Images; **t28** *t* George Herringshaw/Sporting Heroes, *g* AFP/Getty Images; **t31** *t* Sporting Heroes (*1, 6*), Getty Images (*2, 3*), TopFoto (*4, 5*); **t32** Comisiwn Brenhinol Henebion Cymru; **t34** iStock; **t35** AFP/Getty Images; **t37** George Herringshaw/Sporting Heroes; **t38** *t* Urdd Gobaith Cymru, *g* Clwb Ffermwyr Ifanc Cymru; **t39** Huw Evans Picture Agency; **t40** George Herringshaw/Sporting Heroes; **t43** Elen Jones; **t44** Richard Huw Pritchard; **t45** *t* Topham Picturepoint/TopFoto, *g* Popperfoto/Getty Images; **t46** *t* TopFoto, *g* Jan Pitman/Getty Images; **t48** George Herringshaw/Sporting Heroes; **t51** John Gichigi/Getty Images; **p53** Llyfrgell Genedlaethol Cymru (*1, 4*), Getty Images (*2, 3, 6*), Ymddiriedolwyr Neuadd Goffa Trecelyn (*5*); **t54** Casgliad John Thomas / Llyfrgell Genedlaethol Cymru; **t55** *t* Llyfrgell Genedlaethol Cymru, *g* Ymddiriedolwyr Neuadd Goffa Trecelyn; **t57** Buyenlarge/Getty Images; **t58** Llyfrgell Genedlaethol Cymru; **t60** Getty Images; **t61** Gwasanaeth Amgueddfeydd a Henebion Cyngor Bwrdeistref Caerffili; **t62** Getty Images; **t63** Getty Images; **t67** Getty Images (*1, 2*), TopFoto (*3, 5*), Sain (Recordiau) Cyf (*4*), Archifau Lambeth (*6*); **t68** ClassicStock/TopFoto; **t71** *ch* Radio Times, *d* Getty Images; **t72** Getty Images; **t73** Archifau Lambeth; **t75** Topham Picturepoint/TopFoto; **t77** loti.com; **t78** *t* Mirrorpix, *g* Sain (Recordiau) Cyf; **t79** TopFoto; **t81** Mirrorpix; **t85** *ch-d* Mercury Press Agency, Mirrorpix, CartoonStock, Getty Images, Abbey Home Media Group, TopFoto; **t86** Mirrorpix; **t87** Time & Life Pictures/Getty Images; **t90** *t* Mercury Press Agency, *g* Peter Cade/Getty Images; **t91** *t* Abbey Home Media Group, *g* CartoonStock; **t93** Richard Huw Pritchard; **t94** *t* TopFoto, *g* CartoonStock; **t99** Getty Images (*1-3, 5*), Cyngor Sir Blaenau Gwent (*4*), TopFoto (*6*); **t100** *t* Ullsteinbild/TopFoto, *g* Archif Geoff Felix; **t101** SSPL drwy Getty Images; **t102** SSPL drwy Getty Images; **t103** *ch* Cyngor Sir Blaenau Gwent, *d* SSPL drwy Getty Images; **t104** Popperfoto/Getty Images; **t109** *ch-d* Aberdareonline, Lord Price Collection, English Heritage, TopFoto, Photolibrary Wales, Southlakes, Parciau Cenedlaethol Prydain; **t110** Aberdareonline; **t112** *t* BygoneButlins, *g* TopFoto; **t114** Southlakes; **t115** *ch* Parciau Cenedlaethol Prydain, *d* Photolibrary Wales, *g* English Heritage/HIP/TopFoto; **t116** Lord Price Collection; **t119** *ch-d* Llancaiach Fawr/CBS Caerffili, TopFoto, Canolfan Ddelweddau Visit Wales, Hamdden Clwyd, Getty Images, Photolibrary Wales; **t120** Realbenidorm; **t121** Getty Images; **t122** CartoonStock; **t124** *t* Hamdden Clwyd, *g* Photolibrary Wales; **t125** *t* Topham Picturepoint/TopFoto, *c* Canolfan Ddelweddau Visit Wales, *g* Llancaiach Fawr/CBS Caerffili; **t128** AFP/Getty Images; **t130** TopFoto/HIP; **t131** Topham Picturepoint/TopFoto.

Cydnabyddiaethau

t3 Ffynhonnell A: W.H.Davies, *The Right Place, the Right Time* (1972); **t5** Ffynhonnell E: James Walvin, *Leisure and Society 1890-1950* (1978), Ffynhonnell F: Ned Williams, *Midland Fairground Families* (1996); **t9** Ffynhonnell A: James Walvin, *Leisure and Society 1890-1950* (1978); **t10** Ffynhonnell D: Dennis Brailsford, *British Sport: a social history* (1997); **t11** Ffynhonnell A: H.G.Hutchinson, *The Life of Sir John Lubbock, Lord Avebury* (1914); **t12** Ffynhonnell CH: *Encyclopaedia Britannica* (1996); **t14** Ffynhonnell F: Andy Mitten, *Mad for It: From Blackpool to Barcelona Football's Greatest Rivalries* (2008); **t22** Ffynhonnell C: Andrew Crisell, *An Introductory History of British Broadcasting* (1997); **t24** Ffynhonnell E: Mike Huggins, o'r erthygl *British Newsreels, Soccer and Popular Culture 1918-39* yn yr *International Journal of the History of Sport* (2007); **t36** Ffynhonnell A: Tony Mason, *Association Football and English Society 1863-1915* (1980); **t48** Ffynhonnell B: Colin Lewis, wedi'i ddyfynnu yn William Fotheringham, *Put me back on my Bike: In Search of Tom Simpson* (2002); **t53** Ffynhonnell A: F.Anstey, o'r erthygl *London Music Halls* yn *Harper's New Monthly Magazine* (1891); **t55** Ffynhonnell D: Geraint Jenkins, *Cymru, Ddoe a Heddiw* (1990); **t56** Ffynhonnell E: David Egan (addas. Rh.Ifans), *Y Gymdeithas Lofaol* (1987); **t58** Ffynhonnell E: T. D. Evans, Gwernogle, *Yr Ysgub Aur* (1939); **t63** Ffynhonnell E: Paul Terry, *Reporting in the twentieth century* (2002); **t66** Andrew Crisell, *An Introductory History of British Broadcasting* (1997); **t67** Ffynhonnell A: Enid Blyton, *Five on Kirrin Island* (1947); **t73** Ffynhonnell CH: Christopher Culpin, *Making History* (1996), Ffynhonnell D: Alan Sillitoe, *Saturday Night and Sunday Morning* (1958); **t75** Ffynhonnell CH: John Davies, *Hanes Cymru* (1990); **p81** Ffynhonnell B: S.Cohen, *Folk Devils and Moral Panics: the creation of mods and rockers* (1972); **t92** Ffynhonnell E: Gary R.Edgerton, *The Columbia History of American Television* (2007); **t132** Ffynhonnell DD: Pat Yale, *Tourism in the UK* (2002).

Gwnaed pob ymdrech i olrhain a chydnabod deiliaid hawlfraint. Bydd y cyhoeddwr yn falch o wneud trafniadau addas gydag unrhyw ddeiliaid hawlfraint na lwyddwyd i gysylltu â nhw.

Diolch i'r Panel Monitro – Jean-Marc Alter, Carole Bryan-Jones, Neil Evans, Meinir Jones a Christian Rees – am eu harweiniad gwerthfawr. Diolch hefyd i Ysgol Uwchradd Tregib, Sir Gaerfyrddin ac Ysgol Gyfun Aberaeron, Ceredigion am gymryd rhan yn y broses dreialu.

Mae fersiwn Saesneg o'r cyhoeddiad hwn ar gael hefyd:
Developments in Sport, Leisure and Tourism during the 20ᵗʰ Century.